全行业优秀畅销品种
21世纪高职高专规划教材·财经管理系列

经济学基础教程

（第3版）

王瑞杰　李　军　编著

清华大学出版社
北京交通大学出版社
·北京·

内 容 简 介

本书主要介绍西方经济学的基本原理和分析方法。全书共分12章，第1章是导论；第2～8章属于微观经济学基本原理部分；第9～12章简单介绍了宏观经济学的基本知识。本书理论上通俗易懂，并结合最新的国内外经济形势选编案例和实训素材，力求增加学习的生动性和趣味性。

本书主要作为高等职业技术院校、成人教育院校财经类、管理类专业学生学习经济学基础理论的教学用书，也可作为本科院校非财经类专业学生普及经济学知识的选修教材，以及作为从事经济管理的企事业工作人员和广大社会读者的参考资料。

本书封面贴有清华大学出版社防伪标签，无标签者不得销售。
版权所有，侵权必究。侵权举报电话：010-62782989　13501256678　13801310933

图书在版编目（CIP）数据

经济学基础教程 / 王瑞杰，李军编著. —3 版. —北京：北京交通大学出版社：清华大学出版社，2020.1 （2022.7 重印）

（21世纪高职高专规划教材·财经管理系列）

ISBN 978-7-5121-4106-3

Ⅰ.①经… Ⅱ.①王… ②李… Ⅲ.①经济学-高等学校-教材 Ⅳ.①F0

中国版本图书馆 CIP 数据核字（2019）第 246657 号

经济学基础教程
JINGJIXUE JICHU JIAOCHENG

责任编辑：韩素华
出版发行：清 华 大 学 出 版 社　　邮编：100084　　电话：010-62776969
　　　　　北京交通大学出版社　　邮编：100044　　电话：010-51686414
印　刷　者：北京鑫海金澳胶印有限公司
经　　　销：全国新华书店
开　　　本：185 mm×230 mm　　印张：15.75　　字数：373 千字
版 印 次：2020 年 1 月第 3 版　　2022 年 7 月第 2 次印刷
书　　　号：ISBN 978-7-5121-4106-3/F·1926
印　　　数：3 001～5 000 册　　定价：49.00 元

本书如有质量问题，请向北京交通大学出版社质监组反映。对您的意见和批评，我们表示欢迎和感谢。
投诉电话：010-51686043，51686008；传真：010-62225406；E-mail：press@bjtu.edu.cn。

出 版 说 明

高职高专教育是我国高等教育的重要组成部分，它的根本任务是培养生产、建设、管理和服务第一线需要的德、智、体、美全面发展的高等技术应用型专门人才，所培养的学生在掌握必要的基础理论和专业知识的基础上，应重点掌握从事本专业领域实际工作的基本知识和职业技能，因而与其对应的教材也必须有自己的体系和特色。

为了适应我国高职高专教育发展及其对教学改革和教材建设的需要，在教育部的指导下，我们在全国范围内组织并成立了"21世纪高职高专教育教材研究与编审委员会"（以下简称"教材研究与编审委员会"）。"教材研究与编审委员会"的成员单位皆为教学改革成效较大、办学特色鲜明、办学实力强的高等专科学校、高等职业学校、成人高等学校及高等院校主办的二级职业技术学院，其中一些学校是国家重点建设的示范性职业技术学院。

为了保证规划教材的出版质量，"教材研究与编审委员会"在全国范围内选聘"21世纪高职高专规划教材编审委员会"（以下简称"教材编审委员会"）成员和征集教材，并要求"教材编审委员会"成员和规划教材的编著者必须是从事高职高专教学第一线的优秀教师或生产第一线的专家。"教材编审委员会"组织各专业的专家、教授对所征集的教材进行评选，对所列选教材进行审定。

目前，"教材研究与编审委员会"计划用2～3年的时间出版各类高职高专教材200种，范围覆盖计算机应用、电子电气、财会与管理、商务英语等专业的主要课程。此次规划教材全部按教育部制定的"高职高专教育基础课程教学基本要求"编写，其中部分教材是教育部《新世纪高职高专教育人才培养模式和教学内容体系改革与建设项目计划》的研究成果。此次规划教材按照突出应用性、实践性和针对性的原则编写并重组系列课程教材结构，力求反映高职高专课程和教学内容体系改革方向；反映当前教学的新内容，突出基础理论知识的应用和实践技能的培养；适应"实践的要求和岗位的需要"，不依照"学科"体系，即贴近岗位，淡化学科；在兼顾理论和实践内容的同时，避免"全"而"深"的面面俱到，基础理论以应用为目的，以必要、够用为度；尽量体现新知识、新技术、新工艺、新方法，以利于学生综合素质的形成和科学思维方式与创新能力的培养。

此外，为了使规划教材更具广泛性、科学性、先进性和代表性，我们希望全国从事高职高专教育的院校能够积极加入"教材研究与编审委员会"中来，推荐"教材编审委员会"成员和有特色的、有创新的教材。同时，希望将教学实践中的意见与建议，及时反馈给我们，以便对已出版的教材不断修订、完善，不断提高教材质量，完善教材体系，为社会奉献更多更新的与高职高专教育配套的高质量教材。

此次所有规划教材由全国重点大学出版社——清华大学出版社与北京交通大学出版社联合出版，适合于各类高等专科学校、高等职业学校、成人高等学校及高等院校主办的二级职业技术学院使用。

21世纪高职高专教育教材研究与编审委员会

2019年7月

前　言

在以经济建设为中心的社会主义事业发展的新时期，无论从事什么职业，离开基本的经济学知识都将举步维艰。经济学基础已经成为高等院校中财经类、管理类专业的必修课程，甚至其他专业的学生为了提高从业综合素质，增强就业竞争能力，也都开始纷纷选修经济学课程。

教材的生命力在于与时俱进，以适应环境的持续变化、满足读者需要为使命。《经济学基础教程》自2009年7月出版以来，深受读者好评与厚爱，先后修订2次，印刷12次，销售达6万册，2010年被评为全行业优秀畅销品种。为更好地适应学科发展需要，满足读者需求，推出第3版，使全书体系更加完善。

近年来围绕高职高专教学改革，各界专家和同人进行了大量有益的探讨，我们也深受启发。本书第3版的内容，尽量体现高职高专行动导向和任务导向的课改方向，从内容选择、体例安排、案例选用和实训方案设计等方面力求既体现最新的经济学理论动态，又突出高职高专教育注重应用能力培养的特点。在内容编排上力求深入浅出，通俗易懂，突出教材的生动性、趣味性和实用性。

自2008年美国次贷危机、华尔街金融风暴以来，国际、国内经济形势风云莫测，为经济理论研究和实训课程提供了大量生动、鲜活的分析素材。在第3版的编写上，穿插了相关的最新经济事件链接，注重理论联系实际，把学生应用能力培养融入教材内容编排之中，力求使学生从总体上把握经济理论框架的同时，掌握经济学分析问题的基本原理和方法，培养学生的经济学思维方法及独立分析和研判能力，为财经类和管理类学生后续专业课的学习打下良好的专业基础。

本书的作者均有数年的大型企业经营管理实践，且有数十年高职高专教学经验，担任"西方经济学"教学任务十余年，教学经验比较丰富。本书由邯郸职业技术学院经济系李军老师拟定编写大纲，其中第1、4、5、7、8、12章由邯郸职业技术学院经济系王瑞杰老师编写，第2、3、6、9、10、11章由李军编写。

在编写过程中，我们参考借鉴了国内外同行的很多文献，由于篇幅所限，在参考文献中没能一一列出，如有遗漏，在此对这些相关作者表示诚挚的歉意和感谢。另外，在编写过程中我们虽已付出了努力，但是由于水平和时间的限制，一定存在欠缺和错误，恳请专家和读者批评指正。若能反馈给编者和出版社，我们在修订时将会审度并予以修正。

编　者

2019 年 10 月

目　　录

第1章　导论 ... 1
1.1　西方经济学的定义 ... 2
1.1.1　稀缺性：人类社会永恒的问题 ... 3
1.1.2　经济学的定义 ... 3
1.1.3　机会成本和生产可能性曲线 ... 4
1.2　经济学的研究对象 ... 5
1.2.1　资源配置 ... 5
1.2.2　资源利用 ... 6
1.3　经济学的主要内容 ... 7
1.3.1　微观经济学 ... 7
1.3.2　宏观经济学 ... 8
1.3.3　微观经济学与宏观经济学的联系 ... 9
1.4　经济学的研究方法 ... 10
1.4.1　实证经济学和规范经济学 ... 10
1.4.2　实证分析的方法 ... 12
复习与思考题 ... 14

第2章　需求、供给与均衡价格理论 ... 17
2.1　需求 ... 18
2.1.1　需求及影响需求的因素 ... 18
2.1.2　需求表与需求曲线 ... 21
2.1.3　需求量的变动和需求的变动 ... 23
2.2　供给 ... 24
2.2.1　供给及影响供给的因素 ... 24
2.2.2　供给表和供给曲线 ... 26
2.2.3　供给量的变动和供给的变动 ... 27

2.3 均衡价格 ·· 28
　2.3.1 均衡与均衡价格的含义 ·· 28
　2.3.2 均衡价格的形成 ··· 28
　2.3.3 需求与供给的变动对均衡价格的影响 ································· 29
　2.3.4 供求定理 ··· 30
2.4 弹性理论 ·· 31
　2.4.1 需求的价格弹性 ·· 31
　2.4.2 影响需求价格弹性的因素 ·· 33
　2.4.3 需求的收入弹性与交叉弹性 ·· 34
　2.4.4 供给弹性 ··· 36
复习与思考题 ·· 37

第3章 消费者行为理论 ··· 40
3.1 欲望与效用 ·· 41
　3.1.1 欲望 ··· 41
　3.1.2 效用 ··· 41
　3.1.3 基数效用论与序数效用论 ·· 42
3.2 基数效用论 ·· 42
　3.2.1 总效用与边际效用 ··· 42
　3.2.2 边际效用递减规律 ··· 44
　3.2.3 基数效用论的消费者均衡 ·· 46
3.3 序数效用论 ·· 49
　3.3.1 无差异曲线 ·· 50
　3.3.2 边际替代率 ·· 52
　3.3.3 预算线 ··· 53
　3.3.4 序数效用论的消费者均衡 ·· 54
复习与思考题 ·· 56

第4章 生产理论 ·· 59
4.1 厂商 ··· 60
　4.1.1 厂商及其组织形式 ··· 60
　4.1.2 企业的本质 ·· 61
　4.1.3 生产 ··· 62
　4.1.4 生产要素 ··· 62
4.2 生产与生产函数 ··· 63

  4.2.1 生产函数 ·· 63
  4.2.2 技术系数 ·· 64
 4.3 一种生产要素的合理投入 ·· 65
  4.3.1 一种可变生产要素的生产函数 ······································ 65
  4.3.2 边际收益递减规律 ·· 66
  4.3.3 总产量、平均产量、边际产量之间的关系 ······················ 67
  4.3.4 一种生产要素的合理投入 ··· 68
 4.4 两种生产要素的合理投入 ·· 69
  4.4.1 等产量线 ·· 69
  4.4.2 等成本线 ·· 71
  4.4.3 生产要素投入量的最优组合 ······································· 72
  4.4.4 生产扩展线 ·· 73
 4.5 规模报酬 ·· 73
  4.5.1 规模报酬的含义 ·· 73
  4.5.2 规模报酬变动的情况 ·· 74
  4.5.3 规模报酬变动的原因 ·· 74
  4.5.4 适度规模 ·· 74
 复习与思考题 ·· 76

第5章 成本与收益 ·· 79
 5.1 成本理论 ·· 80
  5.1.1 成本及其分类 ··· 80
  5.1.2 短期成本理论 ··· 82
  5.1.3 长期成本理论 ··· 86
 5.2 收益与利润最大化 ·· 91
  5.2.1 收益及其种类 ··· 91
  5.2.2 利润最大化原则 ·· 92
 复习与思考题 ·· 93

第6章 厂商均衡理论 ·· 96
 6.1 完全竞争市场的厂商均衡 ·· 97
  6.1.1 市场结构及其划分标准 ··· 97
  6.1.2 完全竞争市场的含义与条件 ······································· 99
  6.1.3 完全竞争市场上的需求曲线和收益曲线 ······················· 99
  6.1.4 完全竞争市场厂商的均衡分析 ··································· 100

6.1.5 经济学家对完全竞争市场结构的评价 …………………………………… 103
6.2 完全垄断市场的厂商均衡 ……………………………………………………… 105
　　6.2.1 完全垄断市场的含义与条件 …………………………………………… 105
　　6.2.2 完全垄断市场的需求曲线和收益曲线 ………………………………… 106
　　6.2.3 完全垄断市场的短期均衡 ……………………………………………… 107
　　6.2.4 完全垄断市场的长期均衡 ……………………………………………… 109
　　6.2.5 经济学家对垄断市场的评价 …………………………………………… 109
6.3 垄断竞争市场的厂商均衡 ……………………………………………………… 111
　　6.3.1 垄断竞争的含义与条件 ………………………………………………… 111
　　6.3.2 垄断竞争市场的均衡条件 ……………………………………………… 113
　　6.3.3 垄断竞争市场上的非价格竞争 ………………………………………… 114
　　6.3.4 经济学家对垄断竞争市场的评价 ……………………………………… 115
6.4 寡头垄断市场 …………………………………………………………………… 115
　　6.4.1 寡头垄断市场的含义及条件 …………………………………………… 115
　　6.4.2 寡头垄断市场的特征 …………………………………………………… 117
　　6.4.3 经济学家对寡头垄断市场的评价 ……………………………………… 119
复习与思考题 ………………………………………………………………………… 120

第7章　分配理论 ……………………………………………………………………… 122

7.1 生产要素的需求和供给 ………………………………………………………… 124
　　7.1.1 生产要素需求的特点 …………………………………………………… 124
　　7.1.2 完全竞争厂商生产要素的需求 ………………………………………… 124
　　7.1.3 不完全竞争厂商生产要素的需求 ……………………………………… 125
　　7.1.4 生产要素的供给 ………………………………………………………… 126
　　7.1.5 生产要素价格的决定 …………………………………………………… 126
7.2 工资、利息、地租和利润理论 ………………………………………………… 127
　　7.2.1 工资理论 ………………………………………………………………… 127
　　7.2.2 利息理论 ………………………………………………………………… 131
　　7.2.3 地租理论 ………………………………………………………………… 133
　　7.2.4 利润理论 ………………………………………………………………… 138
　　7.2.5 收入分配平等程度的衡量 ……………………………………………… 139
复习与思考题 ………………………………………………………………………… 142

第8章　市场失灵与微观经济政策 …………………………………………………… 146

8.1 市场失灵 ………………………………………………………………………… 147

  8.1.1 市场失灵的含义 …… 147
  8.1.2 市场失灵的原因 …… 149
  8.1.3 非对称信息与市场失灵 …… 150
 8.2 微观经济政策 …… 152
  8.2.1 政府职能和微观经济政策目标 …… 152
  8.2.2 促进竞争，反对垄断 …… 154
  8.2.3 公共物品和公共选择 …… 157
  8.2.4 外部性 …… 161
 复习与思考题 …… 164

第9章 国民收入核算理论 …… 166
 9.1 国民经济核算体系 …… 167
  9.1.1 国民经济核算的产生 …… 167
  9.1.2 MPS 核算体系与 SNA 核算体系的比较 …… 167
 9.2 国民经济基本总量指标 …… 168
  9.2.1 几个基本总量指标的概念及其相互关系 …… 169
  9.2.2 实际国民生产总值与名义国民生产总值 …… 169
  9.2.3 国民生产总值与国内生产总值的区别与联系 …… 170
  9.2.4 国内生产总值与人均国内生产总值 …… 170
 9.3 国内生产总值的核算方法 …… 173
  9.3.1 国内生产总值指标的内涵 …… 173
  9.3.2 支出法 …… 173
  9.3.3 收入法 …… 174
  9.3.4 部门法 …… 174
 9.4 国民收入中的恒等关系 …… 174
  9.4.1 两部门经济中的收入循环与恒等关系 …… 174
  9.4.2 三部门经济中的收入循环与恒等关系 …… 175
  9.4.3 四部门经济中的收入循环与恒等关系 …… 176
 复习与思考题 …… 177

第10章 国民收入决定理论 …… 179
 10.1 简单的国民收入决定模型 …… 181
  10.1.1 总需求与均衡国民收入的决定 …… 181
  10.1.2 消费函数 …… 181
  10.1.3 储蓄函数 …… 183
  10.1.4 消费函数与储蓄函数之间的关系 …… 184

  10.1.5 投资函数 ··· 184
 10.2 乘数理论 ··· 185
 复习与思考题 ··· 188

第11章 失业与通货膨胀 ·· 190
 11.1 失业理论 ··· 190
  11.1.1 失业与充分就业 ·· 191
  11.1.2 失业的种类 ··· 193
  11.1.3 失业的影响与治理 ·· 194
 11.2 通货膨胀 ··· 197
  11.2.1 通货膨胀的定义及其衡量指标 ··· 198
  11.2.2 通货膨胀的分类 ·· 201
  11.2.3 通货膨胀的原因 ·· 203
  11.2.4 通货膨胀的影响 ·· 206
  11.2.5 通货膨胀的治理 ·· 208
 11.3 失业与通货膨胀的关系——菲利普斯曲线 ································· 210
 复习与思考题 ··· 214

第12章 宏观经济政策 ··· 216
 12.1 宏观经济政策 ·· 217
  12.1.1 宏观经济政策目标 ··· 217
  12.1.2 宏观经济政策工具 ··· 220
 12.2 财政政策 ··· 222
  12.2.1 财政政策的内容及运用 ·· 222
  12.2.2 内在稳定器 ··· 224
  12.2.3 财政政策的局限性 ··· 226
 12.3 货币政策 ··· 227
  12.3.1 货币政策的基本知识 ·· 227
  12.3.2 货币政策的内容与运用 ·· 228
  12.3.3 货币政策的局限性 ··· 232
 12.4 相机抉择 ··· 233
  12.4.1 财政政策与货币政策的不同 ·· 233
  12.4.2 财政政策与货币政策的配合 ·· 234
 复习与思考题 ··· 235

参考文献 ·· 238

第1章

导　论

【教学目标】

通过对本章的学习，重点掌握稀缺性和微观经济学的关系；掌握微观经济学的研究对象及其价值；掌握微观经济学的基本研究方法；在掌握上述基本理论的基础上，能够对微观经济学有一个初步的理解，并能结合现实中的经济现象促进本课程的不断深入学习和应用。

关键词

稀缺性（scarcity）
经济学（economics）
微观经济学（microeconomics）
宏观经济学（macroeconomics）
实证经济学（positive economics）
规范经济学（normative economics）

【案例导入】

在我们日常生活中所遇到的很多问题都与经济学有关。我们每天都会接触到大量的关于经济的新闻和信息，如变化多端的股票市场、政府每月公布的CPI数据、关于就业与失业的新闻和国家的有关政策等。下面是一则新闻（有节选）：

新华社北京2018年12月21日电　中央经济工作会议12月19日至21日在北京举行。习近平在会上发表重要讲话，总结2018年经济工作，分析当前经济形势，部署2019年经济工作。李克强在讲话中对明年经济工作做出具体部署，并作了总结讲话。

……　……

会议指出，宏观政策要强化逆周期调节，继续实施积极的财政政策和稳健的货币政策，适时预调微调，稳定总需求；积极的财政政策要加力提效，实施更大规模的减税降费，较大幅度增加地方政府专项债券规模；稳健的货币政策要松紧适度，保持流动性合理充裕，改善货币政策传导机制，提高直接融资比重，解决好民营企业和小微企业融资难、融资贵问题。结构性政策要强化体制机制建设，坚持向改革要动力，深化国资国企、财税金融、土地、市场准入、社会管理等领域改革，强化竞争政策的基础性地位，创造公平竞争的制度环境，鼓励中小企业加快成长。社会政策要强化兜底保障功能，实施就业优先政策，确保群众基本生活底线，寓管理于服务之中。

会议认为，我国经济运行主要矛盾仍然是供给侧结构性的，必须坚持以供给侧结构性改革为主线不动摇，更多采取改革的办法，更多运用市场化、法治化手段，在"巩固、增强、提升、畅通"八个字上下功夫。要巩固"三去一降一补"成果，推动更多产能过剩行业加快出清，降低全社会各类营商成本，加大基础设施等领域补短板力度。要增强微观主体活力，发挥企业和企业家主观能动性，建立公平开放透明的市场规则和法治化营商环境，促进正向激励和优胜劣汰，发展更多优质企业。要提升产业链水平，注重利用技术创新和规模效应形成新的竞争优势，培育和发展新的产业集群。要畅通国民经济循环，加快建设统一开放、竞争有序的现代市场体系，提高金融体系服务实体经济能力，形成国内市场和生产主体、经济增长和就业扩大、金融和实体经济良性循环。

在这篇报告中，我们可以发现很多与经济相关的名词和术语，如总需求、货币政策传导机制、供给侧结构性改革、积极的财政政策和稳健的货币政策等，它们的含义是什么？这篇报告又传达了一个什么样的信息？它会影响你的生活吗？为了更好地理解这些社会经济现象，我们就需要学习一些经济学的知识。

1.1 西方经济学的定义

"经济"一词在我国古代汉语中为"经世济民""经邦济国"之意，比较接近现代汉语中的"政治"一词的含义。在现代生活中，也使用"经济"一词，有节约的含义，经济学中的"经济"一词，现在泛指人类一般的谋生活动。

近年来，在大学里经济类专业始终是最热门的专业之一；打开电视，翻开报纸，满眼尽是财经新闻、股票行情；经济学家们经常被邀为政府部门的座上宾，为国家经济政策出谋划策；生活在当下，如果不懂一点经济学，不知道需求、供给、GDP、CPI、股票指数、个人所得税，你会觉得自己仿佛置身于世外，简直是寸步难行。

人类从事经济活动迄今已有上万年的历史，但作为一门科学，经济学仅有200多年的历史。1776年，亚当·斯密（1723—1790）花费数年时间写成了一本书——《国民财富的性质和原因的研究》，也就是大家熟悉的《国富论》。这是人类历史上首次系统地对经济理论做出阐述，是后来各种经济学流派的起点。《国富论》的出版，标志着经济学作为一门独立的学科的诞生。亚当·斯密也因此被称为"现代经济学之父"。

那么什么是经济学？经济学是怎样产生的呢？

1.1.1 稀缺性：人类社会永恒的问题

现代西方经济学家认为，人类的欲望是无限的，这种无限性表现在以下两个方面。

(1) 一个人的欲望或需求得到满足时，另一种欲望就要出现。基本的饮食得到满足之后，他想吃出花样；有了抵御风寒的衣服和住所之后，他想使衣服和住所更舒适、更美观、更令人羡慕；之后，他想到别处看看人家是怎么吃的和怎么穿的；他要欣赏各地的自然风光，地球上玩腻了，想到其他星球上看看。由于学会了生产，他不仅需要浆果，还需要果树林和土地；他不仅需要鱼，还需要渔网和小舟；他不仅需要食物，还需要餐具；他不仅需要物质财富，还需要艺术。一个需要满足之后，一百个新的需要跟着出现。

(2) 作为理性的人，多多益善的偏好是支配他们日常消费行为的一个重要因素。此外，人们的消费欲望具有随着产品和劳务的发展而不断发展的趋势。正是这种需求的无限性，构成了人类经济活动不断进步的恒久动力。

然而，大自然是吝啬的。自然界中不是所有物品都十分丰富，人们只管尽情享受。在现实世界中，有少数十分丰富、不需要人们付出努力就能获得的物品，如空气和阳光。这样的物品被经济学家称为自由物品。相对于人的需要来说，绝大多数物品都是有限的或稀缺的。这样的物品被称为稀缺物品或经济物品。

自然资源因人的需要而成为稀缺物品。在人口稀疏的时候，土地不是稀缺物品；一万年前的铁矿和二百年前的石油不是稀缺物品，因为那时的人不知道它们的用途而不需要它们。随着人口的增加，以及人类知识的增长和活动范围的扩大，越来越多的自然资源渐渐成为稀缺物品。这里的稀缺性，不是指物品或资源的绝对数量的多少，而是指相对于人类社会欲望的无限性来说，再多的物品与资源也是不足的。因此，稀缺性是相对的。

今天，科技已经相当发达，人类的知识范围小到亚原子，大到其他星球。且不说太空和其他星球上的资源，仅仅地球上的资源就足够人类用上很长时间。科技的发展在不断地找到新资源的同时，也在为一些已知的资源找到从前未知的新用途。在特定时期之内，人类的知识是有限的，可用于满足人的各种不同需要的资源是稀缺的。让我们想象一个极为富有的人，他可以得到想要的一切物品，我们可能认为他的词汇里根本没有"稀缺"这个词，但是，请想一想：时间也是一种资源，他必须决定每天多少时间用来吃饭，多少时间用来睡觉，多少时间用来玩耍、学习、锻炼身体或是工作。从这个角度来看，稀缺是每一个人的生活现实。所以，稀缺现象又是永恒的、绝对的。

1.1.2 经济学的定义

由于稀缺性是任何社会和任何时代都存在的一个基本事实，所以需要人们做出各种各样的选择，以便使资源得到充分有效的利用，使人类需要得到最大满足。孤岛上的鲁滨孙必须决定把多少时间用于采摘野果，多少时间用于捕猎，多少时间用于休闲。现代都市中一名消费者必须决定多少货币用于购买食品,多少货币用于购买服装,多少货币用于住房等;一个国家或社会必须以某种方式决定把多少资源用于生产黄油,多少资源用于生产枪炮等。选择意味着对选择机会进行价值判断和排序;选择意味着宁愿这个而不愿其他;选择意味着放弃,选择自己认为最优的,被放弃的选择机会中最有价值者是选择的机会成本。于是经济学便由此而产生。

西方经济学家普遍认为,经济学是基于资源的稀缺性和人类欲望的无限性这一矛盾而产生的。经济学就是研究怎样将稀缺资源在各种可供选择的用途中进行最佳配置,用于满足人们的无限欲望的社会科学;或者可以简要概括为,经济学就是研究如何节约的学科。

1.1.3 机会成本和生产可能性曲线

由于资源的稀缺性,在一定的时期内,可供人们选择和使用的资源总是一个常量。人们用这一常量资源生产不同的产品,就涉及产品的选择优势,为比较这一优势,西方经济学家提出了机会成本和生产可能性曲线的概念。

1. 机会成本

机会成本(opportunity cost)是以一定的代价从事某项经济活动所必须放弃的以该代价从事其他经济活动所带来的最高利益。那么,实际上被放弃的经济行为可带来的最高利益就是实际的经济行为的机会成本。机会成本是一个广泛的概念,它适用于社会生产、消费、交换乃至政府宏观政策目标的选择等各个方面。

假设一家厂商,它拥有一个门市,既可用来出租,又可自己使用。如果用来出租每年最多可得租金 2 万元。现在该厂商决定自己使用该门市,那么它就不可能再得到租金 2 万元,这就是它使用该门市的机会成本。

政府增加税收,其机会成本就是纳税人被迫减少消费和投资数量,从而使整个社会消费下降,生产萎缩,失业增加。

可见,在任何经济活动中,都普遍存在机会成本问题,都要求人们在各种可能的方案中作出正确合理的选择。西方经济学认为,合理选择的原则和目标就是实现机会成本最小。

课堂讨论

> 上大学有机会成本吗?你是怎样想的?

2. 生产可能性曲线

社会普遍面临的稀缺性和人们的选择行为可用生产可能性曲线表示。生产可能性曲线是指一个社会用其全部资源和当时最好的技术所能生产的各种产品的最大可能产量的组合点的曲线。它是与机会成本概念密切相关的一个概念。

假定一个社会的资源、人口和技术状况已定,为满足社会各方面的需要,它要把所有的经济资源分配到各种可能生产的不同产品和劳务中去。为了简化起见,假定这个社会用既定的经济资源和生产技术只能生产投资品和消费品两种产品,其生产组合如表1-1所示。

表1-1 某社会生产组合表

组合	投资品/亿单位	消费品/亿单位	组合	投资品/亿单位	消费品/亿单位
A	5	0	D	2	12
B	4	5	E	1	14
C	3	9	F	0	15

表1-1说明这个社会生产的各种可能性。当把全部经济资源都用来生产投资品时,可生产5亿单位,此时消费品的产出为零;当开始生产消费品时,比如生产5亿单位,这时必须放弃一部分原先进行投资品生产的资源,因而投资品的产出减少,例如,由5亿单位减少到4亿单位;如果继续增加消费品的生产,则必须减少投资品的生产,如当消费品的产出为9亿单位时,投资品的产出为3亿单位。其余类推,当社会把全部经济资源都用来生产消费品时,可生产15亿单位,而投资品的产出则为零。

将生产组合表中的各组数值形成坐标点,并将各点连接起来,便可得到一条曲线,这条曲线就称为"生产可能性曲线"。它显示出一个社会在既定的经济资源和生产技术条件下,生产所能达到的最高界限或边界,又称"生产可能性边界"。如图1-1所示。图中横轴表示投资品量,纵轴表示消费品量,曲线AF表示生产可能性曲线。这里假设生产资源可无限细分,产出的投资品和消费品也可无限细分,这样形成的生产可能性曲线是一条平滑的曲线。图中AF线上的所有点,都表示当社会资源全部用完时可以达到的产出组合的各种可能。AF曲线之外各点所表示的生产水平,是这个社会现有的经济资源和技术水平无法达到的;在AF曲线之内各点所表示的生产水平,是这个社会此时的生产能力没有充分发挥出来的生产组合。

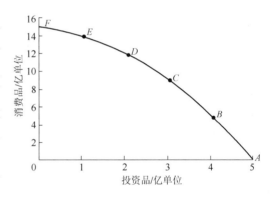

图1-1 生产可能性曲线

1.2 经济学的研究对象

资源的稀缺性是任何社会都存在的一个基本事实,如何配置和利用稀缺资源以满足人们的需要,也就成了任何社会都面临的基本问题,经济学正是为了研究这一基本问题的需要而产生的。

1.2.1 资源配置

资源配置就是把资源分配到各种可供选择的用途中,生产出能够满足人们不同需要的不同物品。它包括3个方面的问题：①生产什么？（what）②如何生产？（how）③为谁生产？（for whom）这也是人类社会所必须解决的3个基本问题。

1. 生产什么物品，生产多少

由于资源的用途是多方面的，人们在进行经济活动，用相对稀缺的资源去满足最迫切的需要时，就有必要进行稀缺资源最优先生产什么物品的选择，同时决定生产的数量。

2. 如何生产

如何生产即用什么方法来生产。生产一定数量的物品可以采用不同的生产方法。生产方法实际上是如何对各种生产要素进行组合，是多用资本、少用劳动？即用资本密集型方法来生产；还是少用资本、多用劳动？即用劳动密集型方法进行生产的问题。在不同生产方法的情况下，生产相同数量物品，其经济效率并不相同，即资源的利用效率不同。

比如经营快递的公司，可以用飞机，也可以用汽车送快件。但是除了顺丰快递、联邦快递等几家大公司外，一般都是用汽车送。因为顺丰快递、联邦快递名气大、信誉高、收费更高，用飞机送也可以赚钱。但是大量的小快递公司，只能用汽车，因为小快递公司很多，竞争很激烈，主要靠收费低来维持经营，如果用飞机送，只能是亏损倒闭。

20世纪90年代中期，日本充电电池一统天下，中国的厂家多是买来电芯做组装，利润少，几乎没有竞争力。比亚迪的老总王传福去日本考察，发现日本在生产中使用价值千万元的自动生产线和机器人，因为日本的人工太贵，用机器可以节约成本。而当时王传福手里只有几十万元钱，日本人的生产方法显然不能效仿。回国后，他决定用人工生产，中国的人工便宜，他把日本机器人的动作分解，改为人工操作，相当一部分生产线变成了手工，结果大大降低了制造成本，最终比亚迪成功了，现在比亚迪生产的手机电池市场占有率世界第一。这说明，用什么方式生产是很重要的，需要仔细考量，做出抉择，经济学家把这叫"如何生产"。

3. 为谁生产

为谁生产即生产出来的产品以什么原则分配给社会各阶级和各成员。产品如何分配，将影响整个社会生产要素的流向和配置。

1.2.2 资源利用

在现实社会中，人类社会往往还面临着这样一种矛盾：一方面资源是稀缺的，另一方面稀缺的资源还得不到充分利用。资源利用就是人类社会如何更好地利用现有的稀缺资源生产出更多的物品。它要回答下面3个问题。

1. 充分就业问题

资源是否得到充分利用，是否存在资源的闲置和浪费现象，也就是说如何使资源得到充分利用，从而使产量达到最大，这就是一般所说的充分就业问题。

2. 货币的购买力问题

货币购买力的变动影响资源的配置与利用。如购买力下降，一年前10元钱买1 kg肉，现在只能买 0.5 kg，这必然影响肉的产量。因此，经济学要研究货币的购买力问题，即一般所说的通货膨胀问题。

3. 经济波动与经济增长问题

一国经济为什么会发生波动？即资源没变，产量却时高时低。与此相关的是如何使产量持续增长，即一般所说的经济波动与经济增长问题。

1.3 经济学的主要内容

西方经济学从总体上包括微观经济学（microeconomics）和宏观经济学（macroeconomics）两大部分。

1.3.1 微观经济学

"微观"一词源于希腊文，"micro"的中文意思是"小"，微观经济学即"小经济学"或"个体经济学"。微观经济学是以个体经济作为考察对象，研究其在市场经济制度下的经济行为，以及由此而产生的经济理论。微观经济学的内容实际上包括三大部分：一是考察个体消费者的经济行为，如产品的需求数量和需求价格等；二是考察生产者即厂商的经济行为，如产品的供给数量和价格等；三是考察生产要素所有者的经济行为，如劳动和土地的供给，从而产生出工资和地租理论。

微观经济学的研究是以一定的假设条件为前提的，其基本假设有 3 点。

第一，市场出清，即价格可以自由而迅速地升降的情况下，市场上一定会实现充分就业供需均衡状态。在这种状态下，资源可以得到充分的利用，不存在资源闲置和浪费问题。因此，微观经济学就是在假设资源充分利用为常态的情况下，集中研究资源配置问题。

第二，完全理性。这一假设是指消费者和厂商都是以利己为目的的经济人，他们自觉按利益最大化的原则行事，既能把最大化作为目标，又知道如何实现最大化。即他们具有完全的理性，这样价格调节资源配置最优化才是可能的。

第三，完全信息。消费者和厂商只有具备完备而迅速的市场信息才能及时对价格信号做出反应，以实现其行为的最优化。完全信息假设是指消费者和厂商可以免费而迅速获得各种市场信息。

只有在以上 3 个假设条件之下，微观经济学关于价格调节实现资源配置最优化，以及由此引出自由放任的经济政策才是正确的。

微观经济学从研究个体经济主体的行为入手，来实现个体经济单位的资源最优配置。它的内容主要包括以下几个方面。

（1）均衡价格理论。研究单个产品的价格决定及市场价格机制对市场需求和供给的影响，从而影响社会的资源配置。

(2) 消费者行为理论。研究消费者均衡,即消费者在收入或支出一定的情况下,如何获得最大满足。

(3) 生产理论。研究生产者均衡,即生产者在生产要素投入或成本支出一定的情况下,如何获得产出或收益最大。

(4) 市场理论。研究不同市场条件下厂商的均衡条件。

(5) 分配理论。研究产品以什么原则分配给生产要素的供给者的理论。

(6) 微观经济政策。研究政府有关价格管理、消费与生产调节及实现收入分配平等化政策等。这些政策属于国家对价格调节经济作用的干预,是以微观经济理论为基础的。

微观经济学的中心理论是均衡价格理论。这是由于在市场经济中,每一种个体经济的行为都是以追求利益最大化为目标的,在这个过程中,价格起着至关重要的作用,它就像一只看不见的手调节着各种经济主体的行为。例如,消费者购买什么,购买多少,生产者愿意生产什么,生产多少,如何生产等,都由市场上该商品的价格决定,其他内容都是围绕这一中心问题而展开的。

1.3.2 宏观经济学

"宏观"一词也源于希腊文,"macro"的中文意思是"大",宏观经济学即"大经济学"或"总量经济学"。宏观经济学是把整个经济总体(通常是一个国家)作为考察对象,研究其经济活动的现象和规律,来说明资源如何才能得到利用,以及由此产生的经济理论。宏观经济学研究的总量经济内容包括三大部分:一是具有总量性质的经济变量,如国内生产总值(GDP)、国民收入(NI)和货币供给等;二是由众多个体经济活动所组成的整体经济活动,如总投资活动、总消费和总储蓄活动等;三是研究一些重要的经济现象,如通货膨胀、失业、经济危机周期和经济增长等。

宏观经济学的基本内容基于两个基本假设:第一,市场机制是不完善的。如果只靠市场机制的自发调节,就无法克服经济危机与失业,就会在资源稀缺的同时,又产生资源的浪费。稀缺性不仅要求资源得到恰当配置,而且还要使资源得到充分利用。要做到这一点,仅仅靠市场机制是不够的。第二,政府有能力调节经济,纠正市场机制的缺点。政府可以通过观察与研究认识经济运行的规律,并采取适当的手段来调节经济。整个宏观经济学正是建立在对政府调节经济能力信任的基础上的。

宏观经济学是从研究经济总体的行为出发,来解决整个社会资源的最优配置问题。它研究的内容主要包括以下几个方面。

(1) 国民收入决定理论。它是从总需求和总供给的角度出发,研究国民收入决定及其变动的规律。在宏观经济学中,国民收入始终是核心问题。

(2) 失业和通货膨胀理论。宏观经济学把失业和通货膨胀与国民收入联系起来,分析其原因和相互关系,以便找出这两个问题的解决途径。

(3) 经济周期与经济增长理论。经济周期指国民收入的短期波动;经济增长是国民收入的长期增加趋势。这一理论是研究国民收入短期波动的原因、长期增长的源泉等,以期实现经济长期稳定的增长。

(4) 宏观经济政策。宏观经济学是为国家干预经济服务并为它提供理论根据,而宏观经济政策是要为这种干预提供具体的措施。政策问题包括政策目标、政策工具及政策效应。

1.3.3 微观经济学与宏观经济学的联系

微观经济学与宏观经济学是西方经济学中既有区别又有联系的两个分支学科。它们的区别可用表 1-2 归纳。

表 1-2 微观经济学与宏观经济学的区别

区 别 点	微观经济学	宏观经济学
基本假设	市场出清;完全理性;完全信息	市场机制不完善;政府有能力调节经济,纠正市场机制的缺陷
研究对象	个体经济	整个经济总体
研究方法	个量分析	总量分析
中心理论	价格理论	国民收入决定理论
解决问题	资源配置	资源利用
主要目标	个体利益最大化	社会福利最大化

它们的联系主要表现在以下两个方面。

(1) 微观经济学是宏观经济学的基础。宏观经济学的总量分析是建立在微观经济学的个量分析的基础之上的,宏观经济学的许多理论也是建立在微观经济理论的基础上的,没有微观经济理论的坚实基础,就没有宏观经济理论的深入发展。二者之间就好比树木与森林,相互依存。

(2) 微观经济学和宏观经济学是互相补充的。经济学的研究目的是既要实现资源的最优配置,又要实现资源的充分利用。微观经济学和宏观经济学分别从不同角度对社会经济资源的配置和利用问题进行了分析,二者互相补充,共同构成了现代西方经济学原理的基本内容。

📖 课外阅读

微观经济学与宏观经济学名称的由来

在 20 世纪 30 年代之前,并没有微观经济学与宏观经济学的提法。人们一般把英国古典经济学家亚当·斯密作为现代经济学的奠基者,他的主要代表作是《国民财富性质和原因的研究》(简称《国富论》)。从亚当·斯密开始的古典经济学既研究经济增长、经济周期这类今天称之为宏观经济学的内容,又研究价格、价值、成本、收入分配这类称之为微观经济学的内容。换言之,在经济学形成之初的相当一段时期内,经济学并没有微观与宏观的区分。

从19世纪70年代的边际革命之后，经济学的研究从生产转向需求，直至20世纪30年代之前，研究的中心是资源配置，即今天所说的微观经济学，这一时期的经济学称为新古典经济学。到19世纪末英国经济学家马歇尔的《经济学原理》出版时，今天所说的微观经济学体系已经基本形成，但是并没有微观经济学这个名称。

在凯恩斯之前，经济学家也研究过经济增长、经济周期这类宏观经济问题。但现代宏观经济学是在凯恩斯1936年发表《通论》之后才形成的，不过提出微观经济学与宏观经济学这两个名称的并不是凯恩斯。凯恩斯也没有把自己的理论体系称为宏观经济学。

第一次使用微观经济学和宏观经济学这两个名词的是荷兰统计局一位并不知名的经济学家P. 迪·沃尔夫。他在1941年发表的一篇文章中写道："微观经济解释所指的是一个人或家庭……的关系。宏观经济解释产生于与个人或家庭组成的大集团（社会阶层、民族等）……相应的关系。"沃尔夫的解释已接近于今天对微观经济学和宏观经济学的理解。美国经济学家萨缪尔森在1948年出版的《经济学》中把这两种理论构建在一个经济学体系之内，这成为至今为止几乎所有初级教科书的标准模式。

把经济学分为微观经济学与宏观经济学是一个创举，但过分强调这两者之间的区分，又容易形而上学地割裂它们之间的内在联系。经济学家们正在努力建立一个微观经济学与宏观经济学统一的体系，也许下一代人学习经济学时就没有了微观与宏观之分。

1.4 经济学的研究方法

经济学的研究方法是指经济学研究所采用的方式和手段。现代西方经济学家根据经济学研究的特点和运用研究方法性质的不同，把经济学分为"实证经济学"和"规范经济学"。

1.4.1 实证经济学和规范经济学

实证经济学（positive economics）是对社会各种经济活动或经济现象进行解释、分析、证实或预测。实证经济学通常采用实证经济分析法。所谓实证分析，是指人们在观察事物时，只注意事物是如何运行的，它想要表述和分析的是现存事物的实际状况和未来的发展趋势，回答的是"是什么？"（what）和"为什么？"（why）的问题，并不涉及事物的价值判断。在经济学中采用实证分析就是描述与考察经济现象"是什么"，研究经济事物本身和相互之间联系的客观规律，并以此分析和预测人们经济行为的结果，说明客观经济事物过去、现在和未来的状态。实证经济学的目的在于了解经济情况是怎样的及又是怎样运行的，这里没有价值判断和伦理标准。

规范经济学（normative economics）是以一定价值判断为出发点，提出行为标准，探讨和研究如何符合该标准的理论和政策。规范经济学通常采用规范经济分析法。所谓规范分析，与实证分析不同，它不研究事物是怎样运行的，而是以一定的价值判断为基础，提出某些标准作为分析和处理问题的准则，研究事物应该按此准则如何运行，它所要回答的是"应该"或"不应该"的问题，涉及伦理标准和价值判断。如某项经济政策是有利还是有害，是弊大还是利大，是采用还是不采用，这就是规范经济学所研究的问题。

实证经济学和规范经济学的区别主要有：实证经济学是为了探索经济事物内在的客观联系，揭示经济运行的客观规律，因此其内容具有客观性。实证经济学研究要避开价值判断问题，而且实证经济学的研究所得出的结论可以通过各种方式来进行检验。规范经济研究是要判断一个具体经济事物的好坏，要说明经济事物对社会有什么意义，解决"应该是什么"（What ought to be）的问题。要做到这一点，规范经济学必须以一定的价值判断为基础，因此其内容具有主观性，而且规范经济学所得出的结论会受到不同价值观的影响，是非没有绝对的标准，无法通过事实来进行检验。

例如，在国民经济运行中，货币市场与产品市场是相互联系、相互影响的。货币供给量的改变，会引起国内生产总值、就业率和通货膨胀等经济指标的变动。在通常情况下，货币供给量的增加，会使利率降低，有利于投资，从而能够促进经济增长，经济增长又有利于降低失业率。但是，货币市场上货币量的增加会增加社会通货膨胀压力。这一过程的研究揭示了货币供给量、国内生产总值、就业率和通货膨胀之间的客观联系，属于实证经济学范畴。在此分析基础上，政府究竟是选择促进经济增长、减少失业率、加大通胀压力的货币供给量增加的货币政策，还是选择减轻通胀压力，但承担经济增长放慢、失业率增加这一政策目标，而减少货币供给量这一货币政策呢？这一决策过程就属于规范经济学范畴，它涉及对经济事物的价值判断。这里所说的价值是指经济事物的社会价值，价值判断属于社会伦理学范畴，不同的人对同一事物、同一政策会有不同的判断和意见。对于应该做什么或应该怎么做，不同的人也会有不同的结论。所以，价值判断具有强烈的主观性和阶级性。

实证经济学和规范经济学又是相互联系的，这也是经济学不同于自然科学的一个重要方面。自然科学属于实证科学，我们只能采用实证分析方法揭示自然事物之间内在的、客观的联系。例如，在核物理的研究中，科学家的主要任务是研究原子裂变的规律，至于这一理论是用于制造原子弹还是用于发电则涉及价值判断，不是自然科学的研究范畴。然而经济学研究则不同，它既包含实证经济学研究，又包含规范经济学研究。实证经济学是规范经济学的基础，规范经济学是实证经济学的前提。这表现为在经济学研究中，一方面我们要运用实证分析对经济事物进行分析、推理、归纳，得出其特点和规律，以及预测其未来趋势；另一方面又必须运用规范分析，即根据一定的价值判断标准对经济活动的目标和政策作出选择。

实际上，不论是实证经济学还是规范经济学，都和经济目标相关。经济目标系统是分层次的。目标层次性越低，与经济运行的联系越密切，其研究的实证性越强；目标层次性越高，越需要对经济运行进行评价，其研究越具有规范性。实证经济学和规范经济学是经济目标的不同层次上的研究，功效各异、相互补充，构成一个不可分割的整体研究。

人物窗 亚当·斯密

亚当·斯密（Adam Smith，1723—1790），于1776年出版的《国富论》揭示了市场经济的运行规律。他关于一只"看不见的手"（价格）自发调节经济的思想至今仍然是"经济学皇冠上的宝石"。如果说牛顿是现代物理学的奠基人，亚当·斯密就是现代经济学的奠基人。亚当·斯密所建立的古典经济学与牛顿所建立的经典力学同样辉煌，是我们从蒙昧走向科学的起点。如果要评选人类历史上最伟大的经济学家，恐怕非亚当·斯密莫属。

1.4.2 实证分析的方法

1. 均衡分析

均衡是西方经济学从物理学中借用的一个概念。在物理学中，均衡是指一个物体在各种力的作用下处于相对静止或匀速直线运动的一种状态。在经济体系中，一个经济事物处在各种经济力量的相互作用中。如果有关该经济事物各方面的各种力量能够相互制约或相互抵消，那么该经济事物就会处于一种相对静止的状态，并保持这种状态不变，此时称该经济事物处于均衡状态。

对经济变量均衡的形成和变动条件的分析，称为均衡分析。均衡分析在西方经济学中处于特别重要的地位，是微观经济学和宏观经济学都使用的分析方法。均衡分析分为局部均衡分析和一般均衡分析。

局部均衡分析研究的范围只局限于某一市场或某一经济单位的某种商品或某种经济活动，并假定这一商品市场或经济单位与其他市场或经济单位互不影响；或者说我们考察的对象是单独一个消费者、一个商品市场、一家厂商或一个行业的均衡状态。

一般均衡分析研究的范围是经济运行整体，它是考察整个经济系统如何实现均衡的分析方法，它考虑到了各种商品和要素市场的相互影响。由于一般均衡分析中自变量较多，而且许多变量都是瞬息万变的，因此，这一分析方法非常复杂，所以在西方经济学中大多仍采用局部均衡分析。

2. 静态分析、比较静态分析和动态分析

静态分析是指在分析某一经济变量达到均衡状态所需要具备的条件时，不考虑时间因素和经济变量具体变动过程的分析方法。它是一种静止、孤立地考察经济现象的方法。

比较静态分析是比较各种静态分析结果的方法，指均衡条件发生变化以后，对新形成的静态均衡结果与原来的静态均衡结果进行比较的分析方法。比较静态分析比较的只是一个经济变量变动过程的起点和落点，不涉及经济变量变动的时间和具体变动过程本身的情况。

动态分析与静态分析相对，是把经济现象的变化当作连续的过程来看待，主要考虑时间

因素对经济变动的影响,即分析各种变量怎样随着时间的变动而相互作用,最终达到一种新的均衡的分析方法。

3. 边际分析

边际分析,也称为边际增量分析,是西方经济学中最基本的分析方法,被普遍应用于微观经济研究和宏观经济研究。所谓边际,是指额外或最后增加的单位。边际分析法是指对自变量每加一单位的量值会如何影响和决定因变量的量值所进行的分析,在西方经济学中,边际分析法是经济学家常用的数理和数量方法。以微观经济研究为例,微观经济学中对边际产品、边际收益、边际成本和边际生产力等的分析,都属于边际分析。例如,生产20件产品的成本为300元,生产21件产品的成本为305元,那么增加一单位产品的边际成本为5元。新增加的这一单位产品就是边际产品,生产这一单位产品所耗费的成本就是边际成本,由它所带来的收益就是边际收益。边际分析法是将高等数学的微分理论引入经济学的研究,用于解决经济资源的最佳配置问题。边际分析的作用在于如何从众多的选择方案中选择最佳方案,从而实现其决策的目标。因此,边际分析在西方经济学中被广泛采用。

4. 经济模型分析

经济模型是经济理论的数学或图像表现。经济模型分析是指研究经济现象时,运用科学、抽象的方法,舍去影响较小的经济变量,从而将复杂多样的经济现象简化为为数不多的主要经济变量,并用描述这些经济变量函数关系的一个或一组数学方程式表示它们之间的依存关系的分析方法。由此可见,经济模型分析是数理和数量分析法,也是西方经济学常采用的方法之一。

课外阅读

为什么要学习经济学?

在日常生活中,每个人其实都在自觉不自觉地运用着经济学知识。例如,我们在买东西时要有一个计划,以合理利用我们有限的工资;在市场里买东西,我们喜欢与小贩讨价还价;到银行存钱,我们要想好是存定期还是存活期等。但由于初学者学习经济学的目的各不相同,在大多数人看来,经济学既枯燥又乏味,充满了统计数字和专业术语。

多数人是为了拿文凭而被迫学经济学,因为经济学是财经类各专业的必修课程。

有些人是为了更好地理解社会经济现象而学经济学。随着分工越来越细,经济现象也越来越复杂,已经不是单凭直觉就能够理解的,需要有人专门思考经济现象,从而经济学家成为一个职业。所以,经济学家这个职业也是分工的结果。

有些人为了个人致富而学习经济学。这些人误以为经济学是能够使个人致富的学问。经济学主要服务于社会,而非为个人谋私利。经济学曾经被定义为财富的科学,从而被一些人描述为财神的福音。然而,经济学不是个人获取财富的科学,而是使整个社会生产更多财富的科学。在君主专制时代,经济学是帮助君主治理国家的学问。在民主政治时代,其任务是帮助人民选择合理的经济制度,帮助政府制定经济政策。这是因为在民主政体中,经济制度和政策的最终选择权掌握在人民手中,有必要广泛传播涉及经济制度的经济学知识,使人民熟悉过去的经验,用系统的知识启蒙公众,指导公共政策的制定和立法。不过,经济学的一些教导也许对商人有一些应用价值,因为很多经济学"原理"只不过是已经被商人、政治家和大众的经验证实了的思想。在实际商业活动中,它的一些教导有教育价值,因为经济学并不是不务实的哲学家凭空想象出来的,它要描述人必须生活其中的现实世界,从而有助于个人理解和适应社会环境。不过,你不能指望从经济学家那里得到暴富的诀窍(如果真有这样的诀窍,他是不会教给你的)。经济学家可以告诉你哪些做法肯定不能致富,但他不能告诉你哪些做法肯定致富。请牢记,经济学家不等于商人,更不等于有能力成为成功的商人,他们大多不曾试图成为商人,有些是失败了的商人,像李嘉图那样从成功的商人变成有影响力的经济学家的人极少。

有些人因为想成为经济学家或经济学教师而学习经济学。显然,在当今世界的很多地方,经济学教授是一个不错的职业。他们中有些人担当政府或大企业顾问,有些人是专栏作家,向人们解读政策和其他商业信息。

梁小民认为,经济学真正的主题内容是理性,其隐而不彰的深刻内涵就是人们理性地采取行动的事实。经济学关于理性的假设是针对个人而不是团体。经济学是理解人们行为的方法,它源自这样的假设:每个人不仅有自己的目标,而且还会主动地选择正确的方式来实现这些目标。这样的假设虽然未必总是正确,但很实用。在这样的假设下发展出来的经济学,不仅有实用价值,能够指导我们的日常生活,而且这样的学问本身也由于充满了理性而足以娱人心智,令人乐而忘返。尽管我们在日常生活中时常有意无意地运用了一些经济学知识,但如果对经济学知识缺乏基本的了解,就容易在处理日常事务时理性不足,给自己的生活平添许多不必要的烦扰。掌握正确的经济学知识,将经济学思考问题的方法运用到日常生活中来,使我们能够更加理性地面对生活中的各种琐事,小到油盐酱醋,大到谈婚论嫁,就会减少生活中的诸多烦闷和不快,多一些开心,多一些欢笑。

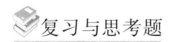

复习与思考题

一、名词解释
经济物品　稀缺性　机会成本　微观经济学

二、单项选择题
1. 下列有关时间说法正确的是(　　)。

A. 不是稀缺资源,因为永远有明天 B. 与资源分配决策无关
C. 对生产者是稀缺资源,但对消费者不是 D. 对任何人都是稀缺资源

2. 经济学可定义为（　　）。
   A. 研究政府如何对市场机制进行干预的科学
   B. 消费者如何获取收入并进行消费的学说
   C. 研究如何最合理地配置稀缺资源于诸多经济性用途的科学
   D. 企业取得利润的活动

3. 经济学研究的基本问题包括（　　）。
   A. 生产什么，生产多少 B. 如何生产
   C. 为谁生产 D. 以上问题均正确

4. 在美国，生产什么和生产多少的问题主要是取决于（　　）。
   A. 政府和企业的相互影响 B. 经济中那些最大的公司
   C. 政府的经济顾问 D. 企业和消费者之间私下的相互影响

5. 当经济学家说人们是理性的时，这是指（　　）。
   A. 人们不会作出错误的判断
   B. 人们总会从自己的角度作出最好的决策
   C. 人们根据完全的信息而行事
   D. 人们不会为自己所做出的任何决策而后悔

6. 研究个别居民与厂商决策的经济学属于（　　）。
   A. 宏观经济学 B. 微观经济学
   C. 实证经济学 D. 规范经济学

7. 经济物品是指（　　）。
   A. 有用的物品 B. 稀缺的物品
   C. 要用钱购买的物品 D. 有用且稀缺的物品

8. 稀缺存在于（　　）。
   A. 当人们的消费量超过需求时 B. 富有国家中
   C. 全世界所有的国家中 D. 穷困的国家中

9. 下列（　　）是实证经济学的说法。
   A. 失业救济太低 B. 降低失业比抑制通货膨胀更重要
   C. 医生挣的钱比蓝领工人多 D. 妇女与男子应该同工同酬

10. 下列（　　）是规范经济学的说法。
    A. 医生挣的钱比蓝领工人多 B. 收入分配中有太多的不平等
    C. 通货膨胀率用于衡量物价变化水平 D. 去年计算机的价格是 2 500 美元
    E. 通货膨胀率上升了

三、判断题

1. 如果社会不存在资源的稀缺性，也就不会产生经济学。（　）
2. 资源的稀缺性决定了资源可以得到充分利用，不会出现资源浪费现象。（　）
3. 微观经济学的基本假设是市场失灵。（　）
4. "人们的收入差距大一点好还是小一点好"的命题属于实证经济学问题。（　）
5. 微观经济学要解决的问题是资源利用，宏观经济学要解决的问题是资源配置。（　）

四、实训题

1. 假设世界上打字最快的打字员恰好是脑外科医生，他应该自己打字还是雇用一个秘书帮他打字？并解释之。
2. 上网查找一些资料，看看最近国家又出台了哪些经济政策，这些政策对你的生活会有哪些影响？

第 2 章

需求、供给与均衡价格理论

【学习目标】

本章是微观经济学的核心理论。通过本章的学习,要求学生熟练掌握需求、供给、均衡价格、价格弹性的基本概念;熟练掌握供求定律、均衡价格的形成机制;掌握影响供求的主要因素,并能够运用供求基本原理和价格弹性论分析经济生活中的相关问题。

关键词

需求(demand)
供给(supply)
均衡价格(equilibrium price)
供求定律(law of supply and demand)
需求弹性(elasticity of demand)

【案例导入】

2018 年我国主要畜禽生产与价格的变化

根据中国经济网 2019 年 1 月 22 日发布的消息:2018 年全国猪牛羊禽肉产量 8 517 万吨,比上年减少 22 万吨,下降 0.3%。猪牛羊禽肉产量略减主要原因为猪肉产量下降。虽然生猪生产受非洲猪瘟疫情影响有所下降,但全国牛羊禽肉产量增加,牛奶和禽蛋产量也稳定增长,总体来看,全国主要畜禽生产基本稳定。2018 年同比涨幅较大的品种分别为活牛上涨 4.9%,活羊上涨 14.7%,活家禽上涨 7.7%,禽蛋上涨 17.6%,同比生猪价格下降 14.4%。

另外,根据中国产业发展研究网报道分析:我国猪肉消费需求将逐步进入"量稳质升"阶段。社会猪肉需求总量下降幅度收窄。从消费终端来看,近年来猪肉消费量呈递减趋势,从 2014 年顶峰时期的 5 719 万吨下降至 2016 年的 5 498 万吨,降幅达到 3.87%。但整体降幅收窄，2016年同比下降1.24%，2017年同比下降0.08%。与此同时，市场需求持续疲软，节假日对于猪肉价格的拉动作用明显减弱。

随着生活水平的提高，居民消费习惯逐渐改变，猪肉在一些家庭日常肉类消费中的比重正在下降，很多消费者食谱上的猪肉正被鸡肉、牛肉、鱼肉等替代。国家统计局数据显示，2014年，我国人均猪肉年消费量在达到41.81公斤的历史高点后，掉头向下，已连续两年回落，2016年降至39.76公斤。预计未来猪肉消费总量趋于平稳，2018年猪肉消费量与2017年基本持平。

【启发思考】
(1) 什么原因造成了猪肉价格的下降及牛羊禽肉等价格的上涨？
(2) 影响猪牛羊禽肉等商品需求的因素有哪些？
(3) 影响猪牛羊禽肉等商品供给的因素有哪些？

价格理论是微观经济学的核心和理论分析的起点，而需求和供给又是决定价格的两种基本力量。本章将着重分析供求定律、均衡价格的形成及商品的需求弹性等问题。

2.1 需求

2.1.1 需求及影响需求的因素

1. 需求的概念

需求（demand）是指消费者在某一特定时期内，在每一价格水平下愿意而且能够购买的商品和劳务的数量。

"愿意"是指有购买欲望，"能够"是指有购买能力。因此，对某种商品的需求，必须具备两个条件：第一，愿意购买；第二，有支付能力，两者缺一不可。

想一想

> 一个月薪只有800元人民币的人想开宝马车，此人有对宝马车的需求吗？搜狐总裁张朝阳绝对能买得起西装领带，但他从不喜欢此种类型的着装，张朝阳有对西装领带的需求吗？为什么？

需求包括个人需求与市场需求。个人需求是指单个消费者对某种商品的需求；而市场需求是指全体消费者对某种商品的总需求。可见，个人需求是构成市场需求的基础，市场需求是所有个人需求的总和。

【启发思考】 大学城周围经营何种商品或劳务的店铺较多？同样是开书店，在大学城附近和在商业区经营，在品种和经营策略上应有何不同？为什么？

2. 影响商品需求的因素

影响商品需求的因素很多，主要因素有以下几种。

1）商品本身的价格

在其他因素不变的条件下，商品的需求量与商品本身价格呈反方向变化。即一种商品价格越高，其需求量越小；价格越低，需求量越多。

2）其他商品的价格

通常商品之间的相关关系有两种形式，一种是互补关系，即两种商品共同使用以满足某一欲望，我们把这两种商品称为互补商品。例如，手电筒和电池、汽车与汽油等。互补商品之间，价格和需求量呈反方向变化。另一种是替代关系，即两种商品都具有独立满足同一种欲望的功能，我们把这两种商品称为替代商品。根据商品之间可替代程度的不同，替代商品又可分为完全替代商品和部分替代商品。例如，牛肉和羊肉、碳素笔和钢笔、自行车和电动车等。替代商品之间，价格和需求量呈同方向变化。

【经典案例】 汽油价格与小型汽车的需求

20世纪70年代的两次石油危机，曾经"重创"过美国的汽车业和汽车销售市场，却给日本汽车驶向大洋彼岸创造了机会。

1973年，爆发了世界第一次石油危机，美国原油价格上涨了4倍，最高达到每桶近12美元。受此影响，1974年和1975年美国汽车产量连续下滑，同比分别下降了19%和9%。几乎没有喘息过来的美国汽车业，在1979年又经历了第二次石油危机。当时原油价格上涨了2倍，最高达到每桶37美元。美国汽车的产量因此也在1979—1981年连续3年低迷，同比分别下降了12%、30%和0.01%。

石油危机使得汽车燃油价格上涨，既然公司和住宅之间的距离不可能缩短，人们只好在放弃自己的旧车、购置新车的时候选择较小型的汽车，这样每加仑汽油就可以多跑一段距离。于是小型节能汽车的销售持续攀升，而大中型汽车的市场竞争力明显下降。这段时间，美国汽车工业出现了萧条，25万产业工人失业，福特、克莱斯勒等大汽车公司都面临生存危机。

与此同时，日本汽车厂商的能源危机感使他们在节能方面不断地进行着探索，在能源日渐紧缺的20世纪70年代，日本小型轿车开始大行其道，出口量骤增。丰田、日产、富士重工、铃木等公司迅速成为世界级的汽车生产厂。丰田公司在1972—1976年，共生产了1 000万辆汽车。1980年，日本汽车总产量达到1 104万辆，超过美国成为世界上最大的汽车生产国和出口国。

【启发思考】石油危机为什么能使日本人未卜先知，率先开发节能型小轿车？他们的经济学依据是什么？从这个案例你得到了什么启发？

3) 消费者的收入水平及社会收入分配的平等程度

一般来说，在影响需求的其他因素不变的情况下，消费者的收入及社会收入分配的平等程度与商品的需求量呈同方向变化。也就是说，一般情况下，人们收入越高，社会分配越平均，越有利于提高一般商品的需求量。但吉芬商品和奢侈品是个例外。

想一想

> 美国、日本与中国对家庭小轿车的需求量有何不同？为什么？

4) 人口结构与数量的变动

例如，北京市区和邯郸市区人口总量的悬殊也会影响两个市区对食品、服装等各种商品需求数量的悬殊；近年来我国人口老龄化，使得老年用品的需求增加等。

5) 消费者的偏好

偏好是消费者对商品的喜好程度，对商品的需求影响很大。偏好可能来自个人爱好、历史或文化因素、宗教信仰、生理或心理需要等。在相同的价格水平下，消费者的偏好越强烈，需求量就越大；反之，则需求量就越小。例如，东方人喜欢茶，而西方人喜欢咖啡；欧美人喜欢食用牛肉，而牛肉在印度却犯禁忌；海蜇在日本是鲜美菜肴，在美国却令人作呕；红色礼服在中国具有绝对的选择优势，而欧美人大都选择白色婚纱等。

6) 广告规模

一般来说，在影响需求的其他因素不变的情况下，广告规模与商品需求量呈同向变化。

想一想

> 你自己在日常生活中有无消费嗜好是受广告宣传影响的？

7) 消费者对商品价格的预期

消费者对商品未来价格走势的预期，在一定程度上会影响近期其对该商品的需求，这种影响可以用"买涨杀跌"来形容。

想一想

> 受美国金融危机的影响，我国大中城市商品房价格发生了什么变化？人们对楼市未来价格的预期反过来又给房地产市场造成了什么样的影响？大量消费者持币待购的原因是什么？

8) 政府的消费政策

例如，近年来，政府关于促进信息消费政策刺激了电子商务和网络零售的快速发展，使消费者对信息的需求量、信息消费意愿进一步增强；政府对多种特殊商品征收消费税，抑制了这类商品的需求量。

除了上述这些主要因素外,需求还受一些特殊因素影响。例如,新加坡属热带海洋性气候,雨量充足,日温差和年温差极小,月平均气温 24~27℃。因此,新加坡对雨伞、羽绒服等物品的需求量与中国北方的城市就有很大差异。此外,战争、流行瘟疫等可能会造成某些商品需求量的明显变化等。

3. 需求函数

如前所述,影响商品需求量的因素很多,如果把这些因素作为自变量,把需求作为因变量,则可以用函数关系来表达某种需求量和其影响因素之间的依存关系,这种函数就是需求函数。记为

$$D = f(a, b, c, d, \cdots, n) \tag{2-1}$$

式中:D——需求;

$a, b, c, d, \cdots, n$——分别是影响需求的不同因素。

2.1.2 需求表与需求曲线

1. 需求表

影响需求的因素很多,但其中最重要的因素是商品本身的价格。假定其他因素不变,把商品价格与需求量之间的函数关系用列表和坐标曲线的方式表现出来,就形成了需求表和需求曲线。例如,表 2-1 是一张商品的需求表(某同学的年上网时间)。

表 2-1 某同学的年上网时间

价格-数量组合	A	B	C	D	E	F	G
价格/(元/h)	1	2	3	4	5	6	7
需求量/h	700	600	500	400	300	200	100

注:表中数字是虚拟的。

从表 2-1 可以清楚地看到商品价格与需求量之间的函数关系。例如,当商品价格为 1 元时,需求量为 700 小时;当商品价格上升为 7 元时,需求量下降为 100 小时等。需求表实际上是用数字表格的形式来表示商品的价格和需求量之间的函数关系。

2. 需求曲线

依据表 2-1,将所有价格与数量组合对应的点描绘在一个二维坐标上,就可以得到一条曲线 D,这就是需求曲线。图 2-1 是表 2-1 中商品对应的需求曲线。需求曲线可以是非线性的,也可以是线性的。

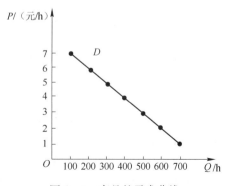

图 2-1 商品的需求曲线

在图 2-1 中,横轴表示需求量(Q),纵轴表示价格(P),D 就是根据表 2-1 绘制出的需求曲线。由图可知,需求曲线由左上方向右下方倾斜,斜率为负,表明商品价格与需求量

呈反方向变动的关系。

3. 需求定理

在影响需求的其他条件不变的情况下，商品的需求量与其自身的价格呈反方向变化，即商品的价格越低，其需求量越大；商品的价格越高，其需求量越小。在西方经济学中，这一特征被称为需求定理。

在理解需求定理时要注意以下两点。

（1）其他条件不变是指影响需求的其他因素不变，离开了这一前提，需求定理就无法成立。例如，随着经济的发展，一般商品的价格都上升了，但是人们的收入也增加了，两种因素综合起来，商品本身的价格与需求量就不一定呈反方向变动了。

课堂讨论

> 1998年住房制度改革以来，我国商品房价格不断攀升，人们对商品房的需求却有增无减，这能否表明需求定理是无效的？为什么？

（2）需求定理指的是一般商品的市场规律，但这一定理也有例外。比较典型的有奢侈性商品、吉芬商品、数量有限且不可再生的特殊商品等。

经典阅读

吉芬之谜

需求定理告诉我们，在影响需求的其他条件不变的情况下，商品的需求量与其自身的价格呈反方向变化。但也有一些例外的情况。一些奢侈品，如珠宝、名贵服饰等和珍贵收藏品如古董、名画等，价格越高越能显示其价值，人们对它们的需求可能越旺盛；如果价格降的幅度很大，人们对它们的需求可能反而会降低。还有一些低档的商品，常常也会出现价格越高，需求量越大，价格降低，需求量反而减少的现象。人们把这种现象称为"吉芬之谜"。

吉芬是19世纪的英国经济学家。他在对爱尔兰的土豆销售情况进行研究时发现，当土豆价格上升时，人们对它的需求量上升；当其价格下跌时，人们对它的需求量减少。1845年爱尔兰发生了大灾荒，土豆价格上涨，需求量反而增加。为什么会出现这种反常情况呢？原来，土豆这种商品价格上升，意味着穷人实际收入减少，人越穷，越多吃土豆，即穷人对土豆的需求量大增。于是出现了土豆价格越高，需求量反而上升的反常现象。吉芬还考察了其他一些商品，发现它们也有类似的反常现象。后来人们就把这种反常情况称为"吉芬之谜"或"吉芬效应"。

值得注意的是，吉芬商品得以产生的前提条件有两个：其一，这种商品是必需品；其二，不存在更廉价的替代品可以选择。

2.1.3 需求量的变动和需求的变动

影响需求的因素很多，它们的变动会引起需求曲线的变动，在经济分析中往往要求严格区分需求的变动和需求量的变动。

1. 需求量和需求的区别

需求量是指在一定时期内，在"某一价格水平下"，消费者愿意并且能够购买的某种商品的数量。需求量是一个具体的数量，对应着需求曲线上的一个点，是针对某一既定价格的具体消费数量。

需求是指在一定时期内，在"各种可能的价格下"，消费者愿意并且能够购买的商品数量。每一个价格对应一个消费数量，所以它是一条曲线。

需求可以反映这个经济社会的一些基本情况，如消费习惯、物价水平、消费者预期等。而需求量只是一个简单的数量，只能说明在某一具体的价格水平下需求数量的大小。

2. 需求量变动和需求变动的区别

（1）引起变动的原因不同。在影响需求的其他条件不变的情况下，商品本身价格的变化引起的是需求量的变动。商品自身价格不变，影响需求的其他条件变化而导致的是需求的变动。

（2）图形表现不同。需求量的变动在需求曲线图中表现为点沿需求曲线的移动。如图 2-2(a)所示，由于商品自身的价格下降，引起该商品的需求量增加，在图形上表现为 A 点沿需求曲线移动到 B 点。而需求的变动在需求曲线图中表现为整条需求曲线发生的平行移动。如图 2-2(b)所示，假设该商品自身的价格并未发生变动，但是人们普遍收入增加了，引起这种商品的需求发生了变动，在图形上表现为需求曲线由 a 向右上角平行移动到 b 或 c。

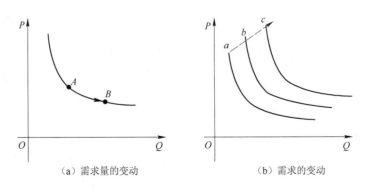

（a）需求量的变动　　　　（b）需求的变动

图 2-2　需求量的变动和需求的变动

> **课堂讨论**
>
> 近年来，计算机价格的急剧下降对打字员的需求产生的是何种变化？2008年9月美国金融危机以来，国际上高档家用小轿车价格的下调引起此类汽车需求发生的又是何种变化？这两者变化相同吗？为什么？

2.2 供给

2.2.1 供给及影响供给的因素

1. 供给的概念

供给（supply）是指厂商（生产者）在某一特定时期内，在每一价格水平下愿意而且能够出售的某种商品和劳务的数量。

与需求的概念一样，供给也必须同时具备两个条件：一是有出售的愿望；二是有供给能力。不是出自生产者自身的意愿或有意愿而没有供给能力的都不是经济学意义上的供给。

> **想一想**
>
> 近年来年国内很多城市的房地产市场高涨，很多投资者都希望开发商品房，他们都能成为房地产市场的供给者吗？大学里的教授们有能力为中小学生提供家教，但这些教授能形成家教市场的供给吗？为什么？

2. 影响商品供给的因素

与需求的影响一样，影响商品供给的因素也是多种多样的，但主要的影响因素包括以下几个方面。

1) 商品自身的价格

在其他条件不变的情况下，商品的供给量与商品本身价格呈同方向变化。这是因为商品价格提高，意味着生产这种商品会给厂商带来更多的利润，因此会吸引厂商投资生产，从而增加供给；反之，则减少供给。

2) 生产成本

生产成本是影响供给的关键因素。在其他条件不变的情况下，商品的供给量与生产商品的成本呈反方向变化。而生产成本的高低主要取决于投入的生产要素的价格和生产技术进步的程度。

在商品售价不变时，如果商品的生产成本上涨，生产者的利润势必会降低，这样就会使生产者减少供给量；反之，则会增加供给量。

在资源既定的条件下,生产技术的提高会不断提高生产效率,使资源得到更充分的利用,在投入不变甚至投入减少的情况下,使供给得到增加。

📖 课堂讨论

> 你有过在网上购物的经历吗?金融危机以来,新注册的网店数量不断增加,为什么?网络商店里的商品为什么比实体店便宜很多?试从要素成本和技术进步对供给的影响角度分析。

3) 相关商品的价格

如同影响需求一样,相关商品的价格变化也会影响该商品的供给量发生变化。这种影响可以概括为:替代品的价格与该商品的供给量呈同方向变化;互补品的价格与该商品的供给量呈反方向变化。例如,某家汽车制造公司可以生产轿车和卡车等不同类型的汽车,如果石油危机使得轻便节能型小轿车的市场需求和价格上升,那么公司就会将更多的生产线和人工转向该种车型,而卡车的供给量就会下降。

【启发思考】你能试着举例说明相关商品的价格与该商品的供给量之间的变化关系吗?你注意到了吗?这时的分析与需求的影响因素有何不同?

4) 厂商对未来的预期

如果厂商对自己所处的行业的预期是乐观的,将会增加供给;相反,如果预期是悲观的,厂商会减少供给。

5) 政府的相关政策

通常,政府在税收、环保等方面的相关产业政策也会对供给造成重要的影响。

【启发思考】财政部、税务总局发布《关于提高机电 文化等产品出口退税率的通知》(财税〔2018〕93 号),明确从 2018 年 9 月 15 日起将多元件集成电路、非电磁干扰滤波器、书籍、报纸等产品出口退税率提高至 16%。此次调整用意何在?对我国机电和文化产品供给会产生什么影响?

除了上述这些主要因素外,供给还受一些特殊因素影响,如气候条件、技术特点、市场结构等也会影响商品的供给。

3. 供给函数

与需求函数一样,用来表达某种商品供给量和其影响因素之间依存关系的函数被称为供给函数。记为

$$S = f(a, b, c, d, e, f, \cdots, n) \tag{2-2}$$

式中:S——供给;

$a, b, c, d, e, f, \cdots, n$——分别为影响供给的各种因素。

2.2.2 供给表和供给曲线

1. 供给表

与需求类似,商品价格也是供给最关键的影响因素。我们把商品价格与其供给量之间的函数关系用列表和坐标曲线的方式表现出来,就形成了供给表和供给曲线。例如,表2-2是一张苹果的供给表。

表2-2 苹果的供给表

价格-数量组合	A	B	C	D	E	F	G
价格/(元/kg)	1	2	3	4	5	6	7
供给量/(万kg/月)	400	500	600	700	800	900	1 000

注:表中数字是虚拟的。

从表2-2可以清楚地看到苹果价格与供给量之间的函数关系。例如,当苹果价格为1元/kg时,供给量为400万kg/月;当价格上升为7元/kg时,供给量增加为1 000万kg/月等。

2. 供给曲线

依据表2-2,将所有价格与供给量组合对应的点描绘在一个二维坐标上,就可以得到一条曲线,这就是供给曲线。如图2-3所示。与需求曲线一样,供给曲线可以是非线性的,也可以是线性的。

在图2-3中,横轴表示供给量(Q),纵轴表示价格(P),S就是根据表2-2绘制出的供给曲线。可知,供给曲线由左下方向右上方倾斜,斜率为正,表明商品价格与供给量呈同方向变动的关系。

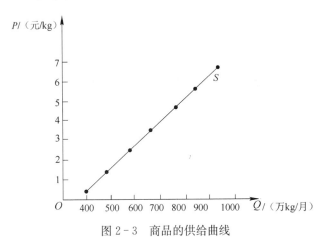

图2-3 商品的供给曲线

3. 供给定理

在影响供给的其他条件不变的情况下,商品的供给量与其自身的价格呈同方向变化,即商品的价格越低,其供给量越小;商品的价格越高,其供给量越大。在西方经济学中,这一特征被称为供给定理。

供给定理也有例外的情况,最典型的例外是劳动力和土地的供给。劳动力的供给曲线如图2-4所示,当劳动力的价格(工资)P增加时,劳动力的供给Q开始时会随工资的增加而增加。但工资增加到一定程度以后,如果继续增加,则劳动力的供给不仅不会增加,反而会减少。而对土地等不可再生资源及古董等,在一定条件下,其供给量 Q 是不会随着价格 P 的增加而增加的,土地的供给曲线如图 2-5 所示。这些内容在后面的章节中还会详细介绍。

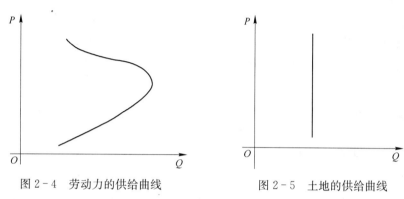

图 2-4 劳动力的供给曲线　　　　图 2-5 土地的供给曲线

2.2.3 供给量的变动和供给的变动

1. 供给量和供给的区别

与需求分析相同,在经济分析中往往也要求严格区分供给的变动和供给量的变动。

供给是指在一定时期内,在"各种可能的价格下",生产者愿意并且能够提供的商品数量。而供给量是指在一定时期内,在"某一价格水平下",生产者愿意并且能够提供的某种商品的数量。

2. 供给量的变动和供给的变动的区别

(1) 引起变动的原因不同。在影响供给的其他条件不变的情况下,商品本身价格的变化引起的是供给量的变动。而商品自身价格不变,影响供给的其他条件变化所导致的是供给的变动。

(2) 图形表现不同。供给量的变动在供给曲线图中表现为点沿供给曲线的移动。如图 2-6(a)所示,由于商品自身的价格下降,引起该商品的供给量下降,在图形上表现为 A 点沿需求曲线移动到 B 点;而供给的变动在供给曲线图中表现为整条供给曲线发生的平行移

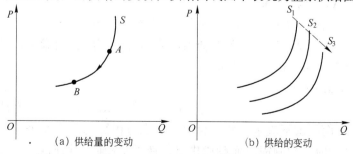

(a) 供给量的变动　　　　(b) 供给的变动

图 2-6 供给量的变动和供给的变动

动。如图 2-6(b)所示，假设该商品自身的价格并未发生变动，但是生产该商品的成本下降了，引起这种商品的供给发生了变动，在图形上表现为供给曲线由 S_1 向右平行移动到 S_2 或 S_3。

> **课堂讨论**
>
> 技术进步使得计算机价格在不断下降的同时，其供给量却在不断增加；猪肉价格的上涨使得猪肉供给量不断增加。试问：这两种变化相同吗？为什么？

2.3 均衡价格

2.3.1 均衡与均衡价格的含义

1. 均衡的概念

均衡是一个物理学概念。在经济学中，均衡是指经济中各种对立的、变动着的力量处于一种相对静止、暂时稳定的状态。

在市场上，需求与供给可以认为是两种相互对立的经济力量，买者希望商品不仅物美而且价格尽量低廉，而卖者则希望以一个较高的价格实现销售。正是这种相互的作用使得市场能够获得均衡。

2. 均衡价格

所谓均衡价格（equilibrium price），是指消费者为购买一定商品量所愿意并能够支付的需求价格，与生产者为提供一定商品量所愿意接受的供给价格相一致时的价格。也就是需求和供给相等时的价格，在图形上表现为需求曲线与供给曲线的交点所对应的价格。

2.3.2 均衡价格的形成

均衡价格是经过市场上需求和供给的相互作用及价格的波动而形成的。均衡价格的形成过程可以用图 2-7 说明。在图 2-7 中，横轴 OQ 表示数量，纵轴 OP 表示价格；D 是需求曲线，S 是供给曲线。当价格偏离均衡价格时，市场上会出现以下两种情形。

1. 价格高于均衡价格的情形

在图 2-7 中，当市场价格高于均衡价格时，如价格水平位于 P_1，此时供给量 Q_3 大于需求量 Q_2，造成该商品供过于求。此时会引起供给方内部的激烈竞争，供给者竞相降价，并进而促使供给规模降至均衡点 E 的水平。

2. 价格低于均衡价格的情形

在图 2-7 中，当市场价格低于均衡价格时，如价格水平位于 P_2，此时需求量 Q_1 大于供给量 Q_4，造成该商品供不应求。此时会引起需求方内部的激烈竞争，需求者竞相购买，在抬高商品价格的同时，抑制需求而刺激供给，使供求趋向于均衡点 E。E 点对应的价格 P_0 就是市场的均衡价格，Q_0 则是市场的均衡数量。

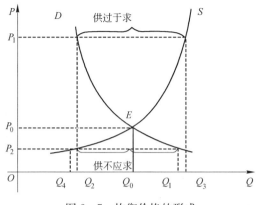

图 2-7 均衡价格的形成

综上所述，价格、需求和供给三者相互影响、相互作用，不论从何种状况出发，都会使市场达到均衡状态。在这个状态下，既没有供过于求，也没有供不应求。因此，所谓的均衡价格，就是能够使一种商品的需求量和供给量保持平衡的价格，或者说，这种价格能够促使需求和供给趋向平衡，形成稳定的市场。

2.3.3 需求与供给的变动对均衡价格的影响

以上对均衡价格形成过程的分析，是在需求曲线和供给曲线都确定的情况下，即在影响供给和需求的其他因素都不变的条件下得出的结论。但如果影响需求和供给的诸多因素中有一个因素发生变化，会引起需求曲线和供给曲线的移动，这样，市场的均衡状态也要随之改变。

1. 需求变动对均衡价格的影响

需求变动对均衡价格的影响可用图 2-8 分析。在供给不变时，由于其他因素变化引起了需求的变化，例如，当收入提高时，需求曲线向右上方移动，由 D_1 移至 D_3，则新的需求曲线 D_3 与供给曲线 S 形成新的均衡，均衡价格从 P_1 升到 P_3，均衡数量由 Q_1 增到 Q_3；反之，当收入减少时，需求曲线向左下方移动，由 D_3 移至 D_1，均衡价格由 P_3 降为 P_1，均衡数量由 Q_3 减少到 Q_1。

可见，当供给不变时，需求的变动将引起均衡价格和均衡数量与需求同方向变动。

2. 供给变动对均衡价格的影响

供给变动对均衡价格的影响可用图 2-9 分析。在需求不变的情况下，若由于除价格以外的其他因素的变化引起了供给的变动，例如，生产技术水平的提高，引起商品的生产成本下降，供给曲线从 S_1 向右移到 S_3，并与需求曲线 D 形成新的均衡，均衡价格从 P_1 下跌到 P_3，均衡数量从 Q_1 增到 Q_3；反过来，当生产成本增加时，供给曲线从 S_3 向左移到 S_1，均衡价格从 P_3 上升到 P_1，数量从 Q_3 减少到 Q_1。

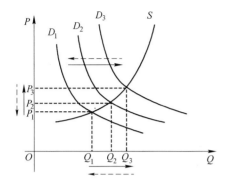
图 2-8 需求变动对均衡价格的影响

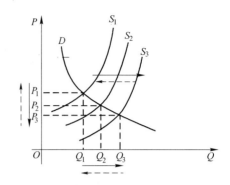
图 2-9 供给变动对均衡价格的影响

可见，当需求不变时，供给的变动将引起均衡价格与其呈反方向变动，引起均衡数量与其呈同方向变动。

3. 需求与供给同时变动

1）供给需求同向变动

供给需求同向变动分两种情况：供需同时增加和供需同时减少。

（1）供需同时增加。供给增加导致均衡价格下降，均衡产量增加；需求增加使得均衡价格上升，均衡产量增加。所以，供需同时增加肯定使均衡产量增加，均衡价格的变动方向不能确定，它取决于两种情况下哪一个价格上升或下降的幅度更大一些。

（2）供需同时减少。同理，供需同时减少会使均衡产量减少，均衡价格的变动方向不能确定。

2）供给需求反向变动

供给需求反向变动也可分为以下两种情况。

（1）供给增加，需求减少。由于供给增加使得均衡价格下降，均衡产量上升；需求减少使均衡价格下降，均衡产量减少。因此，供给增加，需求减少使得均衡价格肯定下降，但均衡产量变动方向则不一定，它取决于两种情况下哪一个数量上升或下降的幅度更大一些。

（2）供给减少，需求增加。同理，供给减少，需求增加会使均衡价格上升，均衡产量的变动方向不能确定。

2.3.4 供求定理

在经济学中，将需求与供给的变动对均衡价格和均衡数量的影响概括为供求定理。综上所述，需求与供给的变动对均衡价格和均衡数量的影响可以概括为以下3个结论。

（1）供给不变，需求变动时，均衡价格和均衡数量与需求同方向变动。

（2）需求不变，供给变动时，均衡价格与供给反方向变动，均衡数量与供给同方向变动。

（3）需求和供给同时同方向变动，均衡数量与供求同方向变动，均衡价格的变动方向不能确定；需求与供给同时反方向变动，均衡价格与需求同方向变动，均衡数量的变动方向不能确定。这就是西方经济学中的供求规律。

2.4 弹性理论

如前所述，商品的需求量和供给量受多种因素的影响。那么，这些因素变动一定的幅度所引起的需求量或供给量变动的幅度有多大呢？这就要引入弹性理论。

"弹性"是一个物理学名词，是指物体对外部力的反映程度。在经济学中，弹性指经济变量之间存在函数关系时因变量对自变量变化的反映程度，其大小可以用两个变化的百分数之比，即弹性系数来表示。

2.4.1 需求的价格弹性

1. 需求的价格弹性

需求的价格弹性（elasticity of demand）简称为需求弹性或价格弹性，是指一种商品需求量对其价格变动的反映程度，它是需求量变动百分比与其价格变动百分比之间的比率，通常用价格弹性系数表示。其公式为

$$需求价格弹性系数 = 需求量变动的百分比 / 价格变动的百分比$$

若 E_d 为需求价格弹性系数，P 为价格，ΔP 为价格变动量，Q 为需求量，ΔQ 为需求变动量，则需求价格弹性系数的计算公式可写为

$$E_d = (\Delta Q/Q)/(\Delta P/P) = (\Delta Q/\Delta P) \times (P/Q) \tag{2-3}$$

需要说明的是，由于需求量的变化（ΔQ）与价格的变化（ΔP）方向相反，所以 E_d 的计算结果为负数。在实际分析中，为方便起见，一般取其绝对值。

2. 需求的价格弹性的分类

根据需求价格弹性系数的大小，可以把需求的价格弹性划分为以下 5 种类型，如图 2-10 所示。

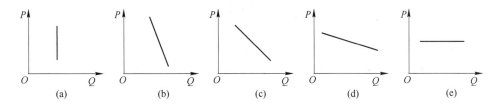

图 2-10　需求的价格弹性

（1）完全无弹性。即 $E_d = 0$，无论商品价格怎么变化，其需求量都不会发生变化。一般地，必需品的需求接近完全无弹性，如食盐、特效药等。此时商品的需求曲线近似于一条与

纵轴平行的垂线，如图 2-10(a) 所示。

(2) 缺乏弹性。即 $0<E_d<1$，当需求缺乏弹性时，需求量的变动幅度小于其价格的变动幅度。这表明消费者关于该商品的需求量对其价格的变动不敏感，如图 2-10(b) 所示。在日常生活中，食物、农产品等的需求是缺乏弹性的。

(3) 单位弹性。即 $E_d=1$，此时，价格每变动一个百分点，需求量也将随之相应变动一个百分点，如图 2-10(c) 所示。

(4) 富有弹性。即 $1<E_d<+\infty$，当需求富有弹性时，需求量的变动幅度大于其价格的变动幅度。这表明消费者关于该商品的需求量对其价格的变动比较敏感，如图 2-10(d) 所示。在生活中，化妆品、汽车、旅游、电影等的需求是富有弹性的。

(5) 完全弹性。即 $E_d \to +\infty$，在这种情况下，价格的微弱变化都会导致需求量的急剧变化。此时，商品的需求曲线近似于一条与横轴平行的直线，如图 2-10(e) 所示。

【案例分析】

减少香烟需求量的两种方法

公共政策制定者常常想减少人们吸烟的数量。达到这一目标的方法有两种。一种方法是公益广告、在香烟盒上印刷有害健康的警示及禁止在电视上做香烟广告等。如果成功了，这些政策就会使烟民对香烟的需求减少。

另一种方法是提高香烟的价格。例如，如果政府对香烟制造商征税，烟草公司就会以高价格的形式把这种税的大部分转嫁给消费者。较高的价格鼓励吸烟者减少他们吸烟的数量。

然而烟民们的吸烟量对价格变动会有多大的反应呢？经济学家试图通过研究香烟税变动时出现的情况来回答这个问题。他们发现，香烟价格上升 10%，会引起成年烟民对香烟的需求量减少 4%；而青少年对香烟价格特别敏感，香烟价格上升 10%，会使青少年的吸烟量减少 12%。

【启发思考】

(1) 上述减少香烟需求量的两种方法作用机理有何不同？试用需求变动和需求量的变动来分析。

(2) 成年烟民和青少年烟民对香烟的需求弹性谁大谁小？

(3) 采用提高香烟价格的办法对哪类人的香烟需求量影响较大？试用需求弹性原理解释。

3. 需求的价格弹性与总收益

许多企业都想知道商品定价会怎样影响其总收益。有的商品价格上升，厂商的总收益下降；而有的商品却恰恰相反，价格上升反而总收益增加。我们可以借助需求的价格弹性来解释价格策略与总收益之间的关系。一般来讲，当需求富有弹性时，商品的价格下降，厂商的总收益将增加；当需求缺乏弹性时，商品的价格下降，厂商的总收益将减少。

【例2-1】 假定某种家用电器的需求是富有弹性的,且 $E_d=2$。当价格为500元时,销售量为100台,若其价格下降10%,也就是价格降到450元时,会使销售者总收益发生什么样的变化?

解:由 $E_d=2$ 可知,当价格下降10%时,销售量将会增加20%,即 $Q_2=120$ 台。若以TR代表总收入,则

$$TR_1=500\times100=50\ 000\ (元)$$
$$TR_2=450\times120=54\ 000\ (元)$$
$$TR_2-TR_1=4\ 000\ (元)$$

这表明由于这种电器价格下降,总收益增加了。

由此可见,需求富有弹性的商品,商品价格下降,总收益就会增加。这就是人们所说的"薄利多销"。

【例2-2】 面粉是需求缺乏弹性的商品,假设其 $E_d=0.5$,当面粉价格为2.00元时,销售量为100 kg,若价格下降10%,即 $P_2=1.80$ 元时,销售者的总收益将会发生什么样的变化?

解:由 $E_d=0.5$ 可知,当价格下降10%时,面粉需求量会增加5%,即 $Q_2=105$ kg。则

$$TR_1=2.00\times100=200\ (元)$$
$$TR_2=1.80\times105=189\ (元)$$
$$TR_2-TR_1=-11\ (元)$$

这表明由于面粉价格下降,总收益减少了。

由此可见,对于需求缺乏弹性的商品,价格下降会使销售者的总收益减少。中国有句古语叫"谷贱伤农",说的就是这种情况。

【启发思考】 街头常见家电、手机等厂商之间的价格战,厂商的用意何在?春节铁路客运票价上调能缓解如潮的客流量吗?这又是为什么?试用需求的价格弹性与总收益之间的关系来说明。

2.4.2 影响需求价格弹性的因素

归纳起来,影响需求价格弹性的因素有以下几个方面。

1. 消费者对商品的偏好或依赖程度

一般来讲,消费者对商品的偏好或依赖程度越强烈,该商品的需求弹性越小。如粮食等生活必需品比较缺乏弹性,而奢侈品、艺术品等比较富有弹性。

2. 商品可替代的程度

商品的可替代程度越大,其需求价格弹性就越大;反之,商品的可替代程度越低,需求的价格弹性就越小。

想一想

> 随着太阳能、风能、潮汐能、工业乙醇等能源开发种类的增加，石油的需求弹性会发生什么变化？

3. 商品用途的广泛性

商品的用途越广泛，其需求的价格弹性就越大；反之，商品的用途越狭窄，其需求的价格弹性就越小。

4. 商品对消费者生活的重要程度

对消费者而言，不同的商品可能处于不同的需求层次上。通常，基本需求的价格弹性较小，而高级需求的价格弹性较大。例如，粮食的需求价格弹性较小，而旅游产品的需求价格弹性较大。

5. 商品的消费支出在消费者预算支出中的比重

商品的消费支出在消费者预算支出中的比重越低，该商品的需求价格弹性就越小；反之，商品的消费支出在消费者预算支出中的比重越大，该商品的需求价格弹性可能越大。

【启发思考】如果火柴和小轿车的价格同样下降10%，将会对两者的需求量产生什么影响？影响程度一样吗？为什么？

6. 商品的使用寿命

一般来讲，使用寿命较长的商品具有较大的需求弹性；反之，使用寿命较短的商品需求弹性较小。

通常，上述影响因素不是孤立发挥作用的，它们往往综合作用，影响需求价格弹性的大小。

2.4.3 需求的收入弹性与交叉弹性

1. 需求的收入弹性

1) 需求的收入弹性的定义

需求的收入弹性简称为收入弹性，是指一种商品的需求量对消费者收入变动的反映程度。它是需求量变动百分比与其收入变动百分比之间的比率，通常用收入弹性系数表示。其公式为

需求收入弹性系数＝需求量变动的百分比/收入变动的百分比

若 E_I 为需求收入弹性系数，I 为收入，ΔI 为收入变动量，Q 为需求量，ΔQ 为需求变动量，则需求收入弹性系数的计算公式可写为

$$E_I=(\Delta Q/Q)/(\Delta I/I)=(\Delta Q/\Delta I)\times(I/Q) \qquad (2-4)$$

需要说明的是，在影响需求的其他因素不变的条件下，由于需求量与消费者的收入一般

是同方向变化的,因此,需求收入弹性系数一般应为正值。

2) 需求收入弹性的分类

为了便于应用,经济学家将需求收入弹性系数大致分为以下几类:

(1) 当 $E_I>0$ 时,该商品为正常品;

(2) 当 $E_I>1$ 时,该商品为奢侈品;

(3) 当 $1>E_I>0$ 时,该商品为必需品;

(4) 当 $E_I<0$ 时,该商品为劣等品。

3) 需求收入弹性的应用——恩格尔定律与恩格尔系数

由于人们的消费与其收入息息相关,并且不同的消费品对人们收入变动的反映程度又各不相同,因而,德国统计学家恩斯特·恩格尔(1821—1896)根据对德国劳动者生活状况的调查统计,提出了关于恩格尔系数的概念和著名的恩格尔定律。

恩格尔系数是食物支出与全部支出之间的比例,它又称为食物支出收入弹性。恩格尔系数可以反映一个国家或一个家庭的富裕程度与生活水平。一般来讲,恩格尔系数越低,富裕程度和生活水平就越高;反之,恩格尔系数越高,富裕程度和生活水平就越低。

恩格尔定律是指随着收入的提高,食物支出在全部支出中所占的比例会越来越小,亦即恩格尔系数是递减的。恩格尔定律正是依据生活必需品的需求收入弹性低这一事实而得出的。

 时事链接

2008—2016 年我国城乡居民恩格尔系数的变迁									
2008—2016 年我国城乡居民家庭恩格尔系数 (单位:%)									
年份	2008	2009	2010	2011	2012	2013	2014	2015	2016
城镇	37.9	36.5	35.7	36.3	36.2	35	34.2	34.8	29.3
农村	43.7	41	41.1	40.4	39.3	37.7	37.8	37.1	32.2

2. 需求的交叉弹性

需求的交叉弹性简称交叉弹性,是指一种商品的需求量对另一种商品价格的反映程度。需求的交叉弹性的大小以交叉弹性系数表示,其公式为

需求的交叉弹性系数＝x 商品需求量变动的百分比/y 商品价格变动的百分比

若 E_{xy} 为需求交叉弹性系数,Q_x 为一种商品的供给量,ΔQ_x 为该种商品供给量的变动量,P_y 为另一种商品的价格,ΔP_y 为该种商品价格的变动量,则需求的交叉弹性系数的计算公式可写为

$$E_{xy}=(\Delta Q_x/Q_x)/(\Delta P_y/P_y)=(\Delta Q_x/\Delta P_y)(P_y/Q_x) \qquad (2-5)$$

对于不同的商品关系而言，交叉弹性的弹性系数是不同的。互补商品之间价格与需求量呈反方向变动，其弹性系数为负值，弹性的绝对值越大，互补性越强；替代商品之间价格与需求量呈同方向变动，其弹性系数为正值，弹性的绝对值越大，替代性越强。

想一想

> 为什么互补商品的弹性系数为负值，而替代商品的弹性系数为正值？你能举例说明吗？

由这一点出发，可以根据交叉弹性系数的取值符号来判断两种商品之间的关系。如果交叉弹性为负值，则这两种商品为互补关系，其弹性的绝对值越大，互补关系越密切；如果交叉弹性为正值，则这两种商品为替代关系，其弹性的绝对值越大，替代关系就越强；如果交叉弹性为零，则这两种商品之间没有关系。

2.4.4 供给弹性

1. 供给弹性的含义

供给的价格弹性简称为供给弹性，是指一种商品的供给量对价格变动的反映程度。通常用供给弹性系数表示，其公式为

$$供给弹性系数 = 供给量变动的百分比 / 价格变动的百分比$$

若 E_s 为供给弹性系数，Q 为商品的供给量，ΔQ 为商品供给量的变动量，P 为商品的价格，ΔP 为商品价格的变动量，则供给弹性系数的计算公式可写为

$$E_s = (\Delta Q/Q)/(\Delta P/P) = (\Delta Q/\Delta P) \times (P/Q) \qquad (2-6)$$

由于商品的供给量与其价格同方向变化，所以，供给弹性系数 E_s 一般为正值。

2. 供给弹性的种类

与需求的价格弹性一样，供给的价格弹性也有 5 种类型：

(1) 当 $E_s = 0$ 时，则称为供给完全无弹性。
(2) 当 $E_s \to +\infty$ 时，则称为供给完全弹性。
(3) 当 $E_s = 1$ 时，则称为供给单位弹性。
(4) 当 $0 < E_s < 1$ 时，则称为供给缺乏弹性。
(5) 当 $1 < E_s < \infty$ 时，则称为供给富有弹性。

3. 影响供给价格弹性的因素

影响供给价格弹性的因素也是多种多样的，概括起来主要有以下几个方面。

(1) 生产的难易程度。在一定时期内，容易生产的产品，供给弹性较大；反之，供给弹性较小。

(2) 时间的长短。商品价格变化后，要改变供给量需要一段调整生产要素的时间，因

此,"长期"内的供给弹性通常大于"短期"内的供给弹性。这里的"长期"和"短期"是经济学中的概念,是相对的。

(3) 生产要素的供给情况。若生产要素供给充足或生产要素价格较低,则供给弹性大;反之,供给弹性就小。

复习与思考题

一、名词解释

需求　供给　均衡价格　供求定理　需求价格弹性　恩格尔定律

二、单选题

1. 如果猪肉价格上升,鸡肉价格不变,则鸡肉的需求将会（　　）。
   A. 增加　　　　B. 减少　　　　C. 不变　　　　D. 不能确定
2. 假定生产某商品所需原材料的价格上升了,这种商品的（　　）。
   A. 需求曲线将向左移动　　　　B. 供给曲线将向左移动
   C. 需求曲线将向右移动　　　　D. 供给曲线将向右移动
3. 在需求和供给同时增加的情况下,对均衡价格和均衡数量的影响是（　　）。
   A. 均衡价格和均衡数量均上升　　　B. 均衡数量下降,均衡价格的变化无法确定
   C. 均衡价格下降,均衡数量上升　　　D. 均衡数量增加,均衡价格的变化无法确定
4. 糖尿病病人对胰岛素的需求价格弹性（　　）。
   A. 大于1　　　B. 等于1　　　C. 小于1　　　D. 等于零
5. 某商品的价格从10元下降到9元,需求量从70增加到75,则需求为（　　）。
   A. 富有弹性　　B. 单位弹性　　C. 缺乏弹性　　D. 无限弹性
6. 消费者收入减少一般会导致（　　）。
   A. 需求曲线左移　　　　　　B. 需求量沿着需求曲线减少
   C. 需求量沿着需求曲线增加　　D. 需求曲线右移
7. 替代品价格上升一般会导致（　　）。
   A. 需求量沿着需求曲线下移　　B. 需求曲线右移
   C. 需求量沿着需求曲线上移　　D. 需求曲线左移
8. 互补品价格上升一般会导致（　　）。
   A. 需求量沿着需求曲线下移　　B. 需求曲线右移
   C. 需求量沿着需求曲线上移　　D. 需求曲线左移
9. 如果一个企业降低其商品价格后,发现收入下降,这意味着（　　）。
   A. 商品需求缺乏价格弹性　　　B. 商品需求富于价格弹性
   C. 商品需求具有单位价格弹性　D. 商品需求曲线向下倾斜

10. 某一时期内彩色电视机的需求曲线向左平移是因为（　　　）。
   A. 彩电的价格上涨　　　　　　　B. 黑白电视机的价格上涨
   C. 人们对彩电未来价格预期下降　D. 人们对彩电未来价格预期上涨

三、简答题
1. 需求变动与需求量变动、供给变动与供给量变动有什么区别？
2. 画图简述均衡价格是怎样形成的。
3. 厂商在制定价格策略时，应如何考虑商品的需求弹性？

四、实训题
1. 用本章所学的经济学原理解释，为什么化妆品能"薄利多销"，而药品却不行？
2. 据北京商报（记者 王晓然 郭缤璐）报道：春节期间的蔬菜、水果供应问题一直备受关注，新发地作为北京"菜篮子"，已经拉开了春节保供序幕。2019年1月24日，北京商报记者在新发地市场了解到，面对春节期间需求量的增长，新发地市场正在多方位采取保供措施，目前上市量充足，价格稳定。而面对价格暴涨的西红柿，新发地市场正在用多种方式调运保供应。

临近春节，市民日常生活需求也大幅增加，蔬菜供应迎来旺季。为保障春节期间的市场供应，近期北京新发地市场蔬菜、水果日上市量均超过2万吨。寿光菜商户处对北京商报记者表示，近两天蔬菜交易量一天增长20%，春节期间在价格方面会小有涨幅，总体来说今年蔬菜价格比往年偏低。如大葱今年基本价格在2元/kg左右，而去年在4元/kg左右，价格整体下降50%。

尽管今年蔬菜价格整体偏低，但近期西红柿价格上涨备受关注。目前新发地市场西红柿批发价最高在8元/kg，比去年同期价格上涨123.08%。据了解，上市量同比大幅下降是导致西红柿价格同比大幅上涨的主要原因。最新数据显示，1月23日新发地西红柿上市量为30万kg，比去年同期的60万kg下降50%。

近期西红柿价格上涨属于全国性，记者从新发地获悉，从产地到新发地市场，人工分选、包装、运输到销售，中间发生的费用在0.8~1.2元/kg。新发地市场总经理张月琳表示，目前商户面临的形势主要体现在产地价格上涨、市场价格难以上涨的状态。相比较全国的各大中城市中，北京西红柿的价格还较低。实际上，按照冬季西红柿的价格来看，今年目前西红柿价格在近五年同期中处于中间的位置，属于正常的价格区间。不过，由于其他蔬菜的价格相对低廉，西红柿的价格也会受到制约，价格上涨的空间有限。

在供应方面，新发地市场年前走访了广东、四川、云南等主产地，目前农产品生产比较充足。此外，新发地市场在大年三十到正月初五期间免收进场费，以保障从各地运送来更多的农产品。

根据以上资料，应用供求定理分析，临近春节，为什么蔬菜价格会上涨？西红柿涨价较多的原因是什么？

五、计算分析题

假设棉布的需求曲线是 $Q_d = 10 - 2P$，供给曲线是 $Q_s = 0.5P$，试回答下列问题：

1. 棉布的均衡价格是多少？
2. 供求平衡时，棉布的销量是多少？
3. 若政府规定棉布的最高限价是 3 元/m，这将对棉布的供求关系产生什么影响？

第 3 章

消费者行为理论

【教学目标】

通过本章的学习，要求学生了解消费者行为理论的一些基本概念，认识基数效用论与序数效用论的不同点，重点掌握序数效用论者如何利用无差异曲线和预算线来说明消费者均衡。

关键词

效用（utility）
总效用（total utility）
边际效用（marginal utility）
消费者均衡（consumer's equilibrium）
无差异曲线（indifference curve）
边际效用递减规律（law of diminishing marginal utility）

【案例导入】 "幸福方程式"与消费者均衡

我们消费的目的是获得幸福。为了阐述什么是幸福，美国的经济学家萨缪尔森提出了著名的"幸福方程式"。这个"幸福方程式"就是：幸福＝效用/欲望。从这个方程式中我们看到欲望与幸福成反比，也就是说，人的欲望越大越不幸福。中国有句古话叫"欲壑难填"，形容人的欲望是无穷尽的，果真如此的话，无论商品的效用有多大，消费者获得的"幸福"不都趋于零吗？因此我们在分析消费者行为理论的时候，通常假定人的欲望是一定的。在这种前提下，再来思考萨缪尔森提出的"幸福方程式"，觉得他对幸福与欲望关系的阐述太精辟了，难怪他是诺贝尔经济学奖的获得者。由此，也不难看出"知足常乐""适可而止""随遇而安"等中国成语也都蕴含着深刻的经济学意义！

在社会生活中，对于幸福不同的人有不同的理解。政治家把实现自己的理想和抱负作为最大的幸福；企业家把利润最大化当作最大的幸福；人民教师则把学生喜欢听自己的课作为最大的幸福；老百姓往往觉得平安就是幸福。

由于每个人的偏好不同，对幸福的理解不同。因此，在市场经济中的选择也就不同。当你走进超市，见到琳琅满目的商品，你会选择你认为最满意的，你最需要的。有时你会发现自己既希望得到一盘觊觎已久的音乐光盘，又对一本经济学书籍爱不释手，在你资源（货币）有限的情况下，就不得不为自己最大化的幸福做出理性的选择。那么，该如何选择才能让消费给自己带来最大的幸福呢？经济学的回答就是，让每1分钱都用在"刀刃"上，而这时也就实现了消费者均衡。

【启发思考】
（1）什么是效用？
（2）关于效用的衡量有几种观点？它们之间的区别在哪里？
（3）如何衡量消费者均衡？

每天我们都要就如何配置稀缺的钱和时间做出无数个抉择。傍晚是用来读书还是用来看一场新上映的电影呢？这个月的奖金是用来购买股票还是买部手机呢？本章将进一步探讨消费者选择和消费者行为的背后机理——消费者均衡理论。

3.1 欲望与效用

3.1.1 欲望

欲望是人们取得并享受某种物品的愿望，是人们的一种主观感觉。关于欲望或需要的理论，比较经典的是马斯洛的需求层次理论。马斯洛认为，人类的欲望和需要是没有止境的，并且总是由低级向高级逐层发展的。按照由低到高的顺序，欲望可以分为生理需要、安全需要、社交的需要、尊重的需要和自我实现的需要5个层次。当低层次的需要获得满足以后，人们就开始追求更高一层的需要，驱使人们不断追求更高层次需要的动力就是人们无限的欲望。但是，由于资源的稀缺性，人们的无限欲望或需要并不能完全得到满足。用有限的资源满足人类无限的欲望时，就必须进行最优选择，由此产生了消费者行为理论。

3.1.2 效用

1. 效用的概念

效用（utility）是指人们在消费某种商品或服务时所获得的满足程度。例如，面包可以满足人们充饥的需要，衣服可以满足人们御寒和爱美的需要，电影可以满足人们娱乐的需要，等等。

2. 效用的特点

（1）效用是消费者的一种主观心理感受和评价。

（2）效用的大小因人而异、因地而异、因时而异。

由于效用是一种心理感受，所以消费者行为理论也就更偏重于心理分析。

想一想

> 在沙漠环境中和在江南水乡，水的效用一样吗？你怎样看待"黄金有价，玉无价"这句话？黄金首饰和玉石首饰对每一个女性来讲效用相同吗？

3.1.3 基数效用论与序数效用论

关于效用的度量问题，西方经济学家先后提出了基数效用论和序数效用论两种观点，并在此基础上形成了分析消费者行为的两种方法，即基数效用论者的边际效用分析方法和序数效用论者的无差异曲线分析方法。

基数效用论认为，效用如同长度、质量一样，是可以用基数 1，2，3，4，⋯具体数字来衡量的，并且可以加总求和。基数效用论用边际效用分析法来解释消费者均衡。

例如，某消费者消费一杯牛奶的效用是 10 个单位，吃一块饼干所得到的满足程度是 2 个效用单位，该消费者消费一杯牛奶、吃一块饼干所得到的总满足程度就是 12 个效用单位。

序数效用论认为，效用是人们的主观心理感受，无法用数字来绝对计量，更不能加总求和。人们只能用第一、第二、第三等序数来表示效用的高低和选择的先后。序数效用论用无差异曲线分析法来解释消费者均衡。

在序数效用论看来，牛奶与饼干的效用都无法用绝对数来计量，也无法加总求和，但可以比较从消费这两种物品中所得到的效用大小。如果某消费者认为消费牛奶所带来的效用大于消费饼干所带来的效用，那么，对于该消费者来说，牛奶的效用第一，饼干的效用第二。

3.2 基数效用论

3.2.1 总效用与边际效用

1. 总效用

总效用（total utility，TU）是指消费者从消费一定数量的商品或服务中所获得的满足程度的总和。基数效用论认为，总效用与商品消费量之间的关系可以用效用函数来表示。若以 TU 表示总效用，以 Q 表示消费量，效用函数则可以表达为

$$TU = f(Q) \tag{3-1}$$

式（3-1）表示，总效用 TU 是消费量 Q 的函数，它随消费量的变化而变化。

2. 边际效用

边际效用（marginal utility，MU）是指消费者每增加一个单位商品或劳务的消费所增加的满足程度，也就是增加一个单位商品或劳务的消费所带来的总效用的增加量。若以 MU 表示边际效用，以 ΔTU 表示总效用的增加量，以 ΔQ 表示商品数量的增加量，则有

$$MU = \Delta TU / \Delta Q \qquad (3-2)$$

那么，总效用和边际效用之间有什么关系呢？让我们举例来说明。假如某人在一定时期内（如一天）连续喝水的杯数及由此所产生的总效用和边际效用表 3-1 表示。

表 3-1 总效用与边际效用表

商品消费数量	总效用	边际效用	商品价格
0	0		
1	10	10	5
2	18	8	4
3	24	6	3
4	28	4	2
5	30	2	1
6	30	0	0
7	28	−2	0

根据表 3-1，可以绘制总效用曲线图 3-1(a) 和边际效用曲线图 3-1(b)。

图 3-1 中的横轴表示商品的数量，纵轴表示效用量，TU 曲线和 MU 曲线分别为总效用曲线和边际效用曲线。由于边际效用被定义为消费品的一单位变化量所带来的总效用的变化量，又由于图中的商品消费量是离散的，所以，MU 曲线上的每一个值都记在相应的两个消费数量的中点上。

在图 3-1 中，MU 曲线因边际效用递减规律而向右下方倾斜，相应地，TU 曲线则随着 MU 的变动而呈现先上升后下降的变动特点。而总效用 TU 与边际效用 MU 之间的关系可以概括如下：

当 MU>0 时，TU 上升；
当 MU<0 时，TU 下降；
当 MU=0 时，TU 达到最大值。

从数学意义上讲，如果效用曲线是连续的，则每一消费量上的边际效用值就是总效用曲线上相应的点的斜率，

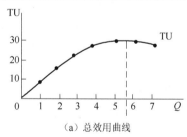

（a）总效用曲线

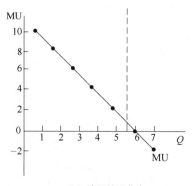

（b）边际效用曲线

图 3-1 某商品的效用曲线

这一点也体现在边际效用的定义式(3-2)中。

3.2.2 边际效用递减规律

1. 边际效用递减规律的内容

边际效用递减规律，是指在一定时期内，在其他物品的消费量不变的条件下，随着消费者对某种物品消费数量的不断增加，消费者从该物品连续增加的每一消费单位中得到的效用增量，即边际效用是递减的。

经典阅读

戈森与戈森定律

赫尔曼·亨利希·戈森（Hermann Heinrich Gossen，1810—1858）是19世纪德国经济学家，边际效用论的奠基者和直接先驱者，在边际分析史上占有十分重要的地位。

戈森1810年9月7日生于德国，幼时喜欢数学，但为进入仕途而奉父命研读法律，曾于1829年和1833年先后两次在波恩大学攻读法律和公共管理课程，毕业之后担任律师多年。戈森多才多艺，曾习绘画、音乐，晚年还曾研究关于音乐的新理论。其代表作《人类关系法则及人类行为规范》发表于1854年，在这本书中，他站在主观主义立场上，围绕着合理组织消费和生产问题，发表了有关人类享乐的法则，并以这些法则为基础阐述了价值、生产和价格等问题，建立了一个相当完备的主观主义经济理论体系。这个体系实际上是对前人有关思想的综合和发展，并为后来以边际效用论为核心的主观主义经济学的兴起奠定了理论基础。戈森自称这本著作在经济学上的成就类似于哥白尼在天文学上的贡献。

他提出了两个规律。第一个规律被称为边际效用递减规律，即人类为满足欲望和享乐，需不断增加消费次数，而享乐随着消费的增加而递减，享乐为零时，消费就应停止，如再增加，则成为负数，使享乐变为痛苦。即"欲望强度或享乐递减定律"，亦称"戈森第一定律"。第二个规律被称为边际效用均等规律，又称享乐均等定律。戈森认为，在几种享乐之间可以自由选择而无充分享乐时间的前提下，人们会依次消费"享乐量"最大的，直到各种欲望或享乐彼此均衡为止。该定律又被称为"戈森第二定律"。

关于边际效用递减规律，可以继续借助表3-1来说明。在此例中，当一个非常干渴的人喝第一杯水时，会感到特别甘甜，这杯水能使他免于渴死，并缓解了他的干渴感，因而效用特别大，设它的效用量是10；喝第二杯水时，进一步缓解了干渴感，因而主观上感到的效用仍然较大，但比起第一杯水来说要小一些了，设它的效用量是8；两杯水可能还未完全消除他的干渴感，因此他还想继续喝，当然他喝第三杯水时，主观感受到的效用量要比第二杯水小，其效用量为6；他这样喝下去，感到第四、第五杯水效用量分别是4，2，并且喝了第五杯水就喝饱了，第六杯水对他来说喝不喝已无所谓了，因而其效用量是0。若接着喝第

七杯水，会使他的胃被撑得发胀，引起痛苦的感觉，所以这杯水的效用量就是-2了。

【案例分析】

"春晚"的怪圈

大约从20世纪80年代初期开始，我国老百姓在过春节的年夜饭中增添了一道诱人的"大餐"，那就是春节联欢晚会。记得1982年第一届"春晚"的出台，在当时娱乐业尚不发达的我国引起了极大的轰动。晚会的节目成为全国老百姓在街头巷尾和茶余饭后津津乐道的题材。

晚会年复一年地办下来了，投入的人力和物力越来越大，技术效果越来越先进，场面设计越来越宏大，节目种类也越来越丰富。但不知从哪一年开始，人们对"春晚"的评价却越来越差了。原来街头巷尾和茶余饭后的赞美之词变成了一片骂声，"春晚"成了一道众口难调的大菜，晚会陷入了"年年办，年年骂；年年骂，年年办"的怪圈。

【启发思考】 "春晚"的怪圈反映了什么经济学原理？

 想一想

在现实生活中，还有哪些地方让你体会到了边际效用递减规律的作用？

2. 边际效用递减规律存在的原因

（1）来自人们的欲望本身。边际效用学派认为，在一定时期内，一个人对某种物品的欲望强度随着物品数量增加而减少。即随着某种刺激的重复，人们获得的满足程度在减少，如我们连续喝水时就有这种感觉。

（2）来自商品本身的用途。每种商品都有多种多样的用途。由于资源的稀缺性，人们总是把第一单位物品用在最重要的用途上，如果还有剩余，人们才会考虑次要用途。这就决定了物品的边际效用会随着其用途重要性的递减而递减。

3. 边际效用递减规律与需求定理

需求定理表明，在影响需求的其他条件不变的前提下，某种商品的需求量与其自身的价格之间存在反向变化的关系。这个规律也可以用边际效用递减规律来解释。

西方经济学家根据边际效用递减规律，提出了"边际效用价值论"。边际效用价值论认为，商品的需求价格不取决于总效用，而取决于边际效用。商品的需求价格是指消费者在一定时期内对一定量的某种商品所愿意支付的价格。如果一定数量的某种商品的边际效用越大，则消费者为购买这些数量的该种商品所愿意支付的价格就越高；反之，如果一定数量的某种商品的边际效用越小，则消费者为购买这些数量的该种商品所愿意支付的价格就越低。由于边际效用递减规律的作用，随着消费者对某一种商品消费量的连续增加，该商品的边际效用是递减的，相应地，消费者为购买这种商品所愿意支付的价格即需求价格也是越来越低的。即商品需求量与价格之间呈反向变化关系的原因是边际效用递减规律的作用。

经典阅读

水和钻石的"价值悖论"

200多年以前亚当·斯密在《国富论》中提出了著名的价值悖论:"没有什么东西比水更有用,然而水很少能交换到任何东西……相反,钻石几乎没有任何使用价值,但是通过交换可以得到大量的其他物品。"

尽管200多年以前,这一悖论困扰着亚当·斯密和其他古典经济学家,但是今天我们已经可以对此做出解释。钻石十分稀缺,因此得到钻石的成本很高;而水相对丰裕,在世界上许多地区几乎不花什么成本就能得到。19世纪70年代标志着价值基于边际效用的边际革命的开始,门格尔、杰文斯和瓦尔拉斯3个经济学家分别说明了价格或交换价值是由它们的边际效用来决定的,而不是由它们的全部效用或使用价值决定。由于水是丰富的,增加一单位水很便宜,而钻石是极端稀缺的,增加钻石是昂贵的。如果用二维图来说明钻石和水的总效用和边际效用,那么,我们会看到,对于钻石来说,价格高而总效用低;对于水来说,价格低而总效用高。其实,理解了水和钻石的相对稀缺性,更有助于我们说明水和钻石的悖论是怎样被解决的。水在整体上的效用并不决定它的价值或需求。相反,水的价格取决于它的边际效用,取决于最后一杯水的有用性。由于水如此丰富,所以最后一杯水只能以很低的价格出售。在一定条件下,即使最初的几滴水相当于生命自身的价值,但在最后的一些水仅仅用于浇草坪或洗汽车。

3.2.3 基数效用论的消费者均衡

消费者均衡是研究在既定收入的情况下,如何实现效用最大化的问题。这里的均衡是指消费者实现最大效用时,既不想再增加也不想再减少任何商品购买数量的一种相对静止的状态。

在研究消费者均衡时,有以下几点假设:
(1) 消费者的偏好是既定的,也就是说,消费者对各种物品的效用与边际效用的评价是既定不变的;
(2) 物品的价格是既定的;
(3) 消费者的收入是既定的;
(4) 货币的边际效用是不变的。

据基数效用论者的解释,在一般情况下,单位商品的价格只占消费者总货币收入量中的很小部分,所以,当消费者对某种商品的购买量发生很小的变化时,所支出的货币的边际效用的变化是非常小的,可以忽略不计。这样,货币的边际效用便是一个不变的常数。

消费者均衡正是要说明在这些假设条件之下,消费者如何把有限的收入分配于各种物品的购买与消费上,以获得最大的效用。

基数效用论认为,如果消费者的货币收入水平是固定的,市场上各种商品的价格是已知的,那么消费者实现效用最大化即实现消费者均衡的条件是:消费者应该使自己所购买的各种商品的边际效用与价格之比相等。或者说,消费者应使自己花费在各种商品购买上的最后一元钱所带来的边际效用相等。

假设消费者用既定的收入 M,购买 n 种商品,P_1,P_2,…,P_n 分别为 n 种商品的既定的价格,λ 为货币的边际效用,根据前面的假设,它是一个既定不变的常数。以 X_1,X_2,…,X_n 分别表示 n 种商品的数量,MU_1,MU_2,…,MU_n 分别表示 n 种商品的边际效用,则上述的实现消费者均衡的条件可以用公式表示为

$$P_1 X_1 + P_2 X_2 + \cdots + P_n X_n = M \tag{3-3}$$

$$\frac{MU_1}{P_1} = \frac{MU_2}{P_2} = \cdots = \frac{MU_n}{P_n} = \lambda \tag{3-4}$$

其中,式(3-3)是限制条件,式(3-4)是在限制条件下实现消费者均衡的条件。

下面以消费者购买两种商品为例,具体说明实现消费者均衡的条件。

与式(3-3)和式(3-4)相对应,在购买两种商品情况下,消费者实现效用最大化的均衡条件为

$$P_1 X_1 + P_2 X_2 = M \tag{3-5}$$

$$\frac{MU_1}{P_1} = \frac{MU_2}{P_2} = \lambda \tag{3-6}$$

当 $\frac{MU_1}{P_1} < \frac{MU_2}{P_2}$ 时,这说明对于消费者来说,同样的一元钱购买商品 1 所得到的边际效用小于购买商品 2 所得到的边际效用。这样,理性的消费者就会调整这两种商品的购买数量:减少对商品 1 的购买量,增加对商品 2 的购买量。在这样的调整过程中,一方面,在消费者用减少一元钱的商品 1 的购买来相应地增加一元钱的商品 2 的购买时,由此带来的商品 1 的边际效用的减少量是小于商品 2 的边际效用的增加量的,这意味着消费者的总效用是增加的。另一方面,在边际效用递减规律的作用下,商品 1 的边际效用会随其购买量的不断减少而递增,商品 2 的边际效用会随其购买量的不断增加而递减。当消费者一旦将其购买组合调整到同样一元钱购买这两种商品所得到的边际效用相等时,即达到 $\frac{MU_1}{P_1} = \frac{MU_2}{P_2}$ 时,他便得到了由减少商品 1 购买和增加商品 2 购买所带来的总效用增加的全部好处,即消费者此时获得了最大的效用。

相反,当 $\frac{MU_1}{P_1} > \frac{MU_2}{P_2}$ 时,这说明对于消费者来说,同样的一元钱购买商品 1 所得到的边际效用大于购买商品 2 所得到的边际效用。根据同样的道理,理性的消费者会进行与前面

相反的调整过程,即增加对商品 1 的购买量,减少对商品 2 的购买量,直至 $\dfrac{MU_1}{P_1} = \dfrac{MU_2}{P_2}$,从而获得最大的效用。

【例 3-1】假设某消费者在某一时期内将 8 元钱全部用于商品 1 和商品 2 的购买,且货币的边际效用不变(见表 3-2),两种商品的价格分别为 $P_1=1$ 元,$P_2=1$ 元,他应该对商品 1 和商品 2 两种商品各购买多少时才能使他得到最大的总效用呢?

表 3-2 某消费者的边际效用

商品数量(X)	1	2	3	4	5	6	7	8
商品 1 的边际效用(MU_1)	11	10	8	6	5	4	3	2
商品 2 的边际效用(MU_2)	20	18	14	13	12	10	8	6

根据表 3-2,理性的消费者肯定会用第一元钱购买第一单位的商品 2,由此得到 20 个效用单位,因为如果他用第一元钱去购买第一单位的商品 1,只能得到 11 个效用单位。以此类推,他将用第二、第三、第四元钱和第五元钱去购买第二、第三、第四单位和第五单位的商品 2,分别获得 18、14、13 个和 12 个效用单位。再用第六元钱去购买第一单位的商品 1,获得 11 个效用单位。最后,用第七、第八元钱去购买第二单位的商品 1 和第六单位的商品 2,这时,分别花费在这两种商品上的最后一元钱所带来的边际效用是相等的,都是 10 个效用单位。即 $\dfrac{MU_1}{P_1} = \dfrac{MU_2}{P_2} = 10$。至此,该消费者的全部 8 元钱都用完,并以最优购买组合 $X_1=2$,$X_2=6$ 实现了效用最大化的均衡条件。

此时,货币的边际效用 $\lambda=10$,消费者从商品 1 中获得的总效用 $11+10=21$,从商品 2 中获得的总效用 $20+18+14+13+12+10=87$。则消费者实现效用最大化时,获得的总效用为 $21+87=108$ 个效用单位。

上述的均衡计算过程还可以归纳为表 3-3(MU_1/P_1 用 A 来表示,MU_2/P_2 用 B 来表示)。

表 3-3 消费者均衡计算过程表

思维步骤	MU_1	MU_1/P_1 (A)	MU_2	MU_2/P_2 (B)	A 与 B 比较	选取组合 (X_1, X_2)	总支出/元
1	11	11	20	20	$A<B$	(0, 1)	1
2	11	11	18	18	$A<B$	(0, 2)	2
3	11	11	14	14	$A<B$	(0, 3)	3
4	11	11	13	13	$A<B$	(0, 4)	4
5	11	11	12	12	$A<B$	(0, 5)	5
6	11	11	10	10	$A>B$	(1, 0)	6
7	10	10	10	10	$A=B$	(2, 6)	8

知识拓展

阿弗里德·马歇尔与消费者剩余

阿弗里德·马歇尔（1842—1924）是19世纪末20世纪初最著名的庸俗经济学家，英国"剑桥学派"的创始人。他于1861年入剑桥大学学习数学，毕业后在剑桥大学教数学，后转向研究经济学。1877—1884年，马歇尔在布里斯托尔大学和牛津大学讲授政治经济学，1885年任剑桥大学政治经济学教授，直到1908年退休，在此期间还参与英国政府政策咨询活动。退休后，仍从事研究和写作活动。

1890年出版的《经济学原理》是马歇尔的主要著作，这本书曾被资产阶级经济学界看成划时代的著作。在这本书中，他提出了"均衡价格论"，这是马歇尔经济理论的核心和基础。此外，他还提出了"需求弹性"和"消费者剩余"的概念，所谓消费者剩余，是指购买者对某一商品所愿支付的价格和该商品的市场价格之间的差额。当市场价格低于购买者所愿支付的价格时，这个购买者就不仅在购买中得到了满足，而且还得到了额外的福利。例如，一场电影的票价为20元，若某消费者对它的心理定价是50元，那么消费者剩余就是30元。

根据边际效用递减规律，消费者先消费的每单位的商品，总是比最后消费的那个单位的商品具有更大的效用。但消费者所支付的每单位商品的价格，却是由消费的最后一个单位的边际效用所决定的。因此，消费者在先消费的每单位的商品中都得到了剩余，即消费者所得到的满足大于他所支付的代价。当这种剩余消失时，他就会停止对该商品的购买。所以消费者剩余也就是总效用与总价值之间的差额。

【启发思考】

(1) 消费者剩余对厂商有何价值？

(2) 很多商品广告邀请名人、明星做形象代言人，厂商这样做的用意何在？

3.3 序数效用论

在19世纪和20世纪初，西方经济学家普遍使用基数效用论的概念，而在现代微观经济学里，通常使用的是序数效用论的概念。

序数效用论者认为，商品的效用是无法具体衡量的，商品的效用只能用顺序或等级来表示。他们提出消费者偏好的概念。序数效用论者指出，消费者对于各种不同的商品组合的偏好程度是有差别的，这种偏好程度的差别决定了不同商品（组合）的效用的大小顺序。

序数效用论对消费者偏好有以下3个基本假定。

1. 消费者偏好可以比较

序数效用论假定消费者在心目中能给不同的商品（组合）按照偏好排列一个顺序，所以，如果某消费者认为商品 A 的效用大于 B 的效用，就表明在商品 A 和商品 B 之间，该消费者更偏好 A；反之就更偏好 B。若两个商品带给他的满意程度或效用一样大，那么该消费者觉得这两个商品是完全无差异的。

2. 消费者偏好可以传递

假定有 3 种不同的商品 A、B 和 C。就某消费者的喜好来说，如果他认为 A 超过 B，而 B 又超过 C，则 A 一定是超过 C 的。例如，某位消费者在只有可口可乐和百事可乐可供选择时，他总是选择可口可乐，而在只有可口可乐和雪碧可供选择时，他总是选择雪碧；那么如果某一天只能在百事可乐和雪碧中选择的话，他应该毫不迟疑地选择雪碧，如果他是一个理性的人的话，这是一种情况。还有另一种情况是：如果消费者认为 A 与 B 无差异，而 B 与 C 又无差异，则 A 与 C 一定也无差异。

3. "多比少好"原则或称"不饱和原则"

如果两个商品（组合）的区别仅在于商品的数量的不同，那么，消费者总是偏好于选择数量较多的那种商品（组合），这也就是说消费者对每一种商品的消费都没有达到饱和点。因此也称为"不饱和原则"。

序数效用论在这 3 个基本假设的基础上运用无差异曲线来分析消费者均衡。

3.3.1 无差异曲线

1. 无差异曲线的含义

为了简化分析，假设消费者只消费两种物品。那么，无差异曲线（indifference curve）就是表示在一定偏好、一定条件下，能够给消费者带来同等效用水平或满足程度的两种商品的不同数量组合点的轨迹。

如果两种商品不仅可以相互替代，并且能够无限可分，则消费者就可以通过两种商品的此消彼长的不同组合来达到同等的满足程度。下面用表 3-4 和图 3-2 来说明无差异曲线。

表 3-4 是某消费者关于商品 1 和商品 2 的无差异组合列表，假定商品 1（X_1）和商品 2（X_2）有 6 种组合方式，这 6 种组合方式给该消费者所带来的满足程度是相等的。

表 3-4 某消费者关于商品的无差异组合列表

商品组合	X_1/个	X_2/个
A	30	120
B	40	80
C	50	63
D	60	50
E	70	44
F	80	40

根据表 3-4 绘制的无差异曲线如图 3-2 所示。图中的横轴和纵轴分别表示商品 1 和商品 2 的数量 X_1 和 X_2，曲线 U 为其相对应的无差异曲线。

我们可以假定消费者的偏好程度是无限多的，相应地可以列出不同效用水平的各种商品的多种无差异组合，把这些组合在平面坐标上所对应的点连接起来，便可以相应地得到无数条无差异曲线。这无数条无差异曲线便构成无差异曲线群，如图 3-3 所示。

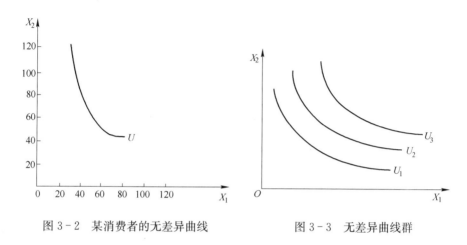

图 3-2　某消费者的无差异曲线　　　　图 3-3　无差异曲线群

2. 无差异曲线的特点

（1）同一平面图上可以有无数条无差异曲线，离原点越远的无差异曲线代表的效用水平越高。例如，在图 3-3 无差异曲线群中，不同的无差异曲线代表不同的满足程度。离原点 O 越远的无差异曲线，所代表的满足程度越高；离原点 O 越近的无差异曲线，所代表的满足程度越低。即 $U_3 > U_2 > U_1$。

（2）无差异曲线从左上方向右下方倾斜，斜率为负。这是因为在无差异曲线上任何两点的效用水平相等，消费者为了保持同等的效用水平，要想增加 X_2 商品的消费，就必须放弃一定数量的 X_1 商品，即要想保持效用水平不变，两种商品数量就必须一增一减。因此，无差异曲线的斜率一定是负数。

（3）任何两条无差异曲线都不能相交。这一点可以用图 3-4 来说明。根据无差异曲线的定义，由无差异曲线 U_1 可得 a、c 两点的效用水平是相等的，由无差异曲线 U_2 可得 a、b 两点的效用水平是相等的。于是，根据偏好可传递性的假定，必定有 b 和 c 这两点的效用水平是相等的。但是，观察和比较图

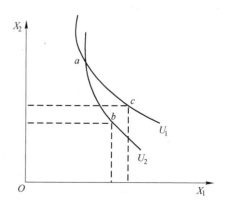

图 3-4　违反偏好假定的无差异曲线

中 b 和 c 这两点的商品组合,可以发现 c 组合中的每一种商品的数量都多于 b 组合,于是,根据偏好的非饱和性假定,必定有 c 点的效用水平大于 b 点的效用水平。这样一来,就违背了偏好的假定。由此证明:对于任何一个消费者来说,两条无差异曲线不能相交。

(4) 无差异曲线是凸向原点的。从图 3-3 可见,无差异曲线不仅是向右下方倾斜的,而且是凸向原点的。即随着 X_1 商品数量的连续增加,无差异曲线斜率的绝对值是递减的。无差异曲线的这一特点是由商品的边际替代率递减规律所决定的。

3.3.2 边际替代率

1. 边际替代率的概念

无差异曲线的本质特征是商品不同的组合可以产生相同的效用水平。这表明在维持消费者效用水平不变的条件下,可以用一种商品替代另一种商品,由此引出边际替代率概念。

商品的边际替代率(marginal rate of substitution,MRS)是指在维持效用水平或满足程度不变的前提下,消费者增加一单位的某种商品的消费时,所需要放弃的另一种商品的消费数量。

若以 ΔX 代表 X 商品的变化量,以 ΔY 代表 Y 商品的变化量,MRS_{XY} 代表以 X 商品代替 Y 商品的边际替代率,则边际替代率的计算公式为

$$MRS_{XY} = -\frac{\Delta X}{\Delta Y} \tag{3-7}$$

由于 ΔX 是增加量,ΔY 是减少量,当一个消费者沿着一条既定的无差异曲线上下滑动的时候,两种商品的数量组合会不断地发生变化,而效用水平却保持不变。这说明在维持效用水平不变的前提条件下,消费者在增加一种商品的消费数量的同时,必然会放弃一部分另一种商品的消费数量,即两种商品的消费数量之间存在替代关系。

为了使商品的边际替代率取正值便于比较,所以在公式中加了一个负号。

当商品数量的变化趋于无穷小时,则商品的边际替代率公式为

$$MRS_{XY} = \lim_{\Delta X \to 0} -\frac{\Delta X}{\Delta Y} = -\frac{dX}{dY} \tag{3-8}$$

2. 边际替代率递减规律

序数效用论在分析消费者行为时提出了边际替代率递减规律的假定。

商品的边际替代率递减规律,是指在保持总效用水平不变的前提下,随着一种商品消费数量的连续增加,它所能替代的另一种商品的数量呈递减的变化趋势,即消费者为得到每一单位的这种商品所需要放弃的另一种商品的消费量是递减的。

商品的边际替代率递减表示无差异曲线的斜率的绝对值是递减的,决定了无差异曲线的形状凸向原点。

> **知识拓展**
>
> 如果对于消费者来说,两种商品为完全替代品,则其边际替代率为常数;若两种商品为完全互补品,则其边际替代率为零。这是为什么?你能举例说明吗?

3.3.3 预算线

1. 预算线的含义

预算线又称预算约束线、消费可能线或等支出线。预算线表示在消费者收入和商品价格既定的条件下,消费者的全部收入所能购买到的两种商品的最大可能的数量组合点的轨迹。

假定某消费者的收入为 1 000 元,全部用来购买商品 1 和商品 2,商品 1 的价格为 50 元,商品 2 的价格为 20 元。我们以横轴 X_1 表示商品 1 的数量,纵轴 X_2 表示商品 2 的数量,由此可以绘制预算线为图 3-5 中的 AB 线段。

在图 3-5 中,预算线 AB 上每一点都表示消费者用其收入可能买到的商品 1 和商品 2 的各种组合。预算线把坐标平面的第一象限划分为两个区域,在预算线外的区域中的任何一点,如 G 点,表示消费者利用全部收入不可能实现的商品购买的组合点;预算线以内的区域中的任何一点,如 N 点,表示消费者的全部收入在购买该点的商品组合以后还有剩余。

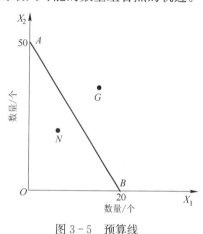

图 3-5 预算线

如果以 M 表示消费者的既定收入,以 P_1 和 P_2 分别表示商品 1 和商品 2 的价格,以 X_1 和 X_2 分别表示两种商品的购买数量,则预算线的方程可以表达为

$$P_1X_1+P_2X_2=M \tag{3-9}$$

在既定价格和既定收入下,预算线代表了消费者的各种可能的消费机会,但这条线上可以有无数种组合,究竟哪一种组合能提供最大效用,预算线本身是无法说明的。

2. 预算线的变动

预算线表示在一定的收入 M 的限制下,当两种商品的价格 P_1 和 P_2 为已知时,消费者可以购买到的两种商品的各种组合。所以,如果消费者的收入 M 或商品价格 P_1 和 P_2 发生变化时,便会引起预算线的变动。预算线的变动可以归纳为以下 4 种情况。

(1)当两种商品的价格不变,消费者的收入发生变化时,预算线的位置会平行移动。这是因为预算线的斜率是由两种商品的价格之比决定的,商品的价格不变,则预算线的斜率一定不变。收入的变化只能引起预算线的截距变化,如图 3-6(a) 所示。

(2) 当消费者的收入不变,两种商品的价格同比例同方向变化时,由于收入效应的作用,预算线如同情况1发生平移。所谓收入效应,是指即使消费者的名义货币收入不变,当商品的价格下降时,对于消费者来说现有的等量货币的购买力增强了,从而可以使消费者达到更高的效用水平。

(3) 当消费者的收入不变,两种商品的相对价格变化,会导致预算线发生偏移,而不是平行移动。商品的相对价格变化包括两种情况:一种情况是一种商品的价格不变而另一种商品的价格发生变化;另一种情况是两种商品的价格同时但不同比例变化。若商品2价格不变,商品1价格变化,则预算线围绕A点旋转,如图3-6(b)所示;若商品1价格不变,商品2价格变化,则预算线围绕B点旋转,如图3-6(c)所示。

(4) 当消费者的收入和两种商品的价格都同比例同方向变化时,预算线的位置不会发生变化。

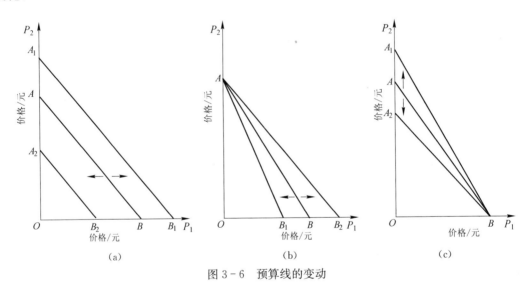

图3-6 预算线的变动

3.3.4 序数效用论的消费者均衡

在序数效用前提下,消费者如何才能实现既定收入下的效用最大化?

序数效用论认为:在消费者的偏好不变、收入不变、商品的价格不变的情况下,只有在既定的预算线与无差异曲线群中的一条相切时,消费者才能获得效用最大化。这个切点就是消费者均衡点。换句话说,在这一均衡点上的购买组合会使消费者获得效用的最大化。

在序数效用论中,无差异曲线反映了消费者的主观偏好,由于消费者的欲望是没有止境的,所以一个消费者所面临的无差异曲线有无数条。消费者总想通过购买把心目中的无差异曲线推离原点越远越好,以便获得更大的满足。但是,这只能是消费者的主观愿望,由于消费者的主观欲望要受到消费者的货币收入和商品价格的限制,这种限制在序数效用论中是由预算约束线来表示的。因此，可以用无差异曲线和预算约束线这两个分析工具来说明消费者均衡，如图 3-7 所示。

在图 3-7 中，U、U_C 和 U_D 表示某消费者的无差异曲线中的 3 条。线段 AB 为该消费者的预算线，U 与预算线 AB 相切于 E 点。为什么只有在 E 点时才能实现消费者均衡呢？

从前面关于无差异曲线和预算线的定义及性质不难得出，消费者均衡只能在无差异曲线或预算线的某点上取得，下面来考察这些点。

首先，在预算线 AB 上考察除 E 点之外的任意两个点 C、D，根据预算线的定义，则 C、D、E 这 3 个点所对应的商品组合使消费者的支出相等，即 $M_C=M_E=M_D$；过 C 点和 D 点分别作两条无差异曲线，根据无差异曲线的性质，

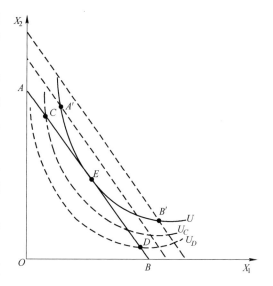

图 3-7 序数效用论的消费者均衡

则 $U>U_C>U_D$。由此可见，E 点是预算线上效用最大、消费者满足程度最高的点。

同理，再在无差异曲线 U 上考察除 E 点之外的任意两个点 A'、B'，根据无差异曲线的定义，则 A'、B'、E 这 3 个点对应的商品组合使消费者获得的满足程度或称总效用相同，即 $U=U'_A=U'_B$；过 A' 点和 B' 点分别作两条预算线，根据预算线的性质，E 点对应的商品组合使消费者支出最小，而 A' 点和 B' 点对应的商品组合是消费者的收入不可能实现的组合，且 $M'_B>M'_A>M_E$。由此可见，E 点是无差异曲线上支出最小的、最可能实现的购买组合点。

综上所述，可见 E 点是商品 1 和商品 2 的所有组合中花费最省、满足程度最高的组合。也就是说，只有在预算线和无差异曲线相切的切点 E 上的商品组合，才是消费者可以买到的能给消费者带来最大满足的商品组合。因此，E 点是消费者均衡点或最大满足点。

在消费者均衡点上，预算线的斜率正好等于无差异曲线的斜率。由于预算线的斜率是两种商品价格的比率，而无差异曲线的斜率是两种商品的边际替代率，所以，实现消费者均衡的条件是

$$\mathrm{MRS}_{12}=\frac{P_1}{P_2}=\frac{\Delta X_1}{\Delta X_2} \tag{3-10}$$

这就是实现消费者均衡的条件。它表示在一定的收入约束条件下，为了得到最大的满足程度，消费者应选择最优的商品数量的购买组合，必须使得两种商品的边际替代率等于两种商品的价格之比。

以上是序数效用论实现消费者均衡的条件。

如果能够证明 $\mathrm{MRS}_{12}=\dfrac{P_1}{P_2}=\dfrac{\Delta X_1}{\Delta X_2}=\dfrac{\mathrm{MU}_1}{\mathrm{MU}_2}$，则有

$$\frac{MU_1}{P_1}=\frac{MU_2}{P_2}$$

即基数效用论实现消费者均衡的条件。由此可见，虽然序数效用论者和基数效用论者分析消费者行为所运用的分析方法不同，但二者所得出的实现消费者均衡的条件从本质上讲是相同的。

课余思考

你能试着证明 $MRS_{12}=\dfrac{P_1}{P_2}=\dfrac{\Delta X_1}{\Delta X_2}=\dfrac{MU_1}{MU_2}$ 吗？

复习与思考题

一、名词解释

效用　总效用　边际效用　边际效用递减规律　无差异曲线　预算线　消费者均衡

二、单项选择题

1. 无差异曲线的位置和形状取决于（　　）。
   A. 消费者的偏好　　　　　　　　B. 消费者的收入
   C. 消费者的收入和价格　　　　　D. 以上都包括
2. 消费者剩余是（　　）。
   A. 消费过剩的商品　　　　　　　B. 消费者得到的总效用
   C. 支出货币的总效用
   D. 消费者购买商品所得到的总效用减去支出的货币总效用
3. 当总效用增加时，边际效用应该（　　）。
   A. 为正值，且不断增加　　　　　B. 为正值，且不断减少
   C. 为负值，且不断增加　　　　　D. 为负值，且不断减少
4. 预算线的位置和斜率取决于（　　）。
   A. 消费者的收入　　　　　　　　B. 消费者的偏好
   C. 消费者的收入和商品的价格　　D. 以上都包括
5. 预算线绕着它与横坐标的交点向外移动的原因是（　　）。
   A. 商品 X 的价格下跌了　　　　 B. 商品 X 的价格上涨了
   C. 商品 Y 的价格下跌了　　　　 D. 商品 Y 的价格上涨了
6. 无差异曲线任一点上商品 X 和商品 Y 的边际替代率等于它们的（　　）。
   A. 价格之比　　　　　　　　　　B. 数量之比

C. 边际效用之比　　　　　　　　D. 边际成本之比

7. 商品 X 和商品 Y 的价格及消费者的收入都按同一比例增加，则预算线（　　）。
   A. 向左下方平移　　　　　　　B. 向右下方平移
   C. 不变　　　　　　　　　　　D. 以上都有可能

8. 如果无差异曲线上任一点的斜率 dY/dX＝－1/2，意味着消费者有更多的 X 时，他愿意放弃（　　）单位 X 而获得一单位的 Y？
   A. 2　　　　B. 1.5　　　　C. 1　　　　D. 0.5

9. 根据基数效用理论，当某消费者对商品 X 的消费达到饱和时其边际效用（　　）。
   A. 达到最大值　　B. 达到最小值　　C. 等于零　　D. 大于零

10. 序数效用论用（　　）分析消费者行为。
    A. 边际效用与总效用　　　　　　B. 总效用与无差异曲线
    C. 无差异曲线和预算约束线　　　D. 供求定律

三、简答题

1. 简述边际效用递减规律的含义并举例加以说明。
2. 试用无差异曲线的分析方法说明消费者均衡的条件（并用图形说明）。

四、实训题

1. 某消费者的收入为 1 000 元，假设该消费者的全部收入用以购买 X 和 Y 两种商品，X 和 Y 的价格分别为 100 元和 500 元，它们的边际效用见表 3-5。

表 3-5　某消费者购买商品 X 和商品 Y 的边际效用

商品单位/件	1	2	3	4	5	6	7	8
X 的边际效用	20	18	16	13	10	6	4	2
Y 的边际效用	50	45	40	35	30	25	20	15

试分析：

（1）该消费者如何购买 X 和 Y 才能达到均衡？
（2）达到均衡时该消费者得到的最大效用是多少？
（3）货币的边际效用是多少？

参考答案：最佳购买组合 (5, 1)，$TU_{max}=127$，$\lambda=0.1$。

2. 某消费者计划用 40 元的收入购买商品 X 和商品 Y，已知商品 X 的价格为 10 元，商品 Y 的价格为 5 元。
（1）写出预算方程，并画出预算曲线。
（2）如果 X 价格降为 5 元，其他条件不变，写出预算方程，并画出预算曲线。
（3）如果收入降到 30 元，其他条件不变，写出预算方程，并画出预算曲线。

3. 由于水资源的缺乏，导致我国相当一部分城市供水紧张，请根据边际效用递减原理，设计一套方案，以达到节水的目的。并回答这套方案：

(1) 对消费者剩余有何影响？

(2) 对生产资源配置会产生什么样的效应？

(3) 对城市居民的收入会产生什么样的影响？是否有补救措施？

第 4 章

生 产 理 论

> 【教学目标】
>
> 通过本章的学习,旨在使学生掌握供给曲线背后的生产者行为,即厂商作为经济人为实现利润最大化,应如何选择生产的合理投入区域和最优的生产要素投入组合。

关键词

生产要素（factors of production）

生产函数（production function）

等成本线（iso-cost line）

边际收益递减规律（law of diminishing marginal utility）

等产量线（iso-quant curve）

规模报酬（return of scale）

【案例导入】

汽车巨头已赴千万辆之约

无论遭遇多大的压力和什么样的挑战,全球汽车产业仍然遵循着"规模经济"的铁律向前发展。尤其是在过去的十几年间,通过挖掘新兴市场、兼并重组、合纵连横等战略手段,几家顶级的汽车集团从21世纪初的"600万辆"规模,纷纷向着"千万辆俱乐部"挺近。

虽然跨国汽车巨头们的体量已经达到千万辆级别,但对销量数字的渴望依然锱铢必计。根据近五年来的销量统计,以大众、丰田和通用为首的三大巨头,年销量已基本稳定在千万辆规模,这也成为衡量全球一流汽车集团的重要参考指标。

但汽车产业无论怎样变化,从传统成本理论观点看,随着企业规模的扩大,在大规模经济规律的作用下,企业生产成本将不断降低,直到实现适度生产规模。作为第一个获得诺贝尔经济学奖的美国经济学家——保罗·萨缪尔森,在其《经济学》一书中指出:"生产能够在企业里良性循环,在于通常要求大规模的生产、筹集巨额资金及对正在进行的活动实行细致的管理与监督。"他认为:"导致在企业里组织生产的最强有力的因素来自大规模生产的经济性。"

以大众集团为例,在十年前(2007年),其全球销量为619.2万辆,如果排除并购等因素,在这十年里,大众集团实现了六成的增幅,年均增长率在5.2%左右。不仅如此,大众集团目前旗下品牌众多,从"平民"西雅特、斯柯达,到中间的大众、奥迪、保时捷,再到超豪华宾利、兰博基尼、布加迪,并涵盖乘用车、商用车和摩托车等品类。对于一个成熟的汽车企业而言,不仅增速稳健,而且结构也较为合理。

与丰田汽车相比,大众集团的利润率似乎是"短板",根据多次财年或季度数据显示,丰田汽车的利润率一直高于大众集团。以2015年丰田公布的二季度财报为例,其净利润高达6463亿日元,创下单季历史最高。这一数字甚至是大众集团的近两倍之多、通用的5倍。大众集团近年来也不断重视利润率的提升,并通过共平台、模块化等管理手段,有效地降低成本,以实现规模经济效益(根据中国经济网 记者黄春棉报道节选)。

【启发思考】
(1) 为什么汽车制造业要求达到一定规模才可降低成本,实现规模效益?
(2) 为什么汽车制造业的适度规模在不断增加?
(3) 企业达到适度规模后可得到哪些好处?

生产是与我们的生活息息相关的,那么生产究竟是由什么决定的,它又受哪些因素影响呢?厂商是如何生产的呢?在生产时怎样才能以最小的投入获得最大的产出呢?本章将告诉我们这些问题的答案。

4.1 厂商

4.1.1 厂商及其组织形式

厂商是指能够做出统一生产决策的单个经济单位。所有厂商,从街头小贩到跨国公司,按所有者的多少和所负责任的大小,可以分为以下几种。

1. 个人业主制企业

个人业主制(individual proprietorship)是指由一个人独自出资和经营、独自负责的经济单位,是最简单的厂商组织。业主享有该企业的全部经营所得,同时一个单人业主对企业的一切欠债负有"无限的债务责任"。他的一切财产,除了极少数量之外,在法律上说都可以被用来抵偿债务。个人企业利益动机明确、强烈,能够独自决策,灵活经营,易于管理。但是资金有限,限制了企业的发展。当企业业主期望扩大经营规模时,他势必想寻求合作伙伴。

2. 合伙制企业

合伙制(partnership)是指以两个或两个以上业主的个人财产为基础建立的企业。合伙人对企业债务共同承担责任,共同分享企业所得。它的特点是:资金较多、企业规模较大;

合伙人分工合作，专业化得到加强；合伙人之间仅有契约关系，并无法人资格，要承担无限责任，且合伙人之间的契约关系不稳定；企业的资金和规模仍有限制。

3. 公司制企业

公司制（corporation）是指按公司法组织起来并具有法人资格的厂商组织。这是最重要的现代企业组织形式。其突出优点是股东只对企业债务负有限责任，公司股东风险要小得多；在资本市场上是一种非常有效的融资组织形式，它主要利用债券和股票来筹集资金；公司不再由所有者个人，而是通过公司治理结构来统治和管理的；公司具有独立的生命，组织形式相对稳定，有利于企业的发展。但是，公司设立程序复杂，所有权和经营权的分离也会带来一系列的问题。公司制企业有以下几种形式。

（1）无限责任公司。这是指由两个以上负无限责任的股东出资组成，股东对公司债务负连带无限清偿责任的公司。英美法系不承认这种公司为公司法人，而大陆法系则承认这种公司为公司法人。

（2）两合公司。这是指由少数有限责任股东和少数无限责任股东共同组成的公司。

（3）股份两合公司。这是指由一人以上的无限责任股东和一定人数或一定人数以上的有限责任股东出资组成的法人企业。

（4）有限责任公司。这是指由两个以上股东共同出资，每个股东以其所认缴的出资额对公司承担有限责任，公司以其全部资产对其债务承担责任的企业法人。

> **课堂讨论**
>
> 小企业和大企业筹集资本的方法有哪些？有何不同之处？

4.1.2 企业的本质

企业是商品经济发展到一定阶段的产物。企业是作为替代市场的一种更低交易费用的资源配置方式。交易费用这一概念是美国经济学家科斯（Ronald H. Couse）在分析企业的起源和规模时，首次引入经济学分析的。根据科斯的解释，交易费用（也称交易成本）是围绕交易契约所产生的成本，或者说是运用市场价格机制的成本。它包括两个主要内容：①发现贴现价格，获得精确的市场信息的成本；②在市场交易中，交易人之间谈判、讨价还价和履行合同的成本。

在商品经济发展的初期，无论是原始的物物交换，还是以货币为媒介的商品交换，由于市场狭小，利用市场价格机制的费用几乎不存在，这时的商品生产一般以家庭为单位。但随着商品经济的发展，市场规模的扩大，生产者在了解有关价格信息、市场谈判、签订合同等方面利用价格机制的费用显著增大，这时，生产者采用把生产要素集合在一个经济单位中的生产方式，以降低交易费用，这种经济单位即是企业。企业这种组织形式之所以可以降低市场交易的费用，是由于用内部管理的方式组织各种生产要素的结合的缘故。因此，从交易费用的角度来看，市场和企业是两种不同的组织生产分工的方法：一种是内部管理方式；另一种是协议买卖方式。两种方式都存在一定的费用，即前者是组织费用，后者是交易费用。企业之所以出现，正是由于企业的组织费用低于市场的交易费用。因此，交易费用的降低是企业出现的重要原因之一。

【启发思考】现在为什么很多企业要把自己的部分业务（如物流等）外包出去？很多国有的大企业为什么自己不再办学校、医院？

4.1.3 生产

所谓生产（production），就是指一切能够创造或增加效用的人类活动，而效用是消费者通过消费某种商品或劳务产生的满足程度。因此，所有能够给予人们创造或增加某种满足的活动都是生产活动。例如，面包的生产可以充饥，衣服的生产可以御寒等。

生产不仅包括物质资料的生产，也包括各种劳务的生产。生产过程就是对各种生产要素进行组合，并产出产品的行为，即把投入变为产出的过程。

生产一般是由生产者进行的。生产者（producer）也称厂商（firm），是指能够作出统一的生产决策的单个经济单位，包括个人、合伙和公司性质的经营组织形式。厂商被假定为是合乎理性的经济人，提供产品的目的在于追求最大的利润。它可以是一个个体生产者，也可以是一家规模巨大的公司，也就是我们通常所讲的个体户和企业。例如，美国的IBM公司是一个厂商，校门口的包子铺也是一个厂商等。

厂商的目标是利润最大化。但这种目标的实现，一般从两个方面来理解。

（1）在不考虑价值形态因素的情况下，如何在生产要素有限的情况下，实现生产要素的合理配置和最优配置，即产量最大化。

（2）在考虑价值形态因素的情况下，即在成本一定的情况下，实现利润最大化。

4.1.4 生产要素

生产要素（factors of production）是指生产商品所投入的经济资源。任何生产都需要投入各种不同的生产要素，从这个关系上看，生产也就是把投入变为产出的过程。西方经济学把生产要素分为4类：劳动、资本、土地和企业家才能，这是经济进步的发动机赖以支撑的4个车轮。

劳动（labor）是指劳动者在生产过程中所提供的劳务，它包括体力劳动和脑力劳动，是最基本的生产要素。劳动力是劳动者的能力。在西方经济学中，对劳动和劳动力一般不作严格的区分。

资本（capital）是指生产中所使用的资金。它包括两种形式：无形的人力资本与有形的物质资本。前者指体现在劳动者身上的身体、文化、技术状态；后者指生产过程中使用的各种生产设备，如机器、厂房、工具、仓库等资本品。在生产理论中，指的是后一种物质资本。

土地（natural resouces）是指人类无法创造的各种自然资源之和，是一国的自然禀赋，不仅包括狭义的土地,还包括自然状态的矿藏、森林、河山、能源、原料等。

企业家才能(entrepreneurship)是指企业家的经营管理能力与创新能力,即企业家对整个生产过程的组织与管理工作。西方经济学家认为,在4类要素中,企业家才能特别重要。

人物窗　熊彼特

> 熊彼特(1883—1950)毕业于维也纳大学,后到英国游学。1907年,他与夫人到埃及开办了律师事务所,熊彼特把女王的地产租金减了一半,却使女王的收入翻了一番,显示出了一个经济学家的理财能力。同时,他出版了第一部著作《理论经济学的本质与内容》,这使他成为欧洲经济学界的名人。1909年,熊彼特回到奥地利,在格拉兹大学任教,并于1912年出版了他最重要的著作《经济发展理论》。正是在这本书中,他提出了奠定他一生事业基础的创新理论。

4.2 生产与生产函数

4.2.1 生产函数

在一定技术水平下,生产过程中投入的各种不同的生产要素的数量及其组合比例与生产出来的产品产量之间存在着一定的依存关系,即投入一定数量的要素,就会有一定数量的产出与之相对应。投入与产出的这种关系可以用函数形式表示出来,这种函数就是生产函数(production function),它表示在既定技术条件下,生产要素的数量与某种组合和它所能产出来的最大产量之间的依存关系。

假定用 Q 表示所能生产的最大可能产量,用 L、K、N、E 分别表示某产品生产过程中劳动、资本、土地和企业家才能等各种生产要素的投入量,若不考虑可变投入与不变投入的区别,则生产函数的一般表达式为

$$Q = f(L, K, N, E) \tag{4-1}$$

该生产函数表示在既定的生产技术条件下,生产要素组合(L,K,N,E)在某一时期所能生产的最大可能产量为 Q。

在分析生产要素的投入与产量之间的关系时,由于土地是较为固定的,而企业家才能又难以测算,因此,为了分析方便,常假定土地和企业家才能的投入是一个常量,在这种情况下仅讨论劳动和资本两种生产要素的投入与产出量之间的关系,这样生产函数可表示为

$$Q = f(L, K) \tag{4-2}$$

该函数表明在一定技术水平时,生产 Q 的产量需要一定数量的劳动与资本的组合。同样,生产函数也表明,在劳动与资本的数量与组合为已知时,也就可以推算出最大的产量。

生产函数的概念有以下两点基本性质。

（1）在既定的技术水平下，如果各种生产要素的数量增加，产出量也随之增加。因此，产出量是各生产要素的增函数。

（2）生产函数表示的产出量是最大的。

注意：生产函数的前提条件是一定时期内既定的生产技术水平，一旦生产技术水平变化，原有生产函数就会变化，从而形成新的生产函数。

经典阅读

柯布-道格拉斯生产函数

20世纪30年代初，美国数学家柯布与经济学家道格拉斯根据美国1899—1922年的工业生产统计资料，计算出这一时期美国的生产函数，这就是经济学中著名的"柯布-道格拉斯生产函数"。该生产函数的一般形式为

$$Q=AL^{\alpha}K^{\beta}$$

式中：Q——产量；

L，K——劳动和资本的投入量；

A——规模参数，$A>0$；

α——产出弹性，表示劳动在总产量中的贡献份额（$0<\alpha<1$）；

β——资本的产出弹性，表示资本在总产量中的贡献份额（$0<\beta<1$）。

柯布和道格拉斯通过对美国1899—1922年劳动、资本和产量的有关统计资料的估算，得出这一时期生产函数的具体形式为

$$Q=1.01L^{0.75}K^{0.25}$$

这一生产函数表示：在资本投入量固定不变时，劳动投入量增加1%，产量将增加0.75%；当劳动投入量固定不变时，资本投入量增加1%，产量将增加0.25%。也就是劳动和资本对总量的贡献比例为3∶1。

此外，柯布-道格拉斯生产函数规模报酬状况取决于$\alpha+\beta$的数值大小。若：

$\alpha+\beta>1$，则规模报酬递增；

$\alpha+\beta=1$，则规模报酬不变；

$\alpha+\beta<1$，则规模报酬递减。

4.2.2 技术系数

生产不同的产品时，厂商所投入的各种生产要素的配合比例是不同的。这种为生产一定数量的某种产品所需要的各种生产要素的配合比例称为技术系数（technological coefficient）。技术系数可以分为固定技术系数和可变技术系数两类。

如果生产某种产品所需要的各种生产要素的配合比例是不能改变的，这种技术系数称为

固定技术系数。它表明各种生产要素之间不能相互替代，这种固定技术系数的生产函数称为固定配合比例生产函数。

如果生产某种产品所需要的各种生产要素的配合比例是可以改变的，这种技术系数称为可变技术系数。它表明生产要素之间可以相互替代，即劳动与资本的组合比例是可以变动的。例如，为了生产一定数量的产品，可以采用多用劳动、少用资本的劳动密集型生产方法，也可采用多用资本、少用劳动的资本密集型生产方法，这样的生产函数称为可变比例的生产函数。在现代企业经济发展过程中，由于技术进步的速率加快，可变技术系数的生产函数是常见的。

4.3 一种生产要素的合理投入

在分析投入的生产要素与产量之间的关系时，先从最简单的一种生产要素的投入开始，即考察这样一种生产情况：厂商生产某种产品的生产函数中所有生产要素的数量，只有一种要素可以变动，其余的要素都是固定不变的。在这一假定条件下，分析一种要素的变动引起的产量变动，找出生产要素的合理投入区域。

在具体分析一种可变要素的生产函数之前，首先区分两个概念：短期与长期。

短期：经济学中的"短期"是指在这段时期内，生产者来不及调整全部生产要素的数量，至少有一种生产要素的数量是固定不变的时期。

长期：经济学中的"长期"是指在这段时期内，所有投入的生产要素都是可以变动的。

微观经济学常以一种可变生产要素的生产函数考察短期生产理论，以两种可变生产要素的生产函数考察长期生产理论。

需要注意的是，西方经济学所说的短期和长期并不是一段规定的时期（如一年、十年），而是以能否变动全部生产要素投入的数量作为划分标准的，其时间长短视具体情况而定。例如，要想改变钢铁厂的炼钢设备数量可能需要两年的时间；而增加一家饮食店，并对其进行全新装修则只需几个月。

4.3.1 一种可变生产要素的生产函数

一种可变生产要素的生产函数表示产量(Q)随一种可变投入(X)的变化而变化。假设仅使用劳动与资本两种要素，并设资本要素不变，劳动要素可变，则有

$$Q = f(L, \overline{K}) \tag{4-3}$$

或短期生产函数可简记为

$$Q = f(L) \tag{4-4}$$

1. 总产量函数、平均产量函数、边际产量

总产量(TP)：是指在资本投入既定的条件下，与一定可变生产要素劳动的投入量相对应的最大产量总和。公式为

$$TP = f(L) \qquad (4-5)$$

平均产量(AP)：是指平均每个单位可变生产要素劳动所能生产的产量。公式为

$$AP = \frac{TP}{L} = \frac{f(L)}{L} \qquad (4-6)$$

边际产量(MP)：是指每增加一单位可变要素劳动的投入量所引起的总产量的变动量。公式为

$$MP = \frac{\Delta TP}{\Delta L} \quad 或 \quad MP = \lim_{\Delta L \to 0} \frac{\Delta TP}{\Delta L} = \frac{df(L)}{dL} \qquad (4-7)$$

2. 总产量曲线、平均产量曲线、边际产量曲线

给出一个短期生产函数，根据总产量、平均产量、边际产量的含义，可以得出随着劳动投入的变化上述3个产量的变化，把这种变化描述成曲线，可以得出总产量曲线、平均产量曲线、边际产量曲线，并发现它们的变动趋势。

总产量曲线的特点：初期随着可变投入的增加，总产量以递增的增长率上升，然后以递减的增长率上升，达到某一极大值后，随着可变投入的继续增加反而下降。

平均产量曲线变动的特点：初期随着可变要素投入的增加，平均产量不断增加，到一定点达到极大值，之后随着可变要素投入量的继续增加转而下降。

边际产量曲线变动的特点：边际产量在开始时，随着可变要素投入的增加不断增加，到一定点达极大值，之后开始下降，边际产量可以下降为零，甚至为负。边际产量是总量增量的变动情况，它的最大值在TP由递增上升转入递减上升的拐点。

4.3.2 边际收益递减规律

边际收益递减规律（law of diminishing marginal utility），简称报酬递减规律，它的基本内容是：在技术水平不变的情况下，当把一种可变的生产要素投入一种或几种不变的生产要素中时，最初这种生产要素的增加会使产量增加，但当它的增加超过一定限度时，增加的产量将要递减，最终还会使产量绝对减少。例如，在一块田里耕种，起初增加一个劳动力，产量可能增加许多，如果再增加劳动力，产量的增加量会越来越小，最后甚至为零。收益递减是一个普遍规律，在生产领域和消费领域都起作用。如果收益不递减，我们可以放弃其他的耕地，专耕一块土地，仅靠不断增加化肥就可满足全世界人口所需的粮食。这显然是荒谬的。

边际收益递减规律是我们研究一种生产要素合理投入的出发点。关于边际收益递减规律需要做以下几点说明。

(1) 边际收益递减规律的前提条件是技术水平不变。若技术水平发生变化，这个规律就不存在。

(2) 随着可变要素的连续增加，边际产量变化要经历递增、递减，最后变为负数的全过

程。递增是因为固定要素在可变要素很少时潜在效率未充分发挥出来。一旦固定要素的潜在效率全部发挥出来了,边际产量就开始出现递减。但是,边际产量递增与报酬递减规律并不相矛盾。因为这个规律的意义在于,当一种要素连续增加时,迟早会出现边际产量递减的趋势,而不是规定它一开始就递减。

(3) 边际收益递减规律只适用于可变要素比例的生产函数。如果要素比例是固定的,这个规律也不成立。

(4) 一般认为,边际收益递减规律并非是根据某种原理推导出来的规律,它只是根据对实际的生产和技术情况观察所做出的经验性的概括,反映了生产过程中的一种纯技术关系,与边际效用递减规律一样无须提出理论证明,它是从生产实践中得来的基本生产规律,边际产量是可以计量的。与之相比,边际效用递减规律是从消费者心理感受中得来的,边际效用是不可计量的。

> **课堂讨论**
>
> "一个和尚挑水吃,两个和尚抬水吃,三个和尚没水吃。"你能用边际收益递减规律解释这一俗语吗?如果随着和尚的增加,庙宇也不断增加,还会出现和尚没水吃的现象吗?边际收益递减规律适用的前提条件有哪些?
>
> 随着学习时间的增加,学习成绩会递增吗?请用边际收益递减规律分析如何科学地处理好学习和休闲之间的辩证关系。

4.3.3 总产量、平均产量、边际产量之间的关系

要进一步分析一种生产要素变动与产量的关系及这种可变要素的最优投入量,假定某厂商投入资本量不变,雇用不同数量的工人进行生产,这时的生产函数如表4-1所示。

表4-1 某厂商的总产量、平均产量、边际产量

资本量(K)	劳动量(L)	劳动增量(ΔL)	总产量(TP)	平均产量(AP)	边际产量(MP)
100	0	0	0	0	0
100	1	1	10	10	10
100	2	1	24	12	14
100	3	1	39	13	15
100	4	1	52	13	13
100	5	1	61	12.2	9
100	6	1	66	11	5
100	7	1	66	9.4	0
100	8	1	64	8	−2
100	9	1	60	6.7	−4

注:表中数字是虚拟的。

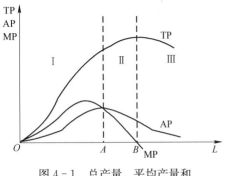

图 4-1 总产量、平均产量和边际产量曲线

根据表 4-1 可作出总产量、平均产量和边际产量的曲线图,如图 4-1 所示。在图中,横轴 OL 代表劳动投入量,纵轴 TP、AP、MP 分别代表总产量、平均产量与边际产量。图中 TP 为总产量曲线,AP 为平均产量曲线,MP 为边际产量曲线。从图形上可以看出,总产量、平均产量和边际产量之间的关系有以下几个特点。

(1) 在资本量不变的情况下,随着劳动量的增加,最初总产量、平均产量和边际产量都是递增的,但各自增加到一定程度以后就分别递减,并且总产量与平均产量一直趋向于零但始终不会等于零,而边际产量不仅可以为零,还可以为负数,所以总产量曲线、平均产量曲线和边际产量曲线都是先上升而后下降的,这反映了边际报酬递减规律。

(2) 边际产量曲线与平均产量曲线相交于平均产量曲线的最高点。在相交前,平均产量是递增的,边际产量大于平均产量(MP>AP);在相交后,平均产量是递减的,边际产量小于平均产量(MP<AP);在相交时,平均产量达到最大,边际产量等于平均产量。

(3) 当边际产量为正值时,总产量一直增加;当边际产量为零时,总产量达到最大;当边际产量为负数时,总产量绝对减少。

4.3.4 一种生产要素的合理投入

从上面分析可知,在生产一种产品所使用的各种生产要素中,若其余生产要素固定不变,只有在一种要素可变的情况下,随着可变要素逐渐增加,边际产量变化要经历递增、递减,最后变为负数,并由此规定了平均产量递增、递减和总产量递增、递减过程,因此,可以把生产划分为 3 个阶段,参见图 4-1。

第一阶段,是投入劳动量从零增加到 A 个单位的阶段,这时平均产量一直在增加,边际产量大于平均产量。这说明在这一阶段,相对于不变的资本量而言,劳动量不足,所以劳动量的增加可以使资本得到充分利用,从而使产量递增。由此来看,劳动量最少要增加到 A 个单位为止,否则资本无法得到充分利用。

第二阶段,是劳动投入量由 A 个单位逐渐增加到 B 个单位的阶段,这时平均产量开始下降,边际产量递减,即增加劳动量仍可使边际产量增加,但增加的比率是递减的。由于边际产量仍然大于零,总产量仍在增加。在劳动量增加到 B 个单位时,总产量可以达到最大。

第三阶段,是劳动量增加到 B 个单位以后的阶段,这时边际产量为负数,总产量绝对减少。由此看来,劳动量的增加超过 B 个单位后是不利的。

由以上分析可知,一种生产要素的合理投入应在第二阶段最为合适,至于在这一阶段的哪一点最合适,还有待于以后对成本、收益和利润进行深入的分析。

【启发思考】

根据生产的三阶段理论,生产要素的合理投入是一个区间(AB 线段上的所有点),那么厂商到底应选择在哪一个具体的投入规模进行生产呢?这种更具体的选择取决于什么?

4.4 两种生产要素的合理投入

前面分析了一种可变生产要素的投入量发生变动对产出量产生的影响,现在来分析两种生产要素同时变动时,如何组合才能在产量既定情况下实现成本最小或在成本既定情况下获得最大产量,也就是进一步研究可变比例生产函数的多种要素投入。在技术系数可以变动,即各种生产要素的配合比例可以变动的情况下,各种生产要素按什么比例配合最好呢?这就是生产要素最适组合所研究的问题。这种分析与消费者均衡是很相似的,分析方法也基本相同,即边际分析法与等产量分析法。为了说明最适要素组合,需要引入等产量线和等成本线等概念。

4.4.1 等产量线

1. 等产量线的含义

等产量线(iso-quant curve)是表示在技术水平不变的条件下,两种生产要素的不同数量组合可以带来相等产量的一条曲线。

假定某生产者在技术水平不变的条件下,用劳动(L)和资本(K)两种生产要素生产某种产品,两种生产要素可以有 A、B、C、D 4 种不同的组合方式,这 4 种组合方式都能生产出相同的产量,如表 4-2 所示。

表 4-2 生产同等数量产品的要素组合

组合方式	劳动量(L)	资本量(K)	产量(Q)
A	1	6	200
B	2	3	200
C	3	2	200
D	6	1	200

根据表 4-2 中数据可作出等产量线图(见图 4-2)。在该图中,横轴 OL 代表劳动量,纵轴 OK 代表资本量。由等产量线的含义可知,等产量线 Q 上任意一点所代表的 L 与 K 不同数量的组合都能生产出相等的产量。

2. 等产量线的特点

等产量线与无差异曲线具有类似的几何性质,它具有以下特点。

（1）等产量线是一条向右下方倾斜的曲线，其斜率为负值。这表明生产者为了达到相同的产量，在增加一个生产要素时，必须同时减少另一种生产要素，一正一反。如果两种生产要素同时增加，在资源既定时就无法实现；如果两种生产要素同时减少，就不能保持相等的产量水平。

（2）在同一坐标平面上有无数条等产量线，同一条等产量线代表相同的产量，不同的等产量线代表不同的产量，而且距离坐标原点越远的等产量线所代表的产量越高，离原点越近的等产量线所代表的产量越低。如图 4-3 所示，Q_1、Q_2、Q_3 是 3 条不同的等产量线，它们分别代表了不同的产量水平，$Q_1<Q_2<Q_3$。

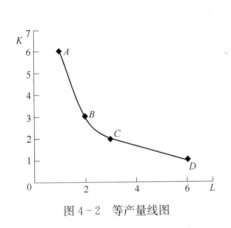

图 4-2 等产量线图

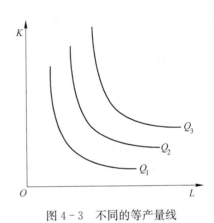

图 4-3 不同的等产量线

（3）在同一平面图上，任意两条等产量线不能相交。如果在交点上两条等产量线代表了相同的产量水平，就会与第二个特征相矛盾。

（4）等产量线是一条凸向原点的线，这是由边际技术替代率决定的。

3. 边际技术替代率

边际技术替代率（marginal rate of technical substitution，MRTS）是指在维持相等产量水平时，每增加一单位某种生产要素的数量与所需减少的另一种生产要素的数量之比。

如果增加劳动 L 可以减少资本 K 而能够保持产量不变，那么，增加的劳动 L 的数量与减少的资本 K 的数量的比值，就是劳动 L 替代资本 K 的边际技术替代率，记为 MRTS_{LK}，以 ΔL 代表劳动增加量，以 ΔK 代表资本减少量，则有

$$\text{MRTS}_{LK}=\frac{\Delta K}{\Delta L} \tag{4-8}$$

在产量不变的前提下，增加一种要素投入就要减少另一种要素的投入，因此，边际技术替代率应为负值，但为方便起见，一般用其绝对值。

进一步的推导表明，边际技术替代率（绝对值）等于两种要素的边际产量之比。即

$$\mathrm{MRTS}_{LK} = \frac{\mathrm{MP}_L}{\mathrm{MP}_K} \tag{4-9}$$

由于资本投入量减少,劳动生产率将下降,需要相对更多的劳动投入量来替代,才能维持相同的产量水平。这样,边际技术替代率是递减的,所以等产量线会凸向原点。

可见,等产量线的几何特点与无差异曲线相似,所以它又称为生产无差异曲线。但两者有区别,等产量曲线表示产量,无差异曲线表示效用;等产量曲线是客观的,无差异曲线是主观的。

4.4.2 等成本线

等成本线(iso-cost line),是指在生产要素价格既定的条件下,厂商以一定的货币支出所能购买到的两种生产要素数量的各种最大可能组合的轨迹。它反映了在等成本线上任何一点决定的两种变动要素组合的总成本都是相等的。

等成本线与消费者预算线类似(所以有人将等成本线称为厂商的预算线),但也有区别。两者区别在于,消费者是在既定的预算支出(只有一条预算线)和条件下,去寻求可能达到的最大满足。而厂商的预算支出可以固定,也可以不固定,在此条件下,厂商寻求成本一定产量最大,或者产量一定而成本最低。

假设厂商生产要素投入为劳动 L 和资本 K 两种,则等成本线可以写为

$$M = P_L \cdot Q_L + P_K \cdot Q_K \tag{4-10}$$

式中:M——货币成本;

P_L,P_K,Q_L,Q_K——劳动和资本的价格与购买量。

上式也可写为

$$Q_K = M/P_K - (P_L/P_K) \cdot Q_L \tag{4-11}$$

这是一条直线方程式,其斜率为 $-P_L/P_K$(见图 4-4)。因为 M、P_L、P_K 为既定的常数,所以给出 Q_L 的值,就可以解出 Q_K,当然给出 Q_K 的值,也可以解出 Q_L。

在图 4-4 中,连接 AB 两点的直线就是等成本线。在等成本线上的任何一点都是在货币成本与生产要素价格既定的条件下,能购买到的劳动与资本的最大数量的组合。因为在 AB 线以内的任何一点,所购买的劳动和资本的组合,都是可以实现的,但并不是最大数量的组合,即没有用完货币资本;在 AB 线以外的任何一点,所购买的劳动和资本的组合是无法实现的,因为所需要的货币超过了既定的成本。

在图 4-4 中,等成本线是在厂商的货币成本和生产要素价格既定的条件下作出的,如果厂商的货币成本和生产要素价格改变了,则等成本线就会变动。如果生产者的货币成本变动(或者生产要素价格都变动),则等成本线会平行移动。货币成本增加,则等成本线向右上方平行移动;货币成本减少,则等成本线向左下方平行移动,如图 4-5 所示。

在图 4-5 中,AB 是原来的等成本线。当货币资本增加时,等成本线移动为 A_1B_1;当货币资本减少时,等成本线移动为 A_2B_2。

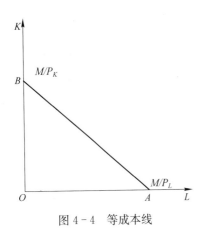
图4-4 等成本线

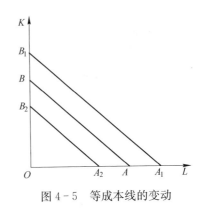
图4-5 等成本线的变动

4.4.3 生产要素投入量的最优组合

等产量线说明了厂商生产任一既定产量所需两种要素的各种可能组合，反映了投入要素数量与产出量之间的技术关系。等成本线则说明了任一既定总成本可能买进的两种要素的各种可能的组合，反映了各种要素组合的经济关系。我们可以利用等产量线和等成本线来分析生产要素最适组合。生产要素最适组合是指在既定产量下达到成本最小的生产要素组合，或在总成本既定时，实现产量最大的生产要素组合。它又称为生产者均衡。

首先考察产量既定时，成本最小的生产要素最适组合。假定在一定的技术条件下，厂商的产量既定，并已知生产要素的价格，则厂商两种生产要素的最适组合可用图4-6说明。

在图4-6中，由于产量既定，因而只有一条等产量曲线，Q代表既定的等产量曲线，A_1B_1、A_2B_2、A_3B_3是3条等成本线，其中A_1B_1成本最低，但它与等产量线既不相交又不相切，因而要生产既定产量Q是不可能的；A_3B_3成本最高，且与等产量线相交于C和D点，可以生产出既定产量Q，但成本高于A_2B_2，不符合成本最小原则；厂商要实现等产量线Q所代表的产量水平，只有选择等产量线与等成本线A_2B_2相切的E点，才能以最小成本实现既定产量。E点就是生产要素的最适组合点，即生产者均衡点。

再考察成本既定时产量最大的生产要素最适组合。

假定在一定的技术条件下，厂商的总成本固定不变，并已知生产要素的价格，为使产量最大，厂商该如何确定要素的投入量，使两种要素达到最优组合呢？如图4-7所示，由于成本既定，因而只有一条等成本线AB，Q_1、Q_2、Q_3是3条不同的等产量线，其中产量水平最低的Q_1与等成本线AB相交于C和D点，意味着既定成本生产Q_1的产量能达到，但如果调整资本和劳动的使用比例，在成本不增加的条件下，产量仍然可以增加，即没有实现产量最大化；产量水平最高的Q_3与等成本线AB既不相交又不相切，意味着既定成本不可能达到Q_3所代表的产量水平；只有等成本线AB与等产量线Q_2相切的E点，才是厂商选择的生产要素最优组合点,即生产者均衡点。

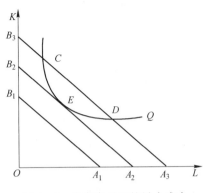

图 4-6 既定产量下的最小成本

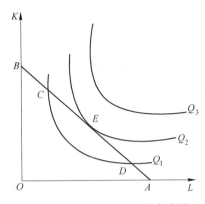

图 4-7 既定成本下的最大产量

生产者均衡点表示生产者所选择的生产要素组合,是成本既定时产量最大的组合,或者是产量既定时成本最小的组合。在生产者均衡点上,生产者用既定成本生产出最大产量,或者生产既定产量耗费了最小成本,实现了成本最小化、产量最大化,以至于实现利润最大化。只要其他条件不发生变化,生产者是愿意继续保持这种均衡状态的。

4.4.4 生产扩展线

生产扩展线(expansion path of production)是指在技术水平、投入要素价格不变的条件下,企业在长期内扩大生产规模所能采取的最佳投入组合的轨迹。如图 4-8 所示,在生产要素的价格、生产函数和其他生产条件不变的前提下,如果企业不断增加成本,则等成本线逐渐向右上方平行移动;如果企业不断增加产量,则等产量线也会向右上方平行移动。于是,不同的等成本线与不同的等产量线相

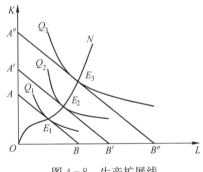

图 4-8 生产扩展线

切,从而形成不同的生产要素的最佳组合点,将所有的最佳组合点连接起来就形成了一条生产规模扩展线。在图 4-8 中,ON 曲线即为不同水平的等产量线和等成本线相切的点的连线。企业沿着这条线扩大生产时,始终可以实现生产要素的最佳组合。

4.5 规模报酬

4.5.1 规模报酬的含义

如果在生产过程中,按比例增加所有投入要素的使用量,将如何影响总产量?各种投入要素怎样结合才算合理?这就涉及规模报酬问题。

所谓规模报酬（returns to scale），是指在技术水平和要素价格不变的条件下，当厂商所有投入要素都按同一比例变化所引起产量或收益变动的情况。规模报酬反映了厂商所有投入要素按相同比例变化与相应产出变化之间的生产技术关系。

4.5.2 规模报酬变动的情况

当一个厂商持续地扩大其企业规模时，产出当然会增加，但是增加的幅度一般要经历以下3个阶段。

第一阶段是规模收益递增的阶段。当厂商最初扩大工厂规模时，产量增加的幅度将大于规模扩大的幅度。例如，资本和劳动的投入规模同时扩大一倍，导致产量扩大了两倍。

第二阶段是规模收益不变的阶段。在产量增加的幅度大于规模扩大的幅度后，厂商继续扩大工厂规模，产量增加的幅度将等于规模扩大的幅度。例如，资本和劳动的投入规模同时扩大一倍，产量也扩大一倍。

第三阶段是规模收益递减的阶段。经历了规模收益不变阶段后，厂商如果还继续扩大工厂规模，产量增加的幅度将会下降到小于规模扩大的幅度。例如，资本和劳动的投入规模同时扩大一倍，产量只增加一半。

4.5.3 规模报酬变动的原因

一般认为，引起规模报酬递增的原因主要有以下3个方面。

（1）技术方面。生产规模扩大，可以购置和使用更加先进的机器设备，使产量更大幅度地增加；生产规模扩大，使专业分工更细，可以提高工人的技术水平，提高生产效率；生产规模扩大，还有利于实行资源的综合开发和利用，使生产要素效率得到充分发挥。

（2）管理方面。巨大的工厂规模能使厂商内部管理系统高度专门化，使各个部门管理者容易成为某一方面的专家，从而提高管理水平和工作效率。

（3）购销方面。大厂商从大宗产品的销售和原料购买中获得更大好处。订购大批原料可获得各种优惠条件，大宗产品的销售能节约销售成本。

由此可见，工厂规模的扩大可以使厂商从很多方面获得内在经济，从而获得递增的规模报酬。但是，生产规模也不是越大越好，规模过大会产生规模报酬递减。

规模报酬递减的原因有：由于企业生产规模过大，会使管理越来越复杂，管理效率下降；企业规模过大，还会增加采购原材料和产品销售的困难，使生产要素价格与销售费用增加，从而导致规模收益出现递减的趋势。

4.5.4 适度规模

由以上的分析来看，一个厂商和一个行业的生产规模不能过小，也不能过大，即要实现适度规模。对一个厂商来说，就是各种生产要素的增加应该适度。

适度规模就是使各种生产要素的增加，即生产规模的扩大正好使收益递增达到最大。当收益递增达到最大时就不再增加生产要素，并使这一生产规模维持下去。

对不同行业的厂商来说，适度规模的大小是不同的，并没有一个统一的标准。在确定适度规模时，应该考虑的因素主要有以下几点。

1. 行业的技术特点

一般来说，需要的投资量大、所用的设备复杂先进的行业，其适度规模也就大，如船舶制造业、汽车制造业等；相反，需要的投资少，所用的设备比较简单的行业，适度规模就较小，如服装业、餐饮业等。

2. 市场条件

一般来说，生产市场需求量大，而且生产标准化程度高的产品的厂商，其适度规模应该大；相反，生产市场需求小，而且生产标准化程度低的产品的厂商，适度规模也应该小。

3. 自然资源状况

如矿山储藏量的大小，水力发电站的水资源的丰裕程度等。

在确定适度规模时还要考虑的因素有很多，如交通条件、能源供给、原料供给、政府政策等。各国、各地由于经济发展水平、资源、市场等条件的差异，即使同一行业，规模经济的大小也不完全相同。一些重要行业，国际有通行的规模经济标准。我国不少企业远远没有达到规模经济要求。应该注意的是，随着技术进步，规模经济的标准也是在变化的。

想一想

企业规模越大越好吗？为什么？

知识拓展

范围经济

如果一个厂商同时生产多种产品的支出小于多个厂商分别生产的支出，或者说一个企业从事多种产品生产所引起的长期平均成本递减或收益递增，经济学家就称这种现象为范围经济（economy of scope）或多产品（multi product）经济。

企业进行多种产品生产也称为联合生产，这种联合生产一般是相关产品（如某大学利用它的场地在提供教育产品的同时还提供学生生活消费品的经营活动）。这种联合生产可以使多种产品分享生产设备和其他投入，或者可以充分利用副产品而获得好处。

范围经济与规模报酬不同，有的企业不存在规模报酬递增时也可以有范围经济。例如，只修理自行车的小店不需要改变规模就可以兼修三轮车、滑板车或其他相关产品而获得额外的收入。

网络经济中自然存在着产品关联现象，包括生产过程、影响过程、服务过程等，因此范围经济是 IT 产业的一种普遍现象。例如，市话服务、长话服务、电信产品就是关联产品；微软公司的操作系统、办公软件、浏览器等也是关联产品。范围经济能显著降低企业的运营成本，还能增加抗风险能力。因此在 IT 产业中，范围经济更能加强企业的竞争优势。

【启发思考】
1. 建立在范围经济上的企业多元化战略，能给企业带来哪些竞争优势？
2. 范围经济也能使企业的产出和收益增加，但是这种增加与规模收益递增有何不同？

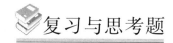

复习与思考题

一、名词解释

生产要素　生产函数　等产量线　等成本线　边际技术替代率　边际收益递减规律　规模报酬　适度规模

二、单项选择题

1. 如果连续地增加某种生产要素，在总产量达到最大时，边际产量曲线（　　）。
   A. 与纵轴相交　　　　　　　　B. 经过原点
   C. 与平均产量曲线相交　　　　D. 与横轴相交

2. 等产量线是指在这条曲线上的各点代表（　　）。
   A. 为生产同等产量投入要素的各种组合比例是不能变化的
   B. 为生产同等产量投入要素的价格是不变的
   C. 不管投入各种要素量如何，产量总是相等的
   D. 投入要素的各种组合所能生产的产量都是相等的

3. 当企业的生产规模扩大 100%，所需劳动增加 180%，资本增加 70%，则该企业属于（　　）行业。
   A. 资本密集型　　　　　　　　B. 劳动密集型
   C. 资本劳动密集型　　　　　　D. 无法确定

4. 等成本线平行向外移动表明（　　）。
   A. 产量增加了　　　　　　　　B. 成本增加了
   C. 生产要素的价格按不同比例提高了　　D. 效益增加了

5. 一种可变投入的合理阶段是（　　）。
   A. 边际产量与平均产量相交之前
   B. 边际产量与平均产量相交之后，总产量达到最大之前

C. 边际产量等于零之后
D. 不存在

6. 根据等产量线与等成本线相结合在一起的分析，两种生产要素的最适组合（　　）。
   A. 等产量线与等成本线相交之点
   B. 等产量线与等成本线相切之点
   C. 离原点最远的等产量线上的任何一点
   D. 离原点最远的等成本线上的任何一点

7. 当总产量下降时，（　　）。
   A. 平均产量递增　　　　　　　B. 平均产量为零
   C. 边际产量为零　　　　　　　D. 边际产量为负

8. 范围经济的概念是说（　　）。
   A. 一起生产各种不同的产品比单独生产它们更便宜
   B. 产量大时，生产的平均成本低
   C. 边际成本曲线向下倾斜
   D. 生产大产量比生产小产量更昂贵

9. 一般来说，要素投入的边际产量曲线呈现的趋势是（　　）。
   A. 递增　　　　　　　　　　　B. 递减
   C. 先递增后递减　　　　　　　D. 先递减后递增

10. 决定等产量曲线凸向原点的是（　　）。
    A. 边际效用递减规律　　　　　B. 边际收益递减规律
    C. 边际技术替代率递减规律　　D. 边际产量递减规律

三、简答题

1. 什么是边际收益递减规律？这一规律发生作用的条件是什么？
2. 在一种生产要素可变的条件下，厂商的合理投入区间如何确定？
3. 一个企业主在考虑再雇用一名工人时，在劳动的平均产量和边际产量中他更关心哪一个？为什么？
4. 作图分别说明厂商在既定成本条件下如何实现最大产量，以及在产量一定条件下如何实现成本最低。

四、计算题

1. 设某企业有资金10万元，资本价格为每单位1万元，劳动价格为20元/h。试画出该企业的等成本线。
2. 已知生产函数 $Q=LK$，当 $Q=10$ 时，$P_L=4$，$P_K=1$，
   求：(1) 厂商最佳组合生产要素时，资本和劳动的数量是多少？
   　　(2) 最小成本是多少？

五、实训题

1. 通过互联网或其他媒体搜索一家存在范围经济的企业,指出范围经济给该企业带来了哪些竞争优势。

2. 调查了解我国汽车、空调、钢铁等各行业的适度规模,看一看它们之间存在哪些差异,想一想为什么?以这些行业中的某一典型企业为例,分析其现有规模与适度规模之间有无差异,并运用本章所学经济学原理给出分析和建议。

第 5 章

成本与收益

【教学目标】

通过本章的学习,掌握各种成本的基本概念,重点掌握短期成本的概念与分类、各种短期成本变动的规律和利润最大化原则,了解长期成本概念、短期成本与停止营业点的关系及机会成本在企业决策中的作用。

关键词

成本（cost）
总成本（total cost）
平均成本（average cost）
可变成本（variable cost）
边际成本（marginal cost）
收益（revenue）
总收益（total revenue）
平均收益（average revenue）
边际收益（marginal revenue）
利润最大化原则（maximum profit principle）

【案例导入】

上大学值吗?

考虑是否应该上大学的决策,收益是使知识丰富和一生拥有更好的工作机会。但成本是什么呢?要回答这个问题,你会想到把你用于学费、书籍、住房和伙食的钱加总起来。但这种总和并不真正地代表你上大学所放弃的东西。

这个答案的第一个问题是,它包括的某些东西并不是上大学的真正成本。即使你离开学校,你也需要有睡觉的地方,要吃东西。只有在大学的住宿和伙食比其他地方贵时,贵的这一部分才是上大学的成本。实际上，大学的住宿与伙食费可能还低于你自己生活时所支付的房租与食物费用。在这种情况下，住宿与伙食费的节省是上大学的收益。

这种成本计算的第二个问题是，它忽略了上大学最大的成本——时间。当你把时间用于听课、读书和写论文时，你就不能把这段时间用于工作。对大多数学生而言，为上学而放弃的工资是他们受教育的最大单项成本。

一种活动的机会成本是为了这种活动所放弃的东西。当作出是否上大学的决策时，决策者应该认识到伴随每一种可能的行动而来的机会成本。实际上，决策者通常是知道这一点的。他们之所以决定上学，就是因为他们认为上大学的收益大于机会成本。那些运动员之所以放弃上学而从事职业运动，因为他们深深地认识到，他们上大学的机会成本太高。他们往往如此决定：不值得花费这种成本来获得上大学的收益。比如，一个有足球天赋的青年，如果在高中毕业后去踢足球，每年可收入200万元人民币。这样，他上大学的机会成本就是800万元人民币。这远远高于一个大学生一生的收入。因此，有这种天赋的青年，即使学校提供全额奖学金也不去上大学。这就是把机会成本作为上大学的代价，不上大学的决策就是正确的。

【启发思考】
（1）计算一下你的学习成本是多少？
（2）上大学的收益还有哪些？间接收益应该考虑吗？

在上面的案例中，我们考虑了上大学的收益与成本，同样在生产经营活动中，生产者为了实现利润最大化，不仅要考虑生产要素投入与产出之间的物质技术关系，还要考虑成本和收益之间的经济关系。因此，有必要分析成本和收益问题。

5.1 成本理论

5.1.1 成本及其分类

"成本"这个词在日常的生活中出现的频率比较高。尤其是财务人员，天天在算成本、分析成本，那么什么是成本？什么是费用？很多人都比较糊涂。成本在不同的领域有不同的概念。从广义上来讲，做任何事情都有成本，成本就是指为了达到特定目的所失去或放弃的资源。比如生产产品，其成本就是为生产产品所耗费的材料、人工及机器的磨损。

在会计工作中，费用不可以直接归结到某个产品上去，如管理费用、财务费用、销售费用等，费用与一定的时期相联系；而成本与一定的产品相联系，费用按一定的产品加以归集和汇总就形成产品成本。

在经济学中，通常将生产成本定义为：厂商为生产产品或提供劳务而使用的各种生产要素的货币支付。

1. 会计成本与机会成本

会计成本（accounting cost）是指厂商在生产过程中按市场价格支付的一切费用，这些费用一般会计可以通过账簿反映出来。而在经济分析中所使用的经济成本（economic cost）的概念，比会计成本的内涵丰富得多，通常是指厂商投入的全部生产要素的机会成本。

如第1章所述，机会成本（opportunity cost）是把一种资源投入某一特定用途之后，所放弃的该项资源在其他用途中所能得到的最大收益。从生产者来说，是指由于使用某一投入要素而必须放弃的该要素其他用途的最高代价；从要素所有者来说，则是这一要素在其他可能的机会中可能获得的最高报酬。

例如，某厂商拥有200万元资金，可以把这200万元资金投入3个不同的行业。投入A行业可获利20万元，投入B行业可获利30万元，投入C行业可获利25万元。如果该厂商决定把这200万元投入B行业，那放弃的另两种用途的最大收入就是投入C行业可能获得的25万元，这就是选择30万元获利的机会成本。

值得注意的是，西方经济学中机会成本并不是生产活动中的实际货币支出，但它对经营者的决策有时十分重要。机会成本能够比较精确地衡量选择的代价，从而可以为生产者选择获利最大的方案提供准确的依据。

利用机会成本概念进行经济分析时，还要注意应具备相应的前提条件，具体包括：①资源本身具有多种用途；②资源可以自由流动；③资源得到了充分的利用。

2. 显性成本和隐性成本

显性成本（explicit cost）是厂商从市场上购入各种生产要素支付给要素所有者的费用，包括工资、原材料、燃料、运费、地租、贷款利息和各种税收。这一切要求厂商以货币形式支付，并作为成本项目反映在会计账面上，所以也称为会计成本。

隐性成本（implicit cost）是指厂商对自己提供的生产要素所应该支付而未实际支付的费用。隐性成本与厂商所使用的自有生产要素（如厂商自有的资金、土地、厂房等）相联系，反映着这些要素在别处同样能被使用的事实。显性成本是支出性成本，隐性成本为非支出性成本，二者共同构成企业的经济成本。

显性成本和隐性成本的区别导致厂商的会计利润、正常利润和经济利润的区别。会计利润（accounting profit）是厂商销售产品的总收益减去会计成本（显性成本）后的余额；正常利润则属于隐含成本，它包括在厂商的生产成本中。正常利润（normal profit）是一个厂商继续留在原行业从事生产经营的最低报酬。如果一个企业家得不到正常利润，它将关掉这个企业，经营他业。一个厂商的销售总收入减去按机会成本计算的生产成本（显性成本加隐性成本）的余额，就是厂商的经济利润（economic profit）或称超额利润（excess profit）。厂商成本利润之间的关系如表5-1所示。

表 5-1 厂商成本利润之间的关系

产品销售收入			
	会 计 利 润		会计成本（显性成本）
经济利润		正常利润（隐性成本）	
经济利润		经济成本（机会成本）	

除了以上几种成本概念外，还有许多不同的成本概念，如总成本、平均成本、边际成本等，将在下面进行详细介绍。

5.1.2 短期成本理论

1. 短期的含义

短期（short-run），是指在这期间厂商不能调整其全部生产要素的规模，即在厂商投入的全部生产要素中，只有一部分生产要素是可以变动的，而另一部分则固定不变。例如，在短期内厂商可以调整原料、燃料及生产工人数量这类生产要素，而不能调整厂房、设备等生产要素。因此，短期内生产要素分为两部分：随产量变动而变动的称为可变生产要素；不能随产量变动而变动的称为固定生产要素。

厂商的成本函数所表示的是厂商的成本与其产出产量或产出率之间的相互关系，它是由厂商的生产函数和厂商为各种投入支付的价格决定的。厂商的成本函数分为短期成本函数和长期成本函数。在长期，厂商的厂房、设备等都可以改变，于是厂商在对所生产的产品有一定估计后，就能设计出一个生产效率最大的工厂蓝图来。最佳工厂已经确定，并付诸实施，经营决策就会受到此规划的制约。即厂商在长期中规划，在短期中经营。所以，厂商的长期成本曲线往往称为"计划曲线"，而厂商的短期成本曲线则多用于日常决策，一般称为"经营曲线"。

2. 短期成本函数

1) 固定成本、可变成本和总成本

固定成本（fixed cost，FC），是与固定生产要素相对应的概念，指不随产量变动而变动的成本。如厂房、机器、设备的保养维修费、折旧费及管理人员的薪酬、契约性的租金等。由于固定成本在短期内与产量的变化无关，厂商无论采取何种决策，固定成本都是一个定值，即使暂时停产，产量为零，固定成本仍然存在。因为固定成本在短期内是不变的，在几何图形上，固定成本 FC 线表现为一条与横轴平行的直线，如图 5-1 所示。

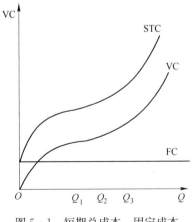

图 5-1 短期总成本、固定成本和可变成本曲线

可变成本（variable cost，VC），是与可变生产

要素相对应的概念,指随产量变动而变动的成本。如原材料、燃料和直接工人工资等。在短期内,如果暂时停产,产量为零,可变成本也为零。可变成本是产量的递增函数,在几何图形上,可变成本VC线表现为一条自左下方向右上方上升的曲线,如图5-1所示。

短期总成本(short-run total cost,STC),是指厂商投入全部生产要素支付的费用总额,它等于固定成本与可变成本之和,即

$$STC = FC + VC \tag{5-1}$$

在几何图形上,短期总成本STC线表现为一条从固定成本起由左下方向右上方上升的曲线,如图5-1所示。

由FC、VC和STC曲线可以导出其他各种成本的曲线。

2) 平均固定成本与固定成本

平均固定成本(average fixed cost,AFC),是指每单位产品所摊付的固定成本。公式为

$$AFC = FC/Q \tag{5-2}$$

式中:Q——产量。

3) 平均可变成本、边际成本与可变成本

平均可变成本(average variable cost,AVC),是指每单位产品所摊付的可变成本。公式为

$$AVC = VC/Q \tag{5-3}$$

式中:Q——产量。

短期平均成本(short-run average cost,SAC),是指每单位产品所摊付的总成本。公式为

$$SAC = (FC + VC)/Q = AFC + AVC \tag{5-4}$$

从上式可以得出,短期平均成本等于平均固定成本和平均可变成本之和。

短期边际成本(short-run marginal cost,SMC),是指每增加一个单位的产量所引起的总成本的增加值。公式为

$$SMC = \Delta STC/\Delta Q = d(TC)/dQ \tag{5-5}$$

由于在短期中,固定成本并不随产量变动而变动,所以,总成本的变动只是由可变成本的变动引起的,上式就可以写为

$$SMC = \Delta STC/\Delta Q = \Delta VC/\Delta Q \text{ 或 } d(VC)/dQ \tag{5-6}$$

3. 各类短期成本的变动规律及其相互关系

为了说明各类短期成本的变化及相互关系,假设某厂商的短期成本如表5-2所示,则该厂商在某种投入要素固定不变的前提下,可变投入要素增加导致产量及总成本、边际成

本、可变成本增加，进而引起不同产量下各种成本的变动情况。

表 5-2　某厂商短期成本表

产量 Q	固定成本 (FC)	可变成本 (VC)	短期总成本 (STC)	平均固定成本 (AFC)	平均可变成本 (AVC)	短期平均成本 (SAC)	短期边际成本 (SMC)
0	120	0	120	—	—	—	—
1	120	34	154	120	34	154	34
2	120	63	183	60	31.5	91.5	29
3	120	90	210	40	30	70	27
4	120	116	236	30	29	59	26
5	120	145	265	24	29	53	29
6	120	180	300	20	30	50	35
7	120	230	350	17.14	32.86	50	50
8	120	304	424	15	38	53	74
9	120	420	540	13.33	46.67	60	116

1）短期总成本、可变成本和固定成本

从表 5-2 中的数据可以得出：固定成本不随产量的增加而变动，FC 曲线的形状与图 5-1 中描述的是一致的。可变成本随产量的增加而增加，VC 曲线的形状与图 5-1 中描述的是一致的，从原点开始向右上方递增。总成本也随产量的增加而增加，并且由于固定成本不为零，因此总成本在产量为零时也不为零，它的变化规律与可变成本相同。这也与图 5-1 中 STC 曲线的形状相一致，即 STC 曲线在可变成本平行上移一段等于固定成本的垂直距离后向右上方递增。

2）短期平均成本、平均固定成本和平均可变成本

依表 5-2 中的数据可以作出 AFC 曲线、AVC 曲线及 SAC 曲线，如图 5-2 所示。由图 5-2 可以看出：由于平均固定成本是产量的递减函数，所以 AFC 曲线是一条随产量不断增加、向右下方不断倾斜的曲线。平均可变成本是产量的函数，它随产量的增加呈现先递减并在达到极小值后（图 5-2 中的 Q_2 产量处的平均可变成本）开始递增，即 AVC 是一条 U 形曲线。AVC 曲线在产量 Q_2 之前处于递减阶段，在 Q_2 之后转为递增阶段。所以，产量为 Q_2 对应的平均可变成本是 AVC 曲线从递减转为递增的转折点，也是平均可变成本的最低点。

AVC 曲线呈 U 形变化，是因为在产量为 Q_1 之前，每增加一个单位的可变生产要素所增加的产量超过原来每单位可变生产要素的平均产量，从而表现为平均可变成本随产量增加而递减。当产量在 Q_2 之后，情况正好相反，因而 AVC 曲线也就从递减转为递增。

平均成本是平均固定成本和平均可变成本之和，平均成本曲线 SAC 也呈 U 形变化，但由于平均固定成本随产量增加而持续递减，因而 SAC 曲线的变化逐渐接近平均可变成本 AVC 曲线，SAC 曲线与 AVC 曲线之间的垂直距离等于平均固定成本。SAC 曲线在产量为 Q_3 之前递减，在 Q_3 之后递增。产量为 Q_3 点的平均成本最低。平均成本最低点所对应的产量之所以大于平均可变成本最低点所对应的产量，是因为当 AVC 达到最小并转为递增时，AFC 仍在递减，只要 AFC 的递减超过 AVC 的递增，SAC 就仍然处于递减阶段。只有当 AVC 的递增超过了 AFC 的递减以后，SAC 才转入递增。

3）短期边际成本、短期平均成本和短期平均可变成本

SMC 曲线是一条 U 形曲线，在与 VC 曲线拐点对应的 Q_1 点上达到最低值。SMC 与平均成本的关系如图 5-2 所示，我们可以看到 SMC 曲线与 SAC 曲线的关系，当 SMC 曲线位于 SAC 曲线下方时，即 SMC<SAC，SAC 曲线处于递减阶段；当 SMC 曲线位于 SAC 曲线上方时，即 SMC>SAC，SAC 曲线处于递增阶段；SMC 曲线与 SAC 曲线相交之点，即 SMC=

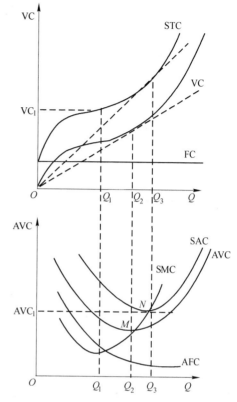

图 5-2 可变成本、平均可变成本、平均固定成本与边际成本曲线
注：表中数字是虚拟的。

SAC，是平均成本的最低点。SMC 曲线与 AVC 曲线的关系：当 SMC 曲线位于 AVC 曲线下方时，即 SMC<AVC，AVC 曲线处于递减阶段；当 SMC 曲线位于 AVC 曲线上方时，即 SMC>AVC，AVC 曲线处于递增阶段；当 SMC 曲线与 AVC 曲线相交时，即 SMC=AVC，是平均可变成本的最低点。

📖 课堂讨论

短期成本分析对企业经营决策有什么意义？

我们把 SMC 曲线与 SAC 曲线相交之点，即 SAC 的最低点 N 称为收支相抵点。这时价格为平均成本，平均成本等于边际成本（P=SAC=SMC），厂商的生产成本（包括正常利润）与收益相等。把 SMC 曲线与 AVC 曲线的相交之点，即 AVC 的最低点 M，称为停止营业点。在此点上的价格只能弥补平均可变成本，厂商的收益与可变成本相等，损

失的是不生产也要支付的固定成本。如果比此点还低，不能弥补可变成本，就无论如何也不能生产了。

想一想

在短期内，若厂商亏损，是否就意味着一定要停止营业？为什么？在图 5-2 的 Q_2 和 Q_3 产量区间内厂商坚持营业的经济意义何在？

5.1.3 长期成本理论

1. 长期的含义

长期是指在这期间厂商能够调整其所有生产要素的规模，即厂商投入的全部生产要素都是可以变动的。在长期内，厂商不仅可以随产量的变化调整其投入的原材料、燃料、工人的数量，而且可以根据产量的情况，调整厂房、设备的数量，使生产规模发生变化，以适应产量变化的要求。在长期中，生产成本没有固定与可变之分，所有成本都是可变的。

2. 长期成本的分类

1）长期总成本

长期总成本（long-run total cost，LTC）是长期中生产一定量产品所需要的最低成本点的轨迹。

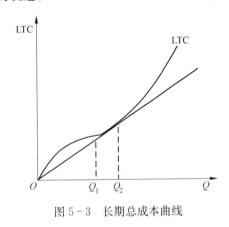

图 5-3 长期总成本曲线

长期总成本随产量的变动而变动。没有产量时就没有总成本。随着产量的增加，总成本相应地增加。在开始生产时，要投入大量生产要素，而产量少时，这些生产要素无法得到充分利用，因此，成本增加的比率大于产量增加的比率。当产量增加到一定程度后，生产要素开始得到充分利用，这时成本增加的比率小于产量增加的比率，这也是规模经济的效益。最后，由于规模收益递减，成本的增加比率又大于产量增加的比率。可用图 5-3 来说明长期总成本的变动规律。

在图 5-3 中，LTC 为长期总成本曲线。该曲线从原点出发向右上方倾斜，表示长期总成本随产量的增加而增加。产量在 $O \sim Q_1$ 之间时，长期总成本曲线比较陡峭，说明成本的增加比率大于产量的增加比率；产量在 $Q_1 \sim Q_2$ 之间时，长期总成本曲线比较平坦，说明成本的增加比率小于产量的增加比率；产量在 Q_2 以后时，长期总成本曲线比较陡峭，说明成本的增加比率又大于产量增加的比率。

2) 长期平均成本

长期平均成本（long-run average cost，LAC）是长期中平均每单位产品的成本。假定某生产者在短期内可以有 3 种大小不同的规模生产某种产品。SAC_1、SAC_2、SAC_3 分别代表 3 种不同规模的短期平均成本曲线，如图 5-4 所示。生产者要根据产量的大小来决定生产规模，其目标是使平均成本达到最低。

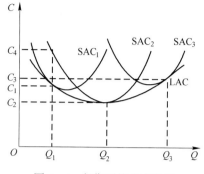

图 5-4 长期平均成本曲线

在产量为 Q_1 时，要选择 SAC_1 这一规模，因为这时平均成本 OC_1 是最低的，如果选择 SAC_2 这一规模，则平均成本为 OC_4，OC_4 大于 OC_1。以此类推，当产量为 Q_2 时，则要选用 SAC_2 这一规模，这时平均成本 OC_2 是最低的；当产量为 OC_3 时，则要选用 SAC_3 这一规模，这时平均成本 OC_3 是最低的等。

在长期中，理论上可以出现许多不同的工厂规模来生产某种产品。当厂商面临多种选择时，则短期平均成本曲线的数目也很多。厂商可以根据它所要达到的产量来调整生产规模，以使平均成本达到最低，某一特定规模的平均成本最低的规模就称为适度规模。假如厂商可供选择的规模可以无限细分，则 LAC 曲线上的每一点代表了与 SAC 曲线相切之点，这时 LAC 曲线将成为一条平滑的曲线。整个长期平均成本曲线把无数条短期平均成本曲线包在其中，因此，用数学的术语讲，长期平均成本曲线就是短期平均成本曲线的包络曲线（envelope curve）。在长期中，厂商要按这条曲线作出生产规划，选择最佳生产规模，因而长期平均成本曲线又称为计划曲线（planning curve），厂商按计划曲线进行生产，可以用最低成本生产出既定产量。

值得注意的是，LAC 曲线与各条 SAC 曲线都相切，但并不意味着切点均位于各个 SAC 的最低点。当 LAC 曲线下降时，它相切于各 SAC 曲线的左侧；当 LAC 曲线上升时，它相切于各 SAC 曲线的右侧；只有在 LAC 曲线最低点时，它才与相对应的 SAC 曲线最低点相切。

长期平均成本曲线和短期平均成本曲线都是一条先下降而后上升的 U 形曲线。长期平均成本曲线随着产量的增加而先下降，是由于规模收益递增，后来它又随着产量的增加而上升，则是由于规模收益递减，这与短期平均成本曲线的变动趋势相似。

但长期平均成本曲线与短期平均成本曲线也有区别，主要是长期平均成本曲线无论是在下降还是上升阶段都较为平缓，这说明长期平均成本无论减少还是增加都变动很缓慢。因为在长期内，全部生产要素都可以随时调整，从规模收益递增到规模收益递减之间有一个较长的规模收益不变的阶段。而在短期内，规模收益不变阶段很短，甚至没有。所以，短期平均成本曲线是先下降后上升且变动较快的 U 形曲线。

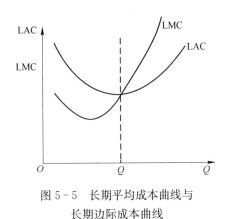

图 5-5 长期平均成本曲线与长期边际成本曲线

3) 长期边际成本

长期边际成本是长期中增加一单位产品所增加的成本，它是长期总成本曲线的斜率。在一般情况下，长期边际成本曲线也是先下降而后上升的典型的 U 形曲线，但是它比短期成本曲线的变动要平缓一些。长期边际成本曲线与长期平均成本曲线的关系同短期边际曲线与短期平均成本曲线的关系一样。如图 5-5 所示，当长期边际成本小于长期平均成本，即 LMC＜LAC 时，长期平均成本曲线 LAC 呈下降趋势；当长期边际成本大于长期平均成本，即 LMC＞LAC 时，长期平均成本曲线 LAC 呈上升趋势；当 LMC＝LAC 时，长期平均成本曲线处于最低点。

课外阅读

> ### 学习曲线
>
> 学习曲线（learning curve），又称进步函数，是用来反映平均成本随累计生产量增加而降低的成本变动情况的曲线。学习过程是一个更好通晓工作细节、改进设备和工艺技术及完善协调的过程。在飞机的制造过程中已证明，学习曲线是一条"80%曲线"，其基本含义是：随着累计产量每增加一倍，成本大约降低到原来水平的80%。比如，随着员工熟练程度的提高，第二架飞机的装配时间只有第一架飞机的装配时间的80%，如果飞机的装配数量再多一倍，也就是到第四架飞机时，应该是第二架飞机的装配时间的80%，也就是第一架飞机的装配时间的64%，以此类推。

3. 规模经济

规模经济（economics of scale）又称"规模利益"（scale merit），是指随着生产能力的扩大，使单位成本下降的趋势，即长期成本曲线呈下降趋势。长期成本曲线的下降不是无限的，如果伴随企业生产规模的扩大，单位产品成本上升，则称为规模不经济（diseconomics of scale）。

规模经济包括部门规模经济、城市规模经济和企业规模经济。在西方经济学中，规模经济主要用来研究企业经济。但作为生产力经济学的重要范畴，规模经济的含义则更为广泛，它包括从宏观到微观的能获得经济利益的各个层次的经济规模。

一般认为规模经济的原因有以下几点。

（1）专业化分工。伴随着生产经营规模的扩大，所投入资源的专业化使用的可能性也增加了。正如亚当·斯密在他的扣针制造案例中阐明的那样，人们认识到分工可以提高效率。规模越大的企业，使生产单位内部分工也必然更加精细，可以采用效率更高的专用机器设备,从而导致单位生产要素投入具有更高的生产率。

(2) 学习效应,随着产量的增加,工人可以使熟练程度增加,提高效率。

(3) 可以有效地承担研发费用等。

(4) 运输、采购原材料等方面存在的经济性。

(5) 价格谈判上的强势地位。

规模经济也会受到一些因素的制约,例如,自然条件,如石油储量决定油田规模;物质技术装备,如化工设备和装置能力影响化工企业的规模;社会经济条件,如资金、市场、劳力、运输、专业化协作对企业规模的影响等方面。

规模不经济的原因也有多个方面,主要是:从规模扩大中获得的经济利益是有限度的,它受到技术和管理上的制约;专业化分工过细也会带来副作用,单调的工作会使员工失去创造性思维,员工不能从工作中享受到学习、挑战、激励和创新的乐趣,进而会降低劳动生产率;规模扩大可能加大原材料采购及产品销售的运输次数,增加运费;由于管理幅度的限制,规模扩大必然带来管理层次的增加,在"管理层次效率递减规律"的作用下会导致管理僵化、效率下降。

 知识拓展

规模报酬与规模经济之间的区别与联系

规模报酬(returns of scale)是指在技术水平和要素价格不变的条件下,当厂商所有投入要素都按同一比例变化所引起产量或收益变动的情况。规模报酬反映了厂商所有投入要素按照相同的比例变化与相应产出变化之间的生产技术关系。

规模经济(economics of scale)是指厂商由于扩大生产规模而使经济效益得到提高,或者说,规模经济是指在一定的产量范围内,随着产量的增加,平均成本不断降低的事实。

规模报酬与规模经济既有联系又有区别。规模报酬是一个纯技术问题,规模经济则是一个经济问题。规模报酬是通过技术函数来表现的,描述的是产出量(output)与生产要素的投入量(input)之间的关系,它没有考虑价格因素;而规模经济是通过成本来表现的,规模经济描述的是产出量和成本(cost)之间的关系。由于资本和劳动等生产要素投入的变化仅仅是影响成本变化的诸多因素中的一个方面而已,除此之外,还有太多的因素(如生产要素价格的变化)可能导致成本发生改变。由此可见,规模经济的内涵更宽泛。

规模报酬递增必然地有规模经济,但规模经济却非必然地处于规模报酬递增。另外,规模不经济必然处于规模报酬递减,但规模报酬递减则非必然地发生规模不经济。规模经济和规模报酬之间的关系可以概括为以下几点。① 两者都是关于长期的论述。② 规模经济属于长期成本理论,讨论产量和成本之间的关系;规模报酬属于长期生产理论,讨论要素投入与产量之间的关系。③ 规模报酬的定义要求要素同比例变化,而规模经济定义中，随着产量的变化，要素的比例可以发生变化。这样即使规模报酬递减，也可能出现规模经济。规模报酬的条件比规模经济严格，规模报酬是产生规模经济的一个原因。假设要素价格不变，则规模报酬必定要产生规模经济。规模报酬是在要素以同等比率发生变化的条件下出现的问题，规模经济无此要求，规模经济更能解释长期平均成本曲线的变化。如果说两者有联系，可以认为规模报酬是规模经济的特例。

规模经济包括内在与外部两个方面，内在的规模经济一般指规模报酬递增，而外部的规模经济则侧重于产业整体规模和产业链的形成，如硅谷这样的高科技区域，其研发、生产、销售的上下游体系分明，也形成规模经济效应，但这更多地属于信息与交易成本的降低，而与生产函数等技术层面无关。因此，规模经济的分析包括：规模内在经济和规模内在不经济、规模外在经济和规模外在不经济。

经典阅读

规模经济的好处

亚当·斯密在其名著《国民财富的性质和原因的研究》中，根据他对一个扣针厂的参观描述了一个例子。亚当·斯密所看到的工人之间的专业化和引起的规模经济给他留下了深刻的印象。他写道："第一个人抽铁丝，第二个人拉直，第三个人截断，第四个人削尖，第五个人磨光顶端以便安装圆头；做圆头要求有两三道不同的操作；装圆头是一项专门的业务，把针涂白是另一项；甚至将扣针装进纸盒中也是一门职业。"

亚当·斯密说，由于这种专业化，扣针厂每个工人每天生产几千枚针。他得出的结论是，如果工人选择分开工作，而不是作为一个专业工作者团队，"那他们肯定不能每人每天制造出20枚扣针，或许连一枚也造不出来"。换句话说，由于专业化，大扣针厂可以比小扣针厂实现更高人均产量和每枚扣针更低的平均成本。

亚当·斯密在扣针厂观察到的专业化现象在现有经济中普遍存在。例如，如果你想盖一所房子，你可以自己努力去做每一件事。但大多数人找建筑商，建筑商又雇用木匠、瓦匠、电工、油漆工和许多其他类型工人。这些工人专门从事某种工作，而且这使他们比作为通用型工人时做得更好。实际上，运用专业化实现规模经济是现代社会越来越繁荣的一个原因。

时事链接

中国汽车工业的规模经济之路

随着人们收入的不断增加，数以百万计的中国人开始实现拥有汽车的梦想，中国也成为世界上成长最快的汽车市场。各跨国公司纷纷抢滩中国建立合资工厂。一汽丰田、东风悦达起亚、一汽轿车马自达、北京现代、东风本田、东风标致、长安福特等厂家相继建成投产；国内各类国有资本和民间资本也争先恐后挤上造车的寻宝船，轿车产能大幅提升。

汽车业是规模经济行业。而我国汽车产业的一大特点就是小、散、弱，没有哪个汽车大国的汽车产业像中国这样有如此浓重的地域特色。被称为"无国界经济"的汽车工业，在中国更像是一种"省域经济"。据新华社报道，上汽、一汽和东风三大集团，2007年产销分别为155.4万辆、143.6万辆和113.73万辆，市场占有率分别为17.68%、16.33%和12.94%，市场占有总份额也不到五成。

而全球汽车工业寡头垄断的格局早已形成并不断加强。国际上普遍认为，全球将仅存五六家整车制造跨国公司，进入所谓的"400万辆俱乐部"，其他非俱乐部成员将很难独立生存。

【启发思考】

1. 我国汽车工业存在的主要问题是什么？规模经济是不是我国汽车工业存在的主要问题？

2. 我国汽车行业扩大产能的原因是什么？扩大产能，是否解决了我国汽车工业长期存在的分散性、低规模、低水平的缺陷？

3. 增加投资是不是实现规模经济的途径？此外，实现规模经济还有无别的途径？

5.2 收益与利润最大化

厂商从事生产的目的是追求利润最大化，若想达到这一目的，就必须对收益和利润进行分析。

5.2.1 收益及其种类

收益（revenue）是指厂商出售产品和劳务的全部所得，即价格与销售量的乘积。收益中既包括了成本，也包括了利润。收益分总收益、平均收益和边际收益。

总收益（total revenue，TR）是指厂商销售一定量产品所得到的全部收入。即

$$TR = P \cdot Q = AR \cdot Q \qquad (5-7)$$

式中：TR——总收益；

AR——平均收益；

P——商品的价格；

Q——商品的销售量。

平均收益（average revenue，AR）是指厂商销售每一个单位产品平均所得到的收入。即

$$AR = TR/Q \tag{5-8}$$

边际收益（marginal revenue，MR）是指厂商每增加销售一单位产品所增加的收入。即

$$MR = \Delta TR/\Delta Q \tag{5-9}$$

式中：MR——边际收益；

ΔQ——增加的销售量；

ΔTR——增加的总收益。

注意：收益并不等于利润，它不是出售产品所赚的钱，而是出售产品所得到的钱。在不同的市场结构中，收益变动的规律并不完全相同，MR 曲线与 AR 曲线的形状也不一样。

5.2.2 利润最大化原则

1. 利润

利润（profit）是总收益减去总成本（生产成本）的差额。利润分会计利润和经济利润两类，本书讲的利润主要是指经济利润，经济利润也称为超额利润，其与总收益和生产成本的关系为

经济利润＝总收益－生产成本（总成本）

如果用 π 表示厂商的利润，则

$$\pi = TR - TC \tag{5-10}$$

经济利润是厂商生产经营活动的一项最重要的指标，厂商有无经济利润，以及经济利润的多少，是其进行生产经营活动决策的主要依据。厂商的经济利润可能出现 3 种情况。

（1）$\pi > 0$，即 TR＞TC，厂商可以获得超额利润。在这种情况下，厂商的现有投资方向和决策是合理的，并优于其他投资方向，这时他会继续保持原有的选择。

（2）$\pi = 0$，即 TR＝TC，厂商正好能够获得正常利润。在这种情况下，厂商虽然没有经济利润，但他也不会轻易改变投资方向，除非新的投资方向能有稳定的经济利润。

（3）$\pi < 0$，即 TR＜TC，厂商将发生亏损。在这种情况下，厂商的纯收益低于正常利润，这时他将会重新考虑其投资方向，以争取至少能获得正常利润。

2. 利润最大化原则

在经济分析中，利润最大化原则（maximum-profit principle）是边际收益等于边际成本，即 MR＝MC，这也是利润最大化的必要条件。为什么只有在 MR＝MC 时才能实现利润最大化呢？

如果边际收益大于边际成本，即 MR＞MC，则厂商每增加一单位产量所带来的收益大于生产这一单位产量的成本，所以厂商增加产量有利于厂商利润总额的提高，这也说明利润

还没有达到最大化。

如果边际收益小于边际成本，即 MR<MC，则厂商每增加一单位产量所能带来的收益小于生产这一单位产量的成本，此时，厂商增加产量将导致亏损，因此，厂商必然要减少产量。无论是 MR>MC 还是 MR<MC，厂商都没有实现利润最大化原则，只有当边际收益等于边际成本，即 MR＝MC 时，厂商才不会调整产量，表明已把该赚的利润都赚到了，即实现了利润最大化。

厂商对利润的追求受到市场各方面条件的影响和限制，不可能达到无限大。这样，利润最大化的原则是边际收益等于边际成本，厂商要根据这一原则来确定自己的产量。因此，MR＝MC 是厂商利润最大化的基本原则。

课堂讨论

> 厂商除了利润最大化目标，还有其他目标吗？

复习与思考题

一、名词解释

机会成本　隐成本　显成本　短期成本　长期成本　经济利润　规模经济　停止营业点

二、单项选择题

1. 收益减去成本等于（　　）。
   A. 固定收益　　　　　　　　　　B. 利润
   C. 不变成本　　　　　　　　　　D. 经营收益

2. 当边际成本小于平均成本时，产量的进一步增加将导致（　　）。
   A. 平均成本上升　　　　　　　　B. 平均可变成本可能上升，也可能下降
   C. 总成本下降　　　　　　　　　D. 平均可变成本一定是处于减少的状态

3. 如果生产 6 单位产量用 54 元，生产 5 单位产量用 40 元，平均成本（　　）。
   A. 大于边际成本且平均成本上升
   B. 小于边际成本且平均成本上升
   C. 等于边际成本
   D. 大于边际成本且平均成本下降

4. 在短期内，随着产量的增加，AFC 会越变越小，于是，AC 曲线和 AVC 曲线之间的垂直距离会越来越小（　　）。
   A. 直至两曲线相交　　　　　　　B. 但绝不会相交

C. 可能相交 D. 不确定

5. 随着产量的增加，平均固定成本将（　　）。
   A. 保持不变 B. 开始时趋于下降，然后趋于上升
   C. 开始时趋于上升，然后趋于下降 D. 一直趋于下降

6. 某厂商每年从企业的总收入中取出一部分作为自己所提供的生产要素的报酬，这部分资金被视为（　　）。
   A. 显成本 B. 隐成本
   C. 经济利润 D. 会计利润

7. 下列关于边际成本和平均成本的说法，正确的是（　　）。
   A. 如果平均成本上升，边际成本可能上升或下降
   B. 在边际成本曲线的最低点，边际成本等于平均成本
   C. 如果边际成本上升，平均成本一定上升
   D. 在平均成本曲线的最低点，边际成本等于平均成本

8. 经济学中短期与长期划分取决于（　　）。
   A. 时间长短 B. 可否调整产量
   C. 可否调整产品价格 D. 可否调整生产规模

9. 规模经济所研究的问题是（　　）。
   A. 两种生产要素的投入一种不变，另一种增加对产量的影响
   B. 两种生产要素同时同比例变化对产量的影响
   C. 两种生产要素配合比例变动对产量的影响

10. 如果厂商的边际收益小于边际成本，则厂商应该（　　）。
    A. 增加生产 B. 减少生产
    C. 维持原有生产规模 D. 停产

三、判断题

1. 长期平均成本曲线一定是短期平均成本曲线最低点的连接。（　　）
2. 厂商增加一单位产量时所增加的变动成本就是平均成本。（　　）
3. 短期总成本曲线与长期总成本曲线都是从原点出发向右上方倾斜的一条曲线。（　　）
4. 短期边际成本曲线和短期平均成本曲线一定相交于平均成本曲线的最低点。（　　）
5. 经济学中的长期和短期的划分是依据时间的长短划分的。（　　）
6. 平均变动成本随着产量的增加越来越少。（　　）
7. 经济利润就是价格与平均变动成本之差。（　　）

四、问答题

1. 短期成本曲线包括哪些？简述各种短期成本的形状特点。
2. 短期平均成本曲线和长期平均成本曲线是什么关系？
3. 利润最大化的原则是什么？

五、分析与计算题

1. 假设某企业的短期成本函数是 $TC=30\,000+5Q-Q^2$，Q 为产出数量。
（1）指出该短期成本函数中的可变成本部分和不变成本部分。
（2）写出下列相应的函数：$TVC(Q)$，$AC(Q)$，$AVC(Q)$，$AFC(Q)$ 和 $MC(Q)$。

2. 已知某厂商的短期总成本函数是 $STC(Q)=0.04Q^3-0.8Q^2+10Q+5$，求最小的平均成本和最小平均可变成本值。

3. 已知某厂商的需求函数 $Q=6\,750-50P$，总成本函数为 $TC=12\,000+0.025Q^2$，求：
（1）利润最大的产量和价格。
（2）最大利润是多少？

六、实训题

通过互联网或其他媒体了解一下规模经济对钢铁工业的影响和我国钢铁工业的发展现状。

第 6 章

厂商均衡理论

【学习目标】

本章主要分析厂商所面临的不同类型市场,以及厂商在不同的市场条件下,如何为实现最大限度的利润而确定自己的产量与价格。通过本章的学习,要求学生重点掌握4种市场结构的不同特征,掌握完全竞争市场上的短期与长期均衡条件,熟悉垄断竞争市场上的产品差别竞争,了解垄断市场上的价格歧视及寡头垄断市场的竞争特点,并能对不同市场运行的效率作出评价。

关键词

市场结构(market structure)
完全竞争(perfect competition)
完全垄断(monopoly)
垄断竞争(monopolistic competition)
寡头垄断(oligopoly)
短期均衡(short-term equilibrium)
长期均衡(long-term equilibrium)

【案例导入】 "外卖大战"是给消费者灌毒药

根据长江日报报道,2018年4月11日,无锡市工商局约谈滴滴、美团、饿了么三家外卖运营商,勒令外卖平台停止商户"二选一"等不正当竞争和垄断行为。

此次约谈针对的是"外卖大战"。这边厢,滴滴刚刚发放20元减18元的优惠券;那边厢,美团随后发放20元减15元的优惠券进行反击,导致不少商户爆单暂停营业。

商家打价格战,短期会有利于消费者,但终究会造成更大伤害。在消费券的加持下,有的消费者可以用一分钱购买七瓶汽水,有的甚至能够不花一分钱吃上一顿美味的饭。在这种刺激下，外卖订单暴增，超出了线下商户的接单能力，外卖配送也出现人手不足、送达不及时的情况，这就必然导致外卖服务质量下降，损害消费体验。

商家大放血，不外乎想独占市场。"杀敌一千，自损八百"的价格战，一般来说不会持续太久。经过一段时间的激烈竞争之后，最可能出现的情况是：实力更差的外卖平台被拖垮，坚持到最后的外卖平台则独占当地外卖市场。据无锡市工商局初步调查，"美团"外卖和"饿了么"外卖将不少上线"滴滴"外卖的商户强制下线。这种"二选一"的做法，就是一种垄断竞争。

一旦形成垄断，最终吃亏的还是消费者。一家外卖平台独大之后，即便产品和服务的质量下降、价格虚高，消费者也不能选择"用脚投票"。在这种情况下，垄断平台就可以随意提高价格，也很容易把消费者的正当权益和诉求不当回事。

垄断竞争对消费者权益造成的损害，还让人记忆犹新。譬如经过多年的烧钱补贴大战，滴滴打车兼并了快的打车、Uber中国，占据了网约车市场大约九成以上的份额，变成巨无霸之后，滴滴打车平台监管审核形同虚设，"马甲车"频频出现，消费者权益难以保障，就是前车之鉴。

正当的竞争能够给市场增加活力，但是价格战说到底是一种不正当竞争，非常容易通往垄断。在不正当竞争中，消费者并不是受益者，而是受害者，这是必须厘清的。

【启发思考】
(1) 市场结构有几种形态？外卖市场属于有哪一种？
(2) 不同市场结构的形成分别需要满足哪些条件？
(3) 不同市场结构的运行效率有何区别？

通过第5章的学习，我们知道厂商的目的在于获取最大利润，而利润的实现离不开市场，市场又具有不同的类型。作为商品生产者与供给者的厂商，在选择生产规模、价格水平、营销战略时，除了考虑技术条件及相应的成本条件之外，还必须认真分析市场竞争状态。在不同市场结构之中，厂商之间的竞争具有不同的特性，同样的竞争手段在不同市场结构中也会产生不同的反应，获得不同的效果。下面本章将针对这些问题展开论述。

6.1 完全竞争市场的厂商均衡

6.1.1 市场结构及其划分标准

1. 市场、行业与市场结构的含义

所谓市场，指的是从事某些特定商品买卖的场所或接触点，它可以是有形的、也可以是无形的。市场有大有小，种类甚多，如零售商店、加油站、大排档、职业介绍所、证券交易所等。市场可以是一个有形的场所，如农贸市场，也可以是一个通过现代化通信工具进行商品交易的接触点，如期货市场。

行业是指制造或提供同一产品或类似产品/劳务的厂商的集合。

市场结构是指厂商在市场上竞争与垄断的程度。19 世纪末 20 世纪初，资本主义由自由竞争发展到垄断，在这种情况下，均衡价格理论已经无法适应垄断资本主义的需要了，因此，西方经济学中就出现了市场理论即厂商均衡理论作为均衡价格理论的补充和发展。

2. 市场结构的划分标准

市场竞争程度的强弱是微观经济学划分市场结构的标准。影响市场竞争程度的具体因素主要有以下几点。

(1) 市场上厂商的数目。市场上厂商的数目越多，竞争程度可能就越高，否则竞争程度就可能很低。

(2) 厂商提供产品的差别程度。产品差别是同一种产品在质量、牌号、形式、包装等方面的差别，产品差别可以分为物质差别、售后服务差别和形象差别。产品差别引起垄断，产品差别越大，垄断程度越高。

(3) 单个厂商对市场价格控制的程度。如果企业能够用自己的力量在不同程度上决定产品的市场交易价格，其市场竞争程度就比较弱，这样的市场结构就容易不同程度地产生垄断现象。

(4) 厂商进出市场的难易程度。通常，厂商进入行业的限制来自自然和立法两方面原因。自然原因指资源控制与规模经济。如果某个企业控制了某个行业的关键资源，其他企业得不到这种资源，就无法进入该行业。立法原因是法律限制进入某些行业。这种立法限制主要采取 3 种形式：一是特许经营，二是许可证制度，三是专利制度。

根据以上 4 个方面，微观经济学中的市场被划分为 4 种基本类型：完全竞争市场、完全垄断市场、垄断竞争市场、寡头垄断市场。完全竞争市场和完全垄断市场是两个极端，垄断竞争市场和寡头垄断市场是介于这两种极端之间的状态，是竞争和垄断不同程度的结合，又称不完全竞争或不完全垄断市场。市场类型的划分标准和特征可以用表 6-1 表示。

表 6-1 市场类型的划分标准和特征

市场类型	厂商数目	产品差别	价格控制程度	进出的难易程度	常见实例
完全竞争	很多	完全无差别	没有	很容易	农产品市场、股票市场
垄断竞争	很多	有差别	有一些	比较容易	轻工业品市场服装、食品
寡头垄断	几个	有差别或无差别	相当程度	比较困难	汽车、石油、电信
完全垄断	唯一	唯一的产品无相近的替代品	很大程度但常受管制	很困难，几乎不可能	公用事业，如水、电、铁路

6.1.2 完全竞争市场的含义与条件

1. 完全竞争的定义

完全竞争（perfect competition）又称纯粹竞争，是指一种竞争不受任何阻碍和干扰的市场结构。这种不受任何阻碍和干扰的含义是指不存在垄断现象，不受政府影响。

2. 完全竞争的条件

作为完全竞争的市场结构，必须具备以下几个基本条件。

（1）市场上有许多生产者和消费者。每个生产者和消费者都无法通过自己的行为影响市场价格和市场的供求关系，因而每个主体都是市场价格的遵循者和接受者，而不是决定者。

（2）产品是同质的，即生产某种产品的所有厂商所供给的产品都是同质的。不存在产品差别，这样，厂商就无法通过自己的产品差别来控制价格。

（3）厂商进出某个行业是完全自由的。也就是说资源可以完全自由流动而不受任何限制，每个厂商都可以根据自己的意愿自由出入某个行业。

（4）市场信息是完全的和对称的，厂商与居民户都可以获得完整而迅速的市场供求信息，双方不存在相互的欺骗。

在上述条件中，前两个条件是构成完全竞争的基本条件。显然，在现实中完全具备上述条件的市场是不存在的，但也有一些行业接近这种市场结构。例如，农产品市场和股票市场。

【课堂讨论】

> 完全竞争市场中，有没有哪个厂商愿意为经营的商品或劳务做广告？为什么？

6.1.3 完全竞争市场上的需求曲线和收益曲线

在完全竞争市场的条件下，对整个行业来说，需求曲线 D 是一条向右下方倾斜的曲线，供给曲线 S 是一条向右上方倾斜的曲线。整个行业的产品价格 P_0 就由这种需求与供给决定，如图 6-1(a) 所示。但对个别厂商来说情况就不同了。由于完全竞争市场上有众多的生产者，每个生产者都无法左右市场价格和市场的供求关系，市场的均衡价格是由整个行业的供求曲线决定的。当市场价格确定之后，对个别厂商来说，这一价格就是既定的，无论它如何增加产量都不能影响市场价格。因此，市场对个别厂商产品的需求曲线 d 是一条由既定市场价格出发的平行线，如图 6-1(b) 所示。

在完全竞争市场上，厂商的需求曲线 d，同时又是平均收益曲线 AR 和边际收益曲线 MR，三条线重合在一起，如图 6-1(b) 所示。

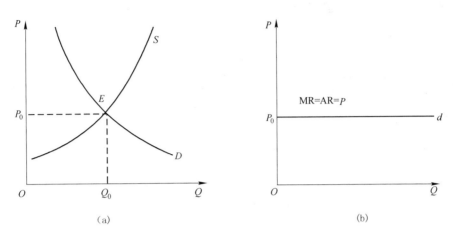

图 6-1 完全竞争市场上的需求曲线和收益曲线

 想一想

为什么在完全竞争市场上，对个别厂商来说，AR＝P＝MR？在其他市场结构中还会有此等式成立吗？

6.1.4 完全竞争市场厂商的均衡分析

1. 完全竞争市场厂商的短期均衡分析

在完全竞争条件下，无论短期还是长期内，对个别厂商而言，都不存在最优价格的决策问题。因为在这种市场条件下，价格是由整个行业的供求关系自发决定的，任何一个个别厂商对于产品价格是无能为力的。因此，在完全竞争条件下，对于个别厂商而言不存在价格决策问题，只存在最优产量的决策问题。

由于在短期内，厂商来不及根据市场的需求来调整机器设备、厂房之类的生产要素投入，只能调整可变投入的数量。因此，从整个行业来看，就可能出现供大于求、供不应求或供求平衡 3 种状况。这样，完全竞争市场中厂商的短期均衡问题，就可以归结为在这 3 种供求情况下个别厂商如何决定产量与相应的盈利状况。

1）供不应求状况下的短期均衡——厂商获得超额利润

当整个行业市场出现供不应求时，市场价格会上升，这时的均衡情况可以用图 6-2 来分析。在图 6-2 中，市场价格为 P_0，对个别厂商来说，其需求曲线 d 是从行业市场价格 P_0 引申出来的一条平行线，该曲线同时也是平均收益曲线 AR 和边际收益曲线 MR。SMC 为短期边际成本曲线，SAC 为短期平均成本曲线。

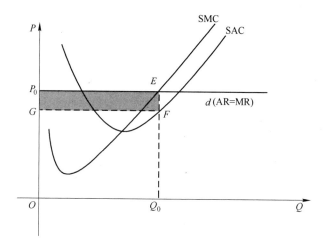

图6-2 完全竞争市场供不应求时的短期均衡

厂商为了实现利润最大化,就须满足于边际收益=边际成本(MR=MC)。由边际收益曲线与边际成本曲线的交点 E 就决定了厂商利润最大化时的产量为 Q_0,这时该厂商的总收益(TR)=平均收益(AR)×产量(Q_0),即图中的 OQ_0EP_0;总成本(TC)=平均成本(AC)×产量(Q_0);即图中的 OQ_0FG。由于 TR>TC,这时,该厂商可获得超额利润 P_0EFG(TR−TC=P_0EFG)。

2) 供过于求状况下的短期均衡——厂商亏损

当整个行业市场出现供过于求时,市场价格会下降,这时的均衡情况可以用图6-3来分析。在供过于求的情况下,由于行业市场价格 P_0 在短期平均成本与短期边际成本交点的下方,即市场价格小于个别厂商的平均成本,该厂商面临亏损。厂商为了最大限度地减少亏损,必须满足于边际收益=边际成本(MR=MC)。由边际收益曲线与边际成本曲线的交点 E 就决定了厂商亏损最小化时的产量为 Q_0,这时该厂商的总收益(TR)=平均收益(AR)×产量(Q_0),即图中的 OQ_0EP_0;总成本(TC)=平均成本(AC)×产量(Q_0);即图中的 OQ_0FG,由于 TR<TC,这时,该厂商的亏损额为 P_0EFG。

3) 供求平衡状况下的短期均衡——厂商获得正常利润

当整个行业市场供求平衡时,厂商的均衡情况可以用图6-4来分析。在供求平衡的情况下,个别厂商的平均成本与市场价格相等,厂商的短期平均成本线与短期边际成本线相交于行业市场价格 P_0 水平线上。这时该厂商的总收益等于总成本,厂商既不能获得超额利润,也不会亏损,只能获得正常利润。

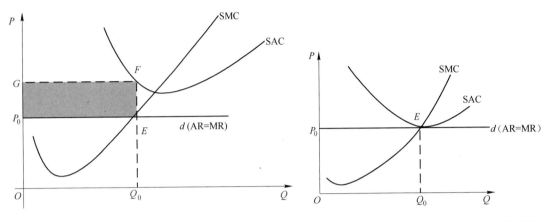

图 6-3 完全竞争市场供过于求时的短期均衡　　图 6-4 完全竞争市场供求平衡时的短期均衡

综合上述分析,在短期内,厂商均衡的条件是:边际收益等于边际成本,即 MR=MC。这就是说,个别厂商是从自己利润最大化的角度来决定产量的,而在 MR=MC 时恰好实现了这一原则。

小思考

> 在短期内,如果整个行业供大于求,市场价格低,有个别厂商处于亏损状态,他还会继续生产吗?

2. 完全竞争市场厂商的长期均衡分析

由于在长期内各厂商不仅可以根据市场价格和供求关系来调整其所有生产要素,即改变生产规模,而且还可以自由进入或退出该行业,从而影响到该行业的生产规模和产出水平,进而影响到市场价格,从而影响到各个厂商的均衡。具体来说,在长期内如果出现供不应求的情况,有超额利润存在,厂商就可以扩大生产,其他行业的厂商也会涌入这一行业,于是整个行业的供给增加,价格就会下降,超额利润进而消失。反之,如果出现供过于求的情况,有亏损存在,厂商就可以缩小生产,其他行业的厂商也会退出这一行业,于是整个行业的供给减少,价格就会上升,亏损就会消失。由此可见,在完全竞争市场中,当实现了长期均衡时,厂商既不会获得超额利润也不会亏损,只能获得正常利润。这种情况可以用图 6-5 来说明。

在图 6-5 中,P_0 为供求相等时的市场价格,LMC 为长期边际成本曲线,LAC 为长期平均成本曲线,LMC 与 MR 相交于 E,决定了均衡产量为 Q_0,这时总收益为 OQ_0EP_0,总成本也为 OQ_0EP_0,两者相等,既无超额利润又无亏损,于是实现了长期均衡。

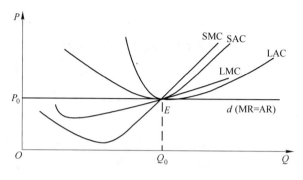

图 6-5　完全竞争市场的长期均衡

由以上可以看出，在完全竞争市场上，短期均衡的条件是：SMC＝MR；长期均衡的条件则是：LMC＝MR＝LAC＝AR＝P，从图 6-5 来看，即 LMC 曲线、LAC 曲线与 d 曲线（MR 与 AR 曲线）相交于点 E 之时。

6.1.5　经济学家对完全竞争市场结构的评价

1. 完全竞争市场结构的优越性

在完全竞争市场上，价格可以充分发挥其"看不见的手"的作用，从而自发调节整个经济的运行。通过这种调节，最终会实现长期均衡。

（1）从社会的供求均衡来看，在完全竞争市场实现了长期均衡时，社会总供给等于社会总需求，社会资源得到最优配置。

（2）在长期均衡时所达到的平均成本处于最低点，这说明通过完全竞争与资源的自由流动，使生产要素的效率得到了最有效的发挥，即经济效率最高。

（3）平均成本最低决定了产品的价格也是最低的，这对消费者是有利的。

（4）从经济运行的过程来看，完全竞争市场长期均衡是通过市场供求关系的变动来实现的，当消费者的偏好、收入等因素发生变化，市场可以迅速作出反应，使得厂商及时调整生产经营决策。

以上各点正是经济学家把完全竞争市场当作最理想市场结构状态的基本原因。

2. 完全竞争市场结构的缺陷

任何事物都是一分为二的，虽然完全竞争市场被经济学家认为是最理想的市场结构，然而它也存在一些缺陷，需要我们正确认识。

（1）在完全竞争市场中，由于各个企业的规模很小，小企业通常进行技术创新的能力较差，不利于技术进步和发展。

（2）由于产品无差别，不能很好地满足消费者多样化的需求。

（3）由于信息是完全和对称的，所以不存在对技术创新的保护。

【案例分析】　　　　　政府办的大型养鸡场为什么失败？

20世纪80年代，一些城市为了保证居民的菜篮子供应，由政府出资兴办了大型养鸡场，但成功者少，大多数养鸡场最后以破产告终。这其中的原因是多方面的，重要的一点在于鸡蛋市场是一个完全竞争市场。鸡蛋市场上有许多买者和卖者，其中任何一个生产者，即使是大型养鸡场，在市场总供给量中占的比例都是微不足道的，难以改变产量来影响价格，只能接受市场决定的价格。鸡蛋市场没有任何进入限制，谁想进入都可以，而且投资很小。鸡蛋是无差别产品，生产者无法以产品差别建立自己的垄断地位。所以，鸡蛋市场是典型的完全竞争市场。

在这个市场上，短期中鸡蛋生产者可能有超额利润（如发生了鸡瘟，供小于求，价格高），也可能有亏损（如生产者进入太多，供大于求，价格低）。但在长期内一定是价格等于平均成本，生产者的经济利润为零。生产者所赚的是由机会成本带来的会计利润，如生产者不向自己支付工资，会计成本中没有这一项，但这是机会成本。如前所述，在长期均衡时价格等于平均成本，但这个平均成本是整个社会的行业平均成本。如果某个生产者采用了新养鸡技术，平均成本低于行业平均成本，就可以获得利润。生产者为了获得这种利润，都努力采用新技术，并降低成本。当所有生产者都这样做时，整个行业的平均成本也下降了，价格也下降了。这正是完全竞争市场上竞争的残酷性。如果哪个生产者平均成本高于行业平均成本，他就无法在这个行业中生存下去，只好退出或破产。

政府建立的大型养鸡场在这种完全竞争的市场上并没有什么优势，它的规模不足以大到控制市场，产品也没有特色。它要以平等的身份与那些分散的养鸡专业户或把养鸡作为副业的农民竞争。但这种大型养鸡场的成本都要大于行业平均成本，因为这些养鸡场固定成本远远高于农民。它们建有大鸡舍，采用机械化方式，而且有相当一批管理人员、工作人员也是有工资的工人。这些成本的增加远远大于机械化养鸡所带来的好处，因为农民养鸡几乎没有什么固定成本，也不向自己支付工资，差别仅仅是种鸡支出和饲料支出。当鸡蛋行业的主力是农民时，行业平均成本也是由他们决定的。政府办的大型养鸡场的成本高于农民养鸡的差别，也就是高于行业平均成本，当价格等于行业平均成本时，就必然低于大型养鸡场的平均成本。这些大型养鸡场在与农民的竞争中并无优势，其破产就是必然的。

大型养鸡场由政府出资办，自然是国有企业，它也同样有产权不明晰、缺乏激励机制、效率低的共性。在一些垄断性行业，国有企业也许可以靠垄断优势存活下来，但在完全竞争行业就不行了。从这种意义上说，政府出资办大型养鸡场是出力不讨好，动机也许不错，但结果都不好。其实这些完全竞争行业，完全可以让市场调节，农民去办，政府不要与民争利，何况也争不到利。

6.2 完全垄断市场的厂商均衡

6.2.1 完全垄断市场的含义与条件

1. 完全垄断市场的含义

完全垄断，又称垄断，是指整个行业的市场完全处于一家厂商所控制的状态，即一家厂商控制了某种产品的市场。完全垄断有卖方垄断和买方垄断两种，经济学中通常着重分析卖方垄断，其分析方法可以相应推广到买方垄断。

严格来说，在市场经济中除了个别行业外，完全垄断并不多见，比较接近完全垄断的行业是公用事业。但在计划经济中，完全垄断则是普遍存在的。

2. 完全垄断的形成条件

完全垄断市场只有具备以下条件时才可能出现和存在：
(1) 市场上只有唯一的一个厂商生产和销售产品，企业就是行业；
(2) 该厂商所生产和销售的商品没有任何相近的替代品；
(3) 其他任何厂商进入该市场都极为困难或不可能进入该市场；
(4) 该厂商可以根据获取利润的需要，控制和操纵市场价格。

3. 形成完全垄断的原因

形成完全垄断的原因很多，比较主要的有以下几个方面。

(1) 政府借助于政权对某一行业进行完全垄断。例如，许多国家政府对铁路、邮政、供电、供水等公用事业的完全垄断。

(2) 政府特许的私人完全垄断。例如，历史上英国的东印度公司就是由于英国政府的特许而垄断了对东方的贸易。此外，政府根据法律给予某些产品生产的专利权，也会在一定时期内形成完全垄断。

(3) 某些产品市场需求很小，只有一家厂商生产即可满足全部需求。这样，某家厂商就很容易对这些产品实行完全垄断。

(4) 某些厂商控制了某些特殊的自然资源或矿藏，从而就能对用这些资源和矿藏生产的产品实行完全垄断。例如，加拿大国际制镍公司由于控制了世界镍矿的 90%，所以能够长期保持制镍业的完全垄断地位。

(5) 对生产某些产品的特殊技术的控制。例如，美国可口可乐公司、中国的老字号制药公司都是由于能够长期拥有某种产品的秘密配方而垄断了这些产品的供给。再如，杜邦公司基于专利而对玻璃纸生产形成的垄断。

知识阅读

> **英国东印度公司**
>
> 　　17世纪至19世纪中叶，由英国政府特许设立东印度公司对东方经营垄断贸易。英国东印度公司1600年成立，初期在马来群岛一带从事香料贸易，后在印度建立基地，并拥有舰队与军队。在对华贸易中，初期用英国纺织品、金属制品和印度棉花与中国交换丝绸、茶；1773年获得英印政府给予的鸦片专卖权；1797年又获得制造鸦片的垄断权，对华走私鸦片，致使中国鸦片进口激增。该公司从东方各国掠走大量财富，是英国资本原始积累的一个重要来源。

6.2.2 完全垄断市场的需求曲线和收益曲线

1. 完全垄断市场的需求曲线

在完全垄断情况下，一家厂商就是整个行业。因此，整个行业的需求曲线也就是一家厂商的需求曲线。这时，需求曲线就是一条表明需求量与价格呈反方向变动的向右下方倾斜的曲线。这也表明，垄断厂商可以通过减少产量来提高价格，或者可以通过增加产量来降低价格。

2. 完全垄断市场的平均收益与边际收益

在完全垄断市场上，每一单位产品的卖价也就是它的平均收益，因此价格仍等于平均收益，平均收益曲线 AR 仍然与需求曲线 d 重合。但是，在完全垄断市场上，当销售量增加时，产品的价格会下降，从而边际收益减少，边际收益曲线 MR 也就不再与需求曲线重合了，而是位于需求曲线下方。而且，随着产量的增加，边际收益曲线与需求曲线的距离越来越大，表示边际收益比价格下降得更快，如图6-6所示。这样，平均收益就不会等于边际收益（在完全竞争条件下 $P=\mathrm{AR}=\mathrm{MR}$），而是平均收益大于边际收益。

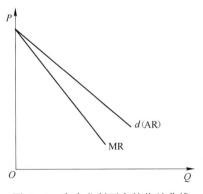

图6-6　完全垄断厂商的收益曲线

6.2.3 完全垄断市场的短期均衡

在完全垄断市场上，厂商仍然根据边际收益与边际成本相等（MR＝MC）的原则来决定产量，产量决定后，在短期内，垄断厂商产量的调整同样要受到无法调整所有生产要素规模的限制，这样也可能出现供大于求或供不应求的情况，当然也可能是供求相等。在供大于求的情况下，会有亏损；在供小于求的情况下，会有超额利润；供求相等时，则只有正常利润。

1. 供不应求——存在超额利润的情况分析

在完全垄断市场上，当出现供不应求时，厂商的利润情况分析如图 6-7 所示。在图 6-7 中，为了实现最大限度的利润，垄断厂商需要把产销量调整到 MR＝MC 的水平，即 MR 和 MC 的交点 E 相应的产量 Q_0。垄断者索取的价格是 P_0（MC 曲线与 MR 曲线相交之点向上引申与需求曲线相交之点 G，决定价格水平为 P_0）。这时总收益 TR 为平均收益（价格）与产量的乘积 OP_0GQ_0，总成本 TC 为平均成本与产量的乘积 $OKFQ_0$，总收益大于总成本，$TR-TC=KP_0GF$ 为达到的最大超额利润。

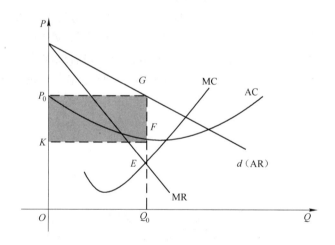

图 6-7 完全垄断市场供不应求时的短期均衡

2. 供过于求——存在亏损的情况分析

在完全垄断市场上，当出现供过于求时，厂商的利润情况分析如图 6-8 所示。在图 6-8 中，由于需求太少，销售价格很低，以致整个需求曲线 d（AR）都在平均成本曲线 AC 以下，即平均收益总小于平均成本。在这种情况下，为使亏损最小，垄断厂商也将把它提供的产销量调整到 MR＝MC 的水平，并把价格定为 P_0。此时 $TR=OQ_0GP_0$，$TC=OQ_0FK$，亏损金额为 KP_0GF。

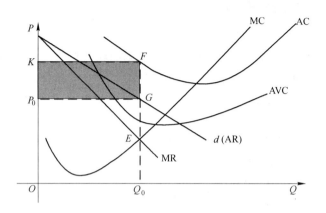

图 6-8　完全垄断市场供过于求时的短期均衡

3. 供求相等——只有正常利润的情况分析

在完全垄断市场上，当出现供求相等时，厂商的利润情况分析如图 6-9 所示。在图 6-9 中，厂商获得利润最大的产量决策点仍然为 MC 曲线与 MR 曲线相交之点 E 点，E 点向上引申与需求曲线相交之点 G 恰好与平均成本线 AC 和需求曲线 d 的切点重合，决定的价格水平为 P_0。此时，总收益＝总成本＝OQ_0GP_0，收支完全相抵，垄断厂商只能得到正常利润。

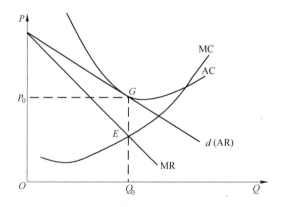

图 6-9　完全垄断市场供求相等时的短期均衡

通过上述图形分析说明，在短期内，垄断厂商无法调整全部生产要素，因此不一定能实现利润最大化。综上所述，完全垄断市场上短期均衡的条件是：MR＝MC。

6.2.4 完全垄断市场的长期均衡

在长期内，厂商可以调整全部生产要素，在高价少销与低价多销中进行选择，可以实现利润最大化。而且由于完全垄断排除其他厂商进入该行业的可能性，因而垄断厂商的经济利润可以在长期内得以保持。这时厂商均衡的条件是：MR＝LMC＝SMC。

6.2.5 经济学家对垄断市场的评价

许多经济学家根据完全垄断市场和完全竞争市场的比较分析，认为完全垄断对经济是弊大于利的。

1. 完全垄断对经济的不利影响

（1）垄断造成生产资源的浪费。因为完全垄断与完全竞争相比，平均成本与市场价格高，而产量低。在完全竞争条件下长期均衡时，厂商是在最低的成本情况下保持生产均衡，因而生产资源能得到最优配置。但在完全垄断条件下长期均衡时，由于生产是在生产成本高于最低平均成本处保持均衡，因此资源没能得到最优配置。

（2）垄断造成社会福利损失。垄断厂商实行价格歧视，即价格差别，这会造成消费者剩余的减少。这种减少是社会福利的损失。

（3）垄断造成社会分配不公平。在完全垄断市场中，垄断企业即垄断者凭借其垄断地位，可以长期维持超额利润，加剧了社会收入分配不平等。

（4）垄断也容易引起腐败。由于部分垄断与政府有关，垄断企业将会通过"寻租"行为来维持垄断地位。

（5）垄断还会妨碍社会进步。由于在大多数情况下，垄断会扼杀竞争，因此，垄断还会妨碍社会进步。

【经典案例】
价格歧视策略——麦当劳连锁店的折扣券

麦当劳连锁店一直采取向消费者发放折扣券的促销策略。他们对来麦当劳就餐顾客发放麦当劳产品的宣传品，并在宣传品上印制折扣券。为什么麦当劳不直接将产品的价格降低？

回答是折扣券使麦当劳公司实行了三级差别价格。麦当劳公司知道并不是所有的顾客都愿意花时间将折扣券剪下来保存，并在下次就餐时带来。此外，剪折扣券意愿与顾客对物品支付意愿和他们对价格的敏感相关。富裕而繁忙的高收入阶层到麦当劳用餐弹性低，对折扣券的价格优惠不敏感，不可能花时间剪下折扣券保存并随时带在身上，以备下次就餐时用，而且折扣券所省下的钱他们也不在乎。但低收入的家庭到麦当劳用餐弹性高，他们更可能剪下折扣券，因为他们的支付意愿低，对折扣券的价格优惠比较敏感。

麦当劳连锁店通过只对这些剪下折扣券的顾客收取较低价格，吸引了一部分低收入家庭到麦当劳用餐,成功地实行了价格歧视——采取了三级差别价格,并从中多赚了钱。如果直接将产品价格降低,不带折扣券的高收入阶层的高意愿消费而多得的收入就会流失。

【启发思考】
(1) 麦当劳连锁店为什么能够实施价格歧视?
(2) 通常哪种市场结构可以实施价格歧视?为什么?
(3) 你还能举出生活当中遇到的价格歧视吗?价格歧视又分为几种类型?
(4) 垄断厂商为什么要实施价格歧视?

课余讨论

> **价格歧视目的何在?**
>
> 美国的机票价格变化多端,不要说头等舱、商务舱和经济舱座位标价悬殊,就是相邻的两个座位也照样可以相差一倍,有时候经济舱的座位就比头等舱的还贵!日本生产的汽车,运到美国后价格比在日本本土更便宜,甚至因而被指责为"倾销",成为两国政治首脑谈判的重要议题。这是为什么?

2. 完全垄断的有利之处

尽管前面论述了完全垄断对经济的很多不利影响,但也有许多经济学家认为对完全垄断也要作具体分析。

(1) 政府垄断某些公用事业的有利之处。有些完全垄断,尤其是政府对某些公用事业的垄断,并不以追求垄断利润为目的。这些公用事业往往投资大,投资周期长而利润率低,但它们又是经济发展和人民生活所必需的。这样的公用事业由政府进行完全垄断,会给全社会带来好处。然而也应该指出,由政府完全垄断这些公用事业,往往也会由于官僚主义而引起效率低下。

(2) 垄断对促进技术进步的有利影响。有的经济学家认为,垄断厂商因能获得垄断利润,具有更雄厚的资金与人力,从而更有能力进行新的研究,促进技术进步。

【经典案例】
微软公司遭遇的反垄断调查案

美国法律对垄断有极严格的限制。1890年通过了第一个联邦反垄断法,称为谢尔曼法案,以后在1914年、1936年、1950年多次修订补充这些法律。非但不允许一家公司独霸市场,还禁止几家大企业暗中达成价格和产量的协议,逃避竞争。通用电气(GE)和西屋这些大公司的经理在1961年就因协商价格被处以刑罚,可见惩罚是严厉的。近几十年内每年都有几十家大公司受到指控犯有垄断经营罪,IBM公司的案子拖了十多年至今还在侦讯。随着微软公司产品市场占有率的不断扩大,这一世界上最强大的企业王国也不断遭到反垄断调查聚焦。

（1）1990年6月，美国联邦贸易委员会就微软公司与美国IBM公司关于个人计算机操作系统的冲突对微软公司进行秘密调查，焦点是微软公司将应用软件与MS-DOS操作系统捆绑销售，是否有碍市场的公平竞争。由于投票的结果是2∶2，联邦贸易委员会没有就立案形成一致意见。

（2）1994年7月，司法部以美利坚合众国的名义向哥伦比亚特区联邦法院就微软公司的行为提起民事诉讼，称微软公司违反了《谢尔曼反托拉斯法》第一条和第二条，要求法院防止和限制微软公司以排他性的和反竞争性的合同销售其个人计算机操作系统。

（3）1996年，网景（Netscape）公司就微软公司销售"探索者"（Internet explore，IE）浏览器的行为向司法部提出指控，宣称微软公司利用其垄断操作系统市场之便，捆绑推销IE浏览器，违反公平竞争规则。

（4）1997年10月7日，太阳微系统（Sun Microsystems）公司向位于圣何塞的地方法院起诉微软公司违反Java协议，实施商标侵权，错误广告，不遵守合同，不公平竞争，粗暴干涉潜在的商业优势等行为。

（5）1998年5月18日，美国司法部代表美利坚合众国联邦政府和20个州政府向哥伦比亚特区联邦法院就微软公司非法垄断行为提起诉讼。本次反垄断案，是美国政府50多年来最大的一起针对企业的反托拉斯案。1998年10月19日，司法部和20个州政府正式开庭审理。

2002年11月2日，司法部和微软达成的结案协议书送达联邦法院后，联邦法官科林·科特利迅速批准了该解决方案，微软和司法部握手言和，长达几年的微软反垄断案总算尘埃落定。

【启发思考】
（1）微软虽然逃脱了被一分为二的命运，但它是否从此真能高枕无忧？
（2）美国为什么会反垄断？垄断及反垄断的利弊有哪些？

6.3 垄断竞争市场的厂商均衡

6.3.1 垄断竞争的含义与条件

1. 垄断竞争的含义

垄断竞争是指一种介于完全竞争和完全垄断之间，既有垄断又有竞争的市场结构。

垄断竞争理论主要形成于20世纪30年代末期，由美国经济学家张伯伦创立。在垄断竞争市场中，存在较多的厂商生产或销售有差别的同种产品。

【知识链接】

张伯伦与垄断竞争理论

在20世纪以后,现代西方经济学历经了"张伯伦革命""凯恩斯革命""预期革命"所谓三次大的革命,形成了包括微观经济学和宏观经济学的基本理论框架,这个框架被称为新古典经济学。

"张伯伦革命"摈弃了古典经济学把竞争作为普遍现象,把垄断看作个别例外的传统假定,认为完全竞争与完全垄断是两种极端情况,更多的是处在两种极端之间的"垄断竞争"或"不完全竞争"的市场模式。他们运用边际分析法,分析了"垄断竞争"的成因、均衡条件、福利效应等,从而完成了微观经济的革命。

1933年美国经济学家E. H. 张伯伦在他出版的《垄断竞争理论》一书中提出了关于资本主义市场结构和价格形成的理论。他的理论和英国经济学家J. V. 罗宾逊于同年出版的《不完全竞争经济学》共同构成了"垄断竞争论",成为现代微观经济学的重要组成部分。张伯伦认为,实际的市场既不是竞争的,也不是垄断的,而是这两种因素的混合。

2. 形成垄断竞争的条件

形成垄断竞争的基本条件有以下几点。

1)产品差别

这是形成垄断竞争市场的一个关键因素。正因为产品有差别,所以每个企业都能吸引一些特定的消费者,从而对消费者有一定的垄断力量;但同时,产品之间又具有不同程度的替代性,从而有一定的竞争。

这里所说的差别不是指不同产品之间的差别,而是指同种产品之间在质量、包装、牌号、销售条件甚至服务质量上的差别。这些差别使每个厂商都享有一部分顾客的偏爱和信任,从而它们对产品价格起一定的影响作用。例如,大型超市中销售的衣服、水果、蔬菜与自由市场上出售的同类物品之间存在的差别。如果它们提高价格,不会失掉所有顾客。这与完全竞争不同。完全竞争厂商只要提高价格,就会失掉所有顾客。从这种意义上说,垄断竞争厂商是自己产品的垄断者。

想一想

飞鸽牌自行车和速派奇电动车之间的差异,茅台酒和普通白酒之间的差异,它们属于同种产品之间的差别吗?为什么?

2)有较多的厂商

有差别的产品往往是由不同的厂商生产的,这些厂商的产品具有一定程度的替代性,这样厂商之间为争夺更大利润就会展开相互竞争。

垄断竞争是一种普遍现象，最典型的垄断竞争市场是轻工业品市场。

3）厂商进出市场比较自由

正是由于企业进出市场比较自由，因此垄断竞争市场上企业之间的竞争还是比较激烈的。

【经典案例】 中国发布反垄断与反不正当竞争行政执法十大典型案件

由中国国家市场监督管理总局和广东省人民政府主办的"2018市场监督管理论坛"于2018年9月6日在广州举行。国家市场监督管理总局在论坛发布了中国反垄断与反不正当竞争行政执法十大典型案件，其中禁止美国可口可乐公司收购中国汇源果汁集团、高通公司滥用市场支配地位案入选。

本次论坛是国家市场监督管理总局成立后举办的首届论坛，主题为"公平竞争与高质量发展"。

2008年9月，可口可乐宣布179亿港元收购汇源果汁。2009年3月，中国反垄断执法机构经审查认为，该收购将损害果汁饮料消费者的合法权益，具有排除、限制竞争效果，依法禁止该项收购。

国家市场监督管理总局当日称，禁止该收购是中国《反垄断法》实施后首个案件，也是唯一被禁止的外国企业收购中国企业的案件，促进了果汁行业健康发展，具有里程碑意义。

2015年2月，反垄断执法机构依法责令高通公司停止不公平高价、搭售和附加不合理交易条件等滥用市场支配地位行为，并处罚款60.88亿元人民币。

国家市场监督管理总局表示，查处高通公司滥用市场支配地位案"是《反垄断法》实施后查处的首个滥用知识产权排除、限制竞争案例，为技术创新和无线通信产业发展创造了良好的市场条件"。

【启发思考】 我们日常生活中还有哪些行业、哪些产品面对的是垄断竞争市场？这种市场有何特点？我国为什么要反垄断与反不正当竞争？

6.3.2 垄断竞争市场的均衡条件

1. 垄断竞争市场上的短期均衡

不管什么类型的市场结构，厂商实现利润最大化，从而达到均衡状态的条件都是 $MR=MC$，垄断竞争市场也不例外。和完全垄断市场上一样，垄断竞争市场上实现了短期均衡时也可能有超额利润、收支相抵或亏损，这取决于某一厂商在均衡产量下的平均成本是小于、等于或大于销售价格。即垄断竞争市场上的短期均衡的条件仍然是：$MR=MC$。

2. 垄断竞争市场上的长期均衡

在长期，厂商能够调整一切生产要素的投入规模和比例。若某一行业出现超额利润或亏损,那么就会因此有新厂商进入或原有厂商退出,最终使超额利润或亏损消失。因此,垄断竞争不可能像完全垄断那样,长期保有超额利润,而是像完全竞争一样,在长期只能获得正常利润。

因此,垄断竞争市场上长期均衡的条件是:①MR=MC;②P=AR=AC。

6.3.3 垄断竞争市场上的非价格竞争

由于垄断竞争厂商的产品间有一定替代性,垄断竞争厂商控制价格的能力就受到一定的限制,因而价格竞争利益不大,这使垄断竞争厂商更注重产品质量、服务竞争及广告竞争等非价格竞争。

1. 产品变异

产品变异是非价格竞争的重要手段之一。产品变异指变换产品的颜色、款式、质地、做工和附带的服务等来改变原有的产品,以形成产品的差别,影响市场均衡。产品变异会影响产品成本和产量,但关键是要看经过变异,能否形成较大的需求,从而给垄断竞争的厂商带来更大的超额利润。如果经过变异之后,在新的均衡条件下,形成的超额利润高于原来均衡时的超额利润,这种变异就是优化的变异。否则,劣化的变异对垄断竞争厂商是不利的。

2. 推销成本的作用

推销活动的竞争是又一种非价格竞争的重要手段。推销活动会引起销售成本的变化。销售成本是用来增加产品需求的成本,包括广告开支、各种形式推销活动,如送货上门、陈列样品举办展览、散发订单之类的开支,其中以广告最为重要。如果通过开展推销活动,增加了销售成本的同时,产品的市场需求也因此增加,赢得更多的超额利润,那么这笔推销成本的支出就是有益的。

【经典案例】   **南非德比尔钻石公司的广告策略**

南非德比尔钻石公司是依靠关键资源所有权进行垄断的典型例子。

直到19世纪中叶,非洲大部分地区仍被外国人视为一块"黑大陆"。1867年,一个非洲孩子在南非奥兰治河畔玩耍时,捡到一块有光彩的石子。来访的欧洲人将它带回欧洲鉴定,结果证实是钻石。这个发现立刻引发了欧洲人在南非前所未有的淘金狂潮,其中就有年轻的英国人罗得斯。

罗得斯有着过人的商业头脑。1870年,17岁的罗得斯首次来到南非。经过几年奋斗,他迅速建立起"德比尔联合矿业公司",垄断了当时占全世界90%的南非钻石矿业,成为钻石大王。1884年和1886年,在德兰士瓦境内又发现了世界上蕴藏量最丰富的金矿,罗得斯再次以过人的精明吞并其他公司,建立"南非金矿公司",垄断了南非的黄金矿业,成为南非最大的垄断资本家。

德比尔控制了世界钻石生产的80%左右。虽然这家企业的市场份额不是100%，但它也大到足以对世界钻石价格产生重大影响的程度。德比尔拥有多大的市场势力呢？这就要取决于有没有这种产品的相近替代品。

如果人们认为翡翠、红宝石和蓝宝石都是钻石的良好替代品，那么，德比尔的市场势力就较小了。在这种情况下，德比尔任何一种想提高钻石价格的努力都会使人们转向其他宝石。但是，如果人们认为这些其他石头都与钻石非常不同，那么，德比尔就可以在相当大程度上影响自己产品的价格。德比尔支付了大量广告费。乍一看，这种决策似乎有点奇怪。如果垄断者是一种产品的唯一卖者，为什么它还需要广告呢？德比尔广告的一个目的是在消费者心目中把钻石与其他宝石区分开来。如果广告是成功的，消费者就将认为钻石是独特的，不是许多宝石中的一种，而且这种感觉就会使德比尔有更大的市场竞争力。

6.3.4 经济学家对垄断竞争市场的评价

与完全竞争的长期均衡条件相比较，两者都包括 $P(AR)=AC$。差别是完全竞争下 $AC=MC$，$P(AR)=MR$，而垄断竞争市场 $AC>MC$，$P(AR)>MR$。这说明：

(1) 垄断竞争下成本较高，未能达到最低点，存在资源浪费；
(2) 垄断竞争下价格比较高，相应产量较低，对消费者不利。

但也并不能由此得出完全竞争市场就优于垄断竞争市场的结论。因为尽管垄断竞争市场上平均成本与价格高，资源有浪费，但消费者可以得到有差别的产品，从而可以满足消费者多样化的需求。而且垄断竞争市场上的产量要高于完全垄断市场，价格却相对较低。特别是垄断竞争有利于鼓励创新。因此，许多经济学家认为，垄断竞争从总体上看还是利大于弊的。

6.4 寡头垄断市场

6.4.1 寡头垄断市场的含义及条件

1. 寡头垄断市场的含义

寡头垄断是指少数几家厂商控制整个市场的产品生产或销售的一种市场结构。在这种市场中，少数厂商垄断了整个行业的供给，每家厂商对整个行业价格和产量的决定都有举足轻重的影响。

寡头垄断市场是少数卖主出售同质产品或异质产品的市场，是一种介于完全垄断和垄断竞争之间的市场结构。如果卖主只有两个，则称为双头垄断；如果产品是同质的（如钢铁、石油、水泥），则是纯粹寡头垄断；如果产品是异质的（如轿车、香烟），则为差异寡头垄断。

寡头垄断市场在经济中占有十分重要的地位。例如，在我国电信行业、钢铁行业、汽车制造业，甚至彩电、计算机、空调等家电的生产和经营都属于寡头垄断。同样，在美国、日本等发达国家也不例外。

【经典案例】   两大"巨头"把持下的市场

据了解，目前中国成品油零售市场中，中石化、中石油两大巨头以旗下的5万余座加油站占据了半数以上的市场份额，其余市场被数量众多的社会加油站和数量不多的外资公司加油站（以下称非石油石化系统的石油产品经销商）所掌握。市场看起来实现了比较充分竞争，但是这一表象掩盖的却是中石化、中石油对市场的垄断。

据国务院发展研究中心市场所邓郁松先生介绍，国家出于对能源开发的保护，基本上将国内所有的石油开采和炼制能力都纳入中石油、中石化两大集团旗下。

两大集团垄断了国内全部的炼油能力后，形成了对成品油供应渠道的完全控制（油源垄断）。虽然每年尚有数量不多的成品油进口配额，而进口的成品油却是以燃料油为主，汽油每年的进口量几乎可以忽略不计。

虽然非石油石化系统的石油产品经销商也占据了一定的零售市场份额，他们的成品油供应却完全依赖于两大集团。由于在零售市场，两大集团和非石油石化系统的石油产品经销商是竞争关系，所以两大集团就可能利用其在批发市场上的垄断地位对非石油石化系统的石油产品经销商进行排斥，以达到提高自身经济效益的目的。

由于国内几乎所有加油站销售的成品油都是由两大集团公司下属的石油公司进行批发的，因此两大集团公司可以通过内部价格转移的方法，大幅度提高成品油的批发价，从而大幅度缩小非石油石化系统的石油产品经销商的利润空间，使他们无利可图甚至亏损。而中石化、中石油旗下的石油公司却可以通过内部的利润调剂实现生存与发展。

【启发思考】
(1) 导致油价上涨的因素有哪些？油价是怎样拉高的？
(2) 中国石油市场是否存在垄断？有什么特点？与油价上涨有什么相关？
(3) 分析中国石油供给的垄断体制在经济效率方面导致的损失。

2. 形成寡头垄断市场的条件

寡头垄断的形成有很多原因，比较常见的原因有以下两点。

(1) 这是由某些行业的生产与技术特点所决定的。这些行业中往往具有明显的规模经济性，在初始投资时需要兴建大量的设施，所需资金巨大，固定费用相对大大高于可变费用。在生产时，只有在产量达到一定规模后平均成本才会下降，才能获得好的经济效益。这样，行业中每个厂商的产量都相当大，进而决定了只要几家厂商存在，他们的产量就可以充分满足市场的需求。因此，寡头垄断行业往往是生产高度集中的行业，如钢铁、汽车、石油、通信、金融等行业。

(2) 存在很多进入行业市场的障碍。这些障碍包括寡头厂商为保持自身地位而采取的种种排他性措施，以及政府对某些寡头厂商的扶持政策等。

6.4.2 寡头垄断市场的特征

在现代经济的制造业部门，寡头垄断是最普遍的市场组织形式，寡头垄断在经济中占有十分重要的地位。寡头垄断市场具有以下特征。

1. 厂商的数量很少

通常只有几家经过激烈竞争后生存下来的厂商，每一个厂商在市场上都占有非常大的份额，对产量和价格有较大的控制力，都具有举足轻重的地位。

2. 厂商之间存在相互依存关系

由于寡头市场只有几家厂商，每个寡头都具有举足轻重的地位，各个寡头由于难以捉摸对手的行为，在作出决策时必须考虑其他厂商的决策，同时，也要考虑自己的决策对别的厂商的影响。因此，寡头市场是一个相互依存的市场结构。

寡头垄断者之间的相互依存性，使得他们的相互关系变得十分微妙。他们相互竞争、相互保守商业秘密、相互猜测，结果使他们更容易形成某种形式的串通和勾结。勾结也是"面和心不和"，竞争依然存在，甚至更加激烈。

在寡头市场上，产量与价格的确定往往不是由本身的成本与收益情况、市场供求关系直接决定的，而是由这些寡头垄断者通过协议或默契作为行政措施而制定的。这样制定的价格称为操纵价格。这种价格一般可由以下两种方式形成。一种情况是由寡头垄断者同盟卡特尔决定。所谓卡特尔，是寡头垄断行业内生产者的正式组织，该组织制定价格、对每个成员分配生产配额，对新厂商加入本行业实施管制。最典型的国际卡特尔是石油输出国组织（OPEC）。另一种情况是通过寡头之间心照不宣的默契来达成。价格领袖制基本上就是如此，它是一种不完全的串通形式。在这种形式中，寡头垄断行业中的厂商心照不宣地确定与行业中价格领袖相同的价格。价格领袖可能是成本较低的厂商，更可能是该行业中规模占优势的或最大的厂商。

3. 厂商进入或退出非常困难

寡头市场都是规模大、技术含量很高的，要求其开业资本金数额巨大，转产也要受到很大损失，因此，新厂商进入和老厂商退出都很困难。

4. 非价格竞争激烈

由于价格不能随意变动，因此，非价格竞争就变得激烈起来。厂商可以通过延期付款、提高折扣、加强广告宣传、改进售后服务、改进包装、改变设计等，还可以通过搭配销售、降低质级等办法，在竞争中处于有利地位。

经典阅读

"囚徒困境"与寡头的决策

"囚徒困境"是博弈论中的一个经典案例，非常耐人寻味。它说的是两个囚犯的故事。警察抓到两个合伙盗窃的嫌疑犯，分别关在两个房间里。警察对两个犯人说，如果有人认罪,而另一个人拒绝交代,则前者只判 6 个月,后者将被判刑 10 年。此外,两个犯人都知道,如果两人都认罪,将都被判刑 8 年。如果两个人都不认罪,将都被判刑 2 年。

就两个犯人的总体利益来说,上策是两个人都拒不认罪。因为此时每个人都将只被判刑 2 年,而在其他情况下,每人平均判刑都在 5 年以上。但是,两个犯人往往选择了主动认罪这种行为,因为这样做,可能出现最好的结果:只被判刑 6 个月;如果不这样做,可能出现最坏的结果:被判刑 10 年。囚犯总希望出现最好的结果,害怕出现最坏的结果。

寡头之间也存在类似的相互争夺、相互依存的关系。与囚犯都拒绝认罪一样,寡头之间达成协议、采取一致的行动,对大家都有利。例如,寡头厂商决定同时提高价格,所有厂商的利润都会上升,此为寡头厂商的上策。如果做不到这一点,寡头就要考虑对手的行动。显然,如果一个囚犯知道了另一个囚犯的行动,他会立即采取相应的措施。对方招供了,他也会招供;对方不招供,他也不招供。这样,谁也不会去主动招供,因为这样做不会使自己的处境比对方稍好一点。在寡头市场上,厂商的行动也是这样相互影响、相互作用的。因此,寡头厂商不会轻易地提高商品的价格,所有厂商的利润都将保持不变,此为寡头厂商的中策。但是,在"囚徒困境"中,囚犯是被隔离起来的,无法预知对方的行动,因此都采取保护自己的措施,其结果对双方都大为不利。在寡头垄断市场中,则是所有厂商对其他厂商的意图都一无所知。他们对形势做出的最悲观的估计是,其他厂商都将降价竞销。为了不至于被动挨打,他们将不约而同地采取降价措施,使所有厂商的利润趋于下降,此为寡头厂商的下策。

经典阅读

石油卡特尔——OPEC

卡特尔(Cartel)是生产相似产品的寡头企业联合起来以提高价格和限制产量的一种组织。石油输出国组织欧佩克(the Organization of Petroleum Exporting Countries, OPEC)是典型的卡特尔。

1960 年,阿拉伯主要产油国家组成了石油输出国组织,其创始国有沙特阿拉伯、伊拉克、伊朗、委内瑞拉、科威特 5 国,目前 OPEC 有阿尔及利亚、印度尼西亚、伊朗、伊拉克、科威特、利比亚、尼日利亚、卡塔尔、沙特阿拉伯、阿拉伯联合酋长国及委内瑞拉等 11 个成员国。欧佩克成员国的石油储量占世界总储量的 2/3,原油产量占世界总产量的 40%,出口量占世界总出口量的近 60%。

2008 年 12 月 17 日,在阿尔及利亚第二大城市奥兰出席第 151 次欧佩克会议的成员国代表们心绪复杂,他们要在全球经济陷入衰退的背景下,为欧佩克决定一次 10 年来最大规模的减产行动。欧佩克敲定最终的减产额度并不容易。虽然 OPEC 希望减产以提升油价，但他们同时也担心，如果欧佩克减产幅度过大，市场将做出强烈反应，油价可能再现上半年的暴涨行情，并因此让已深陷经济衰退的美国、欧元区和日本等世界主要经济体雪上加霜。（想一想：世界主要经济体的衰退对 OPEC 有何不良影响？）

如果 OPEC 每天 200 万桶的削减幅度能够执行，加上来自非欧佩克产油国的响应，相信这次总的减产幅度将超过 260 万桶/天，相当于全世界 3% 的石油需求。其中，最大的非欧佩克石油出口国俄罗斯可能削减至少 30 万桶产量。

近年来，俄罗斯和一些非洲国家的原油产量和出口量都大幅增加，特别是俄罗斯在 2005 年第一季度凭借 950 万桶的原油日产量，超过沙特阿拉伯成为全球第一大产油国，在国际原油市场上的影响力日益加大。此前俄罗斯因自身经济发展需要，对与欧佩克合作控制原油产量和价格一直"避而远之"，更不愿意加入欧佩克，以免受到原油生产配额的限制。但是，俄罗斯一直有意与伊朗和卡塔尔合作成立欧佩克式的天然气卡特尔组织，一旦成事，这三家将控制全球可采天然气储量的六成以上。

6.4.3　经济学家对寡头垄断市场的评价

寡头垄断在经济中占有十分重要的地位。一般认为，寡头垄断具有以下优点。

（1）在生产方面，大多数情况下，寡头垄断可以实现规模经济，从而使单位产品成本大大降低，提高经济效益。

（2）寡头垄断有利于促进科学技术进步。在技术进步和创新方面，由于有强大的财力支持，寡头可以投入大量研究和开发费用，因而更有可能不断推出新产品，进行资源综合利用，产生出许多附带成果。

（3）在资金筹集方面，由于有强大的经济实力，破产风险相对较小，因而它能得到利息较低、数额较大的贷款，使资金成本节约，资金有保证。

（4）在收集市场信息、进行广告宣传和运用销售渠道等方面，比其他企业有更多的优势。

（5）在企业内部管理方面，可通过实行统一指挥、分工负责的内部管理体制，节约管理成本，提高管理效率，还可以节约交易费用。

另外，寡头垄断也具有缺点，比较明显的缺点就是各寡头之间的勾结会抬高价格，损害消费者的利益，损害社会经济福利。

复习与思考题

一、单项选择题

1. 根据完全竞争市场的条件，下列（　　）最接近完全竞争行业。
   A. 自行车行业　　　　　　B. 玉米行业
   C. 糖果行业　　　　　　　D. 服装行业

2. 在 MR＝MC 的均衡产量上，企业（　　）。
   A. 必然得到最大的利润　　B. 不可能亏损
   C. 必然得到最小的亏损　　D. 若获利润，则利润最大；若亏损，则亏损最小

3. 如果在厂商的短期均衡产量上，AR 小于 SAC，但大于 AVC，则厂商（　　）。
   A. 亏损，立即停止生产　　B. 亏损，但继续生产
   C. 亏损，生产或不生产都可以　　D. 获得正常利润，继续生产

4. 在完全竞争的条件下，如果某行业的厂商的商品价格等于平均成本，那么（　　）。
   A. 新的厂商要进入这个行业
   B. 原有厂商要退出这个行业
   C. 既没有厂商进入也没有厂商退出这个行业
   D. 既有厂商进入也有厂商退出这个行业

5. 在完全竞争厂商的长期均衡产量上必然有（　　）。
   A. MR＝LMC≠SMC，其中 MR＝AR＝P
   B. MR＝LMC＝SMC≠LAC，其中 MR＝AR＝P
   C. MR＝LMC＝SMC＝LAC≠SAC，其中 MR＝AR＝P
   D. MR＝LMC＝SMC＝LAC＝SAC，其中 MR＝AR＝P

6. 在垄断厂商的短期均衡时，垄断厂商可以（　　）。
   A. 亏损　　　　　　　　　B. 利润为零
   C. 获得利润　　　　　　　D. 上述情况都可能存在

7. 完全竞争市场上单个厂商所面临的需求曲线是（　　）。
   A. 一条曲线　　　　　　　B. 一条水平直线
   C. 一条向右下方倾斜的直线　D. 一条向右上方倾斜的直线

8. 垄断竞争厂商的短期均衡条件为（　　）。
   A. MR＝MC　　　　　　　B. MR＝AC
   C. $P＝P(Q)$　　　　　　　D. $P＝AR＝MR＝MC$

9. 通常情况下，家电产品面临的市场属于（　　）。
   A. 完全竞争市场　　　　　B. 完全垄断市场

C. 垄断竞争市场　　　　　　　D. 寡头垄断市场
10. 为使收益极大化，完全竞争性的厂商将按照何种价格来销售其产品（　　）。
　　A. 低于市场的价格　　　　　B. 高于市场的价格
　　C. 市场价格　　　　　　　　D. 略低于距它最近的竞争对手的价格

二、简答题
1. 完全竞争市场的形成条件和特征有哪些？
2. 为什么完全竞争厂商的需求曲线、平均收益曲线和边际收益曲线是重叠的？
3. 画图说明完全竞争厂商短期均衡的形成及其条件。
4. 画图说明垄断厂商长期均衡的形成及其条件。
5. 简述垄断竞争市场结构的特征。

三、分析题
1. 完全竞争行业中某厂商的成本函数为 $STC=Q^3-6Q^2+30Q+40$，成本用美元计算，假设产品价格为 66 美元。
（1）求利润极大时的产量及利润总额。
（2）由于竞争市场供求发生变化，由此决定的新的价格为 30 美元，在新的价格下，厂商是否会发生亏损？如果会，最小的亏损额为多少？
（3）该厂商在什么情况下才会停止生产？
2. 比较垄断竞争市场的条件和完全竞争市场的条件的相近点和区别，并说明产品差别对垄断竞争市场形成的意义。
3. 试比较不同市场组织的经济效率。

四、案例分析
分析中国电信市场、民航市场的寡头垄断市场模式及其在经济效率方面存在的问题。

第 7 章

分 配 理 论

【教学目标】

通过本章的学习,了解生产要素需求与供给的性质,运用供求理论分析生产要素市场的均衡,一般掌握工资、地租与利息的决定,重点掌握厂商使用生产要素的原则及各种生产要素供给的特殊性和价格决定。

关键词

生产要素(factors of production)

工资(wage)

利息(interest)

地租(rent)

利润(profit)

基尼系数(gini coefficient)

【案例导入】 年收入过亿元的姚明和年收入 10 万元的"抄表工"

"收入真高啊!""真是日进斗金呢!"前不久,有机构公布了体育明星的收入排名,姚明以过亿元的年收入高居榜首。人们对姚明的高收入感叹,或许含着一丝羡慕,或许有年轻人梦想将来也像姚明那样发展,但很少有人对此感到不平衡,更听不到谁说:"他凭什么赚那么多,我才赚这么少!"

另一则有关收入的信息却引发许多不满。审计部门发现,在山东一家高度垄断的电力企业,其抄表工年收入可达 10 万元。是"抄表工"技术要求高、具有不可替代性?还是此类人才短缺,供不应求?调查显示,原因不在于此,而是企业以垄断地位获取高额利润,有底气给员工这样发钱。在这家企业,即使从事最简单的抄表、收发等工作,收入也不低。"还不是因为垄断!""咱也不用费劲学什么,想办法进到垄断企业就万事大吉了。"有人抱怨,有人调侃。

上亿元收入和 10 万元年薪相差许多，前者并未带来有关收入差距的议论，后者却产生如此多质疑，值得思考。

收入存在差距是市场经济的正常现象。特别是工资性收入，一定程度上是劳动力价格的体现。那种包含着更高的技术含量、更复杂的劳动工种，往往会在劳动力市场上拥有较高的价格，就好比医生、律师不论在哪个国家，收入都不会太低。市场供求也会使某一些紧缺职位的收入非常高，就好比姚明肯定要获得高报酬，好比近几年东南沿海一带年薪 20 万元招聘高级技工。这类收入差距，通常没人觉得不妥，倒是会引导劳动力注重学习知识、钻研技术，自觉地向社会急需的岗位靠拢。

人们感到不公平的往往是另一种差距，那就是不合理的制度安排造成的差距。"抄表工"和高级技工同样拥有高薪。普通劳动者可以通过学技能，使自己也成为有望获得高薪的高级技工。垄断企业却有着高高的门槛，劳动者个人抄表抄得再好、再快、再准，如果不能进入"只此一家别无分店"的垄断企业，也只能望洋兴叹。

经过多年发展，我国劳动力市场化程度已经达到一个较高的水平。不过，还是有部分领域存在两种用人机制、两种收入体系并行的情况，并因此产生不合理的收入差距。有的行业，限制竞争，带来利润奇高、收入奇高。有的事业单位，编制内人员不停涨工资，编制外人员干得再好也得不到高收入。有的企业，只与一少部分员工签订劳动合同，大量员工采用劳务输出形式，虽然从事同样的工作，劳务工收入却和正式工差出一大截。前些年，企业员工和事业单位员工两种养老体系，更导致企业退休人员养老金明显偏低。

对有的差距，人们心服口服，有的却难以容忍。这提醒相关政策制定者，干预收入差距，不能简单地着眼于把高收入降下来或把低收入提上去，更要关注制度的一致性和公平性，消除收入差距中的分配不公因素，以谋求经济的可持续发展和社会和谐。

资料来源：人民日报．

【问题思考】

（1）为什么体育明星的收入比较高？

（2）你是如何看待案例中收入差距的？

厂商要进行生产活动，就要投入各种生产要素，而生产要素组合产生的收入应该如何分配呢？案例中涉及要素分配的多方面的问题，如工资、垄断和收入分配的公平等，本章我们将对这些问题进行讨论。

生产要素的定价理论是经济学中分配理论的重要组成部分。生产要素的价格对于其提供者而言就是收入，对于生产者来说则要影响其生产成本的大小。现代化大生产，都是由厂商组合劳动、土地、资本和企业家才能四种生产要素加以经营的。厂商销售产品所取得的销售收入，按照参加生产的各个要素所发挥的功能分配给要素所有者，就形成要素收入。提供劳动的工人得到工资，提供土地的地主得到地租，提供资本的资本家得到利息，提供企业家才能的企业家得到利润。因此，要素价格决定了收入在要素所有者之间的分配，解决分配问题就是解决要素价格问题。

7.1 生产要素的需求和供给

7.1.1 生产要素需求的特点

在经济学中,生产要素是指厂商为从事产品生产或提供劳务而投入于生产过程中的各种经济资源。在传统经济理论中,以克拉克为代表,将生产要素分为劳动、资本、土地三大类。以马歇尔为代表的现代经济理论将生产要素分为劳动、资本、土地、企业家才能四大类。

生产要素的需求具有以下特点。

1. 要素需求是派生需求

在产品市场上,需求来自消费者。消费者为了直接满足自己的某种需要而购买商品,因此,对商品的需求是"直接"的需求,而在生产要素市场上,厂商对要素投入的需求由消费者对其最终产品的需求派生而来。因此,经济学家们认为,生产要素的需求是派生的需求(derived demand)。例如,厂商聘请计算机程序员的需求是与消费者对计算机软件的需求密切相关的,他聘请计算机程序员,是为了设计并生产计算机软件。如果消费者不存在对计算机软件的需求,则厂商就无法从生产并销售计算机软件中获得利益,从而他也不会去聘请计算机程序员及购买其他生产资料和生产计算机软件。由此可见,厂商对生产要素的需求是从消费者对产品的直接需求中派生出来的。

2. 要素需求相互依赖

生产要靠集体努力。例如,要想锯倒一棵树,只有一把锯子是不可能的,而两手空空的工人也同样是不可能的,只有将锯子交给工人使用才可能将树锯倒。换句话说,某种要素的生产率,取决于能够与之相匹配的要素的数量。这意味着在一般情况下,我们不应该说某一种要素的投入独自创造了多少产出,而应该说产出是有不同要素的相互作用所致。正是由于土地、劳动和资本品在生产中的相辅相成,才使得收入分配成为一个非常复杂的问题。

课堂讨论

生产要素的需求与一般商品需求有何不同?

7.1.2 完全竞争厂商生产要素的需求

当论及厂商对生产要素的需求时,厂商面临两个市场:一是产品市场;二是要素市场。为了简化分析,我们约定,完全竞争厂商是指产品市场和要素市场都处于完全竞争条件下的厂商。

完全竞争厂商的生产要素需求量取决于要素的边际收益与边际成本,为了实现利润最大化,他必须使购买最后一单位生产要素所支出的边际成本与其所带来的边际收益相等。在完全竞争市场上,边际收益等于平均收益,等于价格。因此,厂商对生产要素的需求就是要实现边际收益、边际成本与价格相等。即 $MR=MC=P$。

而在完全竞争市场上,个别厂商只是要素价格的接受者,对一家厂商来说,价格是不变的,即边际要素成本(MFC)不变。所以,厂商对生产要素的需求就取决于生产要素的边际收益。

生产要素的边际收益取决于其边际生产力的大小。美国经济学家克拉克(John Maurice Clark)的边际生产力论(marginal productive theory)是边际分析方法在分配理论中的应用。根据克拉克的观点,所谓边际生产力(marginal product),从实物形态来讲是指在其他条件不变的情况下,增加一单位某种生产要素所增加的实物产量,这被称为边际物质产品(marginal physical product,MPP);从价值形态上说,就是在其他条件不变时,每增加一单位某生产要素所增加的产值,称为边际产值(value or marginal product,VMP)。

边际生产力论认为:在其他条件不变的前提下,边际生产力是递减的,因此,生产要素的边际收益曲线是一条向右下方倾斜的曲线,这条曲线也是生产要素的需求曲线,如图 7-1 所示。

图 7-1 中,横轴 OQ 表示生产要素的需求量,纵轴 OP 表示生产要素的价格,MPP 表示边际物质产品曲线,即向右下方倾斜的边际生产力曲线,也是生产要素的需求曲线。当生产要素的价格为 P_0、需求量为 Q_0 时,使用的生产要素量可以实现,$MR=MC$。如果生产要素价格高,

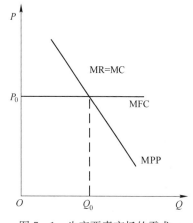

图 7-1 生产要素市场的需求

则 $MR<MC$,从而减少生产要素的需求量;如果生产要素价格低,则 $MR>MC$,从而增加生产要素的需求量。

7.1.3 不完全竞争厂商生产要素的需求

在不完全竞争条件下,单个厂商具有控制市场的力量,所面临的是一条向右下方倾斜的需求曲线。这时,厂商要出售增加的产品,其价格必须低于以前单位产品价格,因此,售出每一追加单位产出所获得的边际收益就会降低,这就使得不完全竞争厂商的边际收益曲线与完全竞争厂商的边际收益曲线不尽相同。

尽管两条曲线都是向右下方倾斜的,但两条曲线下降的原因不同,在完全竞争条件下,要素的边际收益曲线由于要素的边际物质产品曲线下降而下降,即由要素的边际生产力递减而下降;而在不完全竞争条件下,边际收益曲线除了取决于要素的边际生产力,还取决于价格水平。因此,不完全竞争市场上厂商的边际收益曲线要比完全竞争厂商的边际收益曲线更加陡峭一些。

不完全竞争市场上厂商生产要素的需求量仍决定于 MR＝MC。

人物窗　约翰·莫里斯·克拉克

> 约翰·莫里斯·克拉克（John Maurice Clark，1884—1963）是美国著名的经济学家，其父约翰·贝兹·克拉克也是著名的经济学家。小克拉克子承父业，以研究工业经济、垄断与竞争著称。他关于竞争问题的许多观点至今仍被广泛采用。他说："如果学生能在经济学课程中真正理解成本及成本的所有方面，那么，这门课程就算取得了真正的成功。"

7.1.4　生产要素的供给

生产要素各种各样，不同种类的生产要素有自己的特点。一般来说，微观经济学关于生产要素供给理论有以下几种观点。

（1）自然资源。从一个社会范围内考察，通常假定自然资源（如土地）的供给是缺乏弹性或既定不变的。

（2）资本品。资本品是利用其他资源生产出来的，其供给通常具有中间产品的性质，比如在经济中，这一行业的产品往往就是另一行业的生产要素。因此，资本品的供给与一般产品的供给一样，遵循产品的供给原则，即供给数量与供给价格同方向变动，供给曲线向右上方倾斜。

（3）劳动。劳动要素的供给一般与工资率同方向变动。但在一定范围外，工资率的增加反而会使劳动供给量减少。

7.1.5　生产要素价格的决定

生产要素的价格与商品价格一样，是由市场供求关系决定的。生产要素的均衡价格，就是生产要素的供给量与需求量相一致的价格。它是由生产要素的供给曲线与需求曲线的交点决定的。根据以上对生产要素供求的分析，一般而言，生产要素的需求曲线向右下方倾斜，供给曲线向右上方倾斜，这样，就可以用图 7-2 说明生产要素价格的决定。

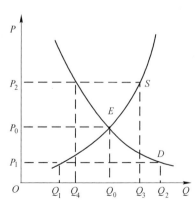

图 7-2　要素价格和使用量的决定

在图 7-2 中，横轴 OQ 表示生产要素的供求数量，纵轴 OP 表示生产要素的价格，D 是生产要素需求曲线，S 是生产要素供给曲线。当价格为 OP_1 时，生产要素的供给量是 OQ_1，需求量是 OQ_2，Q_1Q_2 之间是生产要素的短缺量，生产要素供不应求。厂商为了得到生产要素，愿意支付更高的价格，生产要素的价格会趋于上升。当价格

为 OP_2 时,生产要素的供给量是 OQ_3,需求量是 OQ_4,Q_3Q_4 之间是生产要素的过剩量,生产要素供过于求。生产要素所有者为了提供生产要素,不得不降低价格,生产要素的价格会趋于下降。只有当生产要素供给量与需求量相一致时,即在生产要素供给曲线与需求曲线相交的 E 点,才决定了生产要素的均衡价格是 OP_0,均衡数量是 OQ_0。

以上阐述的生产要素价格由需求和供给两种力量决定,是一般的分析,下面具体分析工资、利息、地租和利润是如何决定的。

【启发思考】 试比较生产要素价格的决定与产品价格的决定有何相同与不同之处?

7.2 工资、利息、地租和利润理论

7.2.1 工资理论

工资(wage)是在一定期间内给予提供劳动的劳动者的报酬,也是劳动这种生产要素的价格。

根据报酬的性质,工资可以分为狭义的工资和广义的工资。狭义的工资,仅指雇用劳动者的报酬。广义的工资,包括雇用劳动者和独立劳动者的一切劳心、劳力的报酬,以及除货币工资以外所享受到的一切货币和非货币利益。

根据支付的方法,工资可以分为计时工资(time wage)和计件工资(piece wage)。计时工资是按照劳动时间计算的,有日薪、周薪、月薪、年薪等。计件工资则是按照完成工作的数量计算的。

根据工资的形式,又可以分为货币工资(money wage)和实际工资(real wage)。货币工资以货币数量表示,又叫名义工资(nominal wage)。实际工资则是按照工资能够购买的实物价值计算的。

在某些发达国家,工资收入占国民收入的三分之二以上,构成国民收入的主要部分,也是生产成本的主要部分。因此,工资理论是分配理论的首要课题。

1. 劳动的供给

劳动的供给主要取决于劳动的成本,劳动的成本包括:一是实际成本,即维持劳动者及其家属必需的生活资料的费用,以及培养教育劳动者的费用;二是心理成本,劳动是以牺牲闲暇的享受为代价的,劳动会给劳动者心理上带来负效用,补偿劳动者这种心理上负效用的费用就是劳动的心理成本。此外,还受到劳动人口总量及其构成,劳动者提供的工作和技能的质量,以及劳动平均工作时间和劳动者偏好等因素的影响。

劳动的供给有自己的特殊规律。一般来说,当工资增加时劳动会增加,但工资增加到一定程度后,如果再继续增加,劳动不但不会增加,反而会减少。这是因为货币工资增加到一定程度后,货币的边际效用递减,不足以抵消劳动的负效用,从而劳动就会减少。如图 7-3 所示,横轴表示劳动的供给量 L,纵轴表示工资水平 W,向后弯曲的曲线 S 就是劳动的供给曲线。

但也有一些西方经济学家认为,从短期看,劳动供给曲线会向后弯曲。但从长期看,由于青年人逐渐加入到劳动者行列,以及较低工资的工人总是愿意调整职业,用同样的劳动时间得到更高的工资。所以,劳动的市场供给曲线是向右上方倾斜的。向后弯曲的劳动供给曲线只适用于高度发达和富裕的国家。在低收入工人占多数的国家是不会出现向后弯曲的劳动供给曲线的。

2. 完全竞争市场上工资的决定

在完全竞争市场上,劳动的需求取决于劳动的边际生产力,由于劳动的边际生产力是递减的,所以劳动的需求曲线是向右下方倾斜的,表明劳动的需求量与工资水平反方向变动。而劳动的供给曲线是向后弯曲的。将劳动的需求曲线和劳动的供给曲线结合起来,即可得到均衡的工资水平及均衡的劳动数量,如图7-4所示。

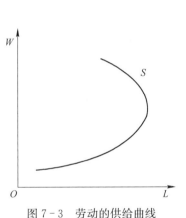

图7-3 劳动的供给曲线

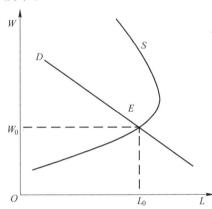

图7-4 完全竞争市场上工资的决定

在图7-4中,劳动的需求曲线D和劳动的供给曲线S相交于E点,决定了均衡的工资水平为W_0,均衡的劳动数量为L_0。劳动的需求或供给任何一个变化都会使均衡工资水平发生变化,工资水平的升降也可以调节劳动市场的供求,使劳动的供求实现平衡。

3. 不完全竞争市场上工资的决定

不完全竞争市场有两种不同的情况:一种是买方垄断的市场,劳动的供给是由众多的相互竞争的劳动者提供的劳动所形成的,而购买劳动的厂商只有一家,即对劳动的需求是垄断购买的情况;另一种是卖方垄断的市场,对劳动的需求是由众多的相互竞争的厂商购买形成的,而劳动者却由工会组织在一起,成为要素市场的卖方垄断者。在这种不完全竞争的劳动市场上,工会对工资的决定通常起着重大的作用,下面重点介绍工会在工资决定中的作用。

工人通过工会组织在一起,集体出售他们的劳动,工会组织会尽量采取措施以提高工人的工资。

1) 工会可以减少劳动的供给

限制移民、最大工作小时立法、学徒期限延长、种族和性别的限制、拒绝接纳新会员加入工会或不让非工会会员参加工作,这些都是曾经使用过的限制劳动供给的方法。在需求不变的情况下,通过减少劳动的供给,可以提高工资,但会使就业人数减少。如图7-5所示。

在图7-5中,劳动的需求曲线D和原来的劳动供给曲线S_0的交点E_0决定的工资水平为W_0,就业人数为L_0。由于劳动供给的减少,供给曲线从S_0左移到S_1,它与需求曲线D的交点为E_1,决定了工资水平上涨到W_1,而就业人数相应地却从L_0减少到L_1。

2)工会可以使劳动需求增加

通过支持保护关税、广告竞争等办法,增加对厂商产品的需求,以提高对劳动的需求。在供给不变的情况下,通过增加对劳动需求的方法,可以提高工资,同时还可以增加就业人数。如图7-6所示。

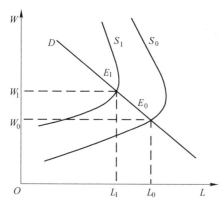

图7-5 减少劳动供给提高工资

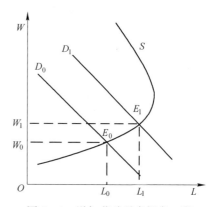

图7-6 增加劳动需求提高工资

在图7-6中,劳动的供给曲线S与原来的劳动需求曲线D_0相交于E_0,决定了工资水平为W_0、就业人数为L_0。由于劳动需求的增加,使劳动需求曲线从D_0右移到D_1,它与供给曲线相交于E_1,决定了工资水平上涨到W_1,同时就业人数也从L_0增加到L_1。

3)最低工资法

工会迫使政府通过立法规定最低工资,这样,在劳动的供给大于需求时也可以使工资维持在一定的水平上,但这种方法可能会带来一定的失业人口。如图7-7所示。

在图7-7中,劳动的需求曲线D与劳动的供给曲线S相交于E_0,决定的工资水平为W_0,就业人数为L_0。而规定的最低工资水平为W_1,高于均衡工资水平,即$W_1>W_0$。在这种高水平的工资上,劳动的需求量为L_D,而劳动的供给量为L_S,明显$L_S>L_D$,就会出现一定的失业人口。

工会虽然在工资的决定中起着很重要的作用,但它的影响程度同时也受到一些因素的限制。例如,整个经济形

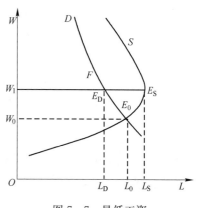

图7-7 最低工资

势的好坏、劳资双方力量对比、政府干预的程度与倾向性、工会的斗争方式与艺术、社会对工会的同情和支持程度等。工会只有善于利用各方面的条件，才能尽可能多地争取为工人提高工资。

4. 工资差别形成的其他原因

在劳动要素市场上，不同职业存在不同水平的工资。造成不同职业间工资差异的主要因素包括以下几个方面。

（1）补偿性工资差别。工资差别与职业性质的差别有关，如职业的风险程度、工作紧张程度、就业稳定性等方面。

（2）生产率差别。工资差别与个人在生产率上的差别有关，如效率工资。效率工资是指企业为提高工人生产率而支付的高于均衡水平的工资。效率工资理论的观点是，支付高工资可能是有利的，因为高工资可以提高工人的劳动效率。

（3）基于信息不完全的差别。可能由于劳动者不具有关于市场中可供选择的工作机会的完全信息所致。

（4）不完全的劳动流动性。工资差别不能由人们在不同工作之间的流动来加以消除，例如，有些人乡土观念重，不愿离开家乡、不愿子女转学等。

（5）歧视、工会等。工资差别有时是由于对人种或性别采取不同态度造成的，工会在争取更高工资方面可能取得成功。

 课外阅读

漂亮与收入

人与人之间在许多方面的不同，一种差别是他们的相貌不同，对其他人的吸引力也就不同。相对来说，漂亮的人更容易成为演员明星，他们主演的电影更受欢迎，于是他们就能得到更好的收入。那么漂亮的经济收益普遍存在吗？

西方经济学者们的研究表明，漂亮确实在起作用，那些相貌更有吸引力的人比相貌平常的人收入高出5%，那些相貌平常的人比那些相貌被认为较丑的人的收入高出5%～10%。对男人和女人都得出了类似的结论。

用什么来解释这些工资差别呢？

第一种解释是，漂亮的相貌本身也是决定生产率和工资的内在能力之一。一些人生来就有电影明星的气质，另一些人则没有。在任何一种要在公众面前露面的工作中，漂亮的外貌都是有用的，如表演、推销和侍者。在这种情况下，有吸引力的工人对企业的价值比没有吸引力的工人的价值更大。企业对有吸引力的工人愿意支付更多，反映了其顾客的偏好。

第二种解释是，漂亮是对其他类型能力的间接衡量。一个看来很有吸引力的人还取决于遗传之外的其他因素，如服装、发型、个人举止，以及其他可以控制的气质等。也许在调查谈话中成功地设计了有吸引力形象的人，也是在其他工作中成功的有文化的人。

第三种解释是，以貌取人是一种歧视。

【启发思考】

1. 你认为漂亮与收入有关系吗?
2. 你如何看待这些工资差别?

【小资料】

表 7-1 为中国按行业分职工平均工资(2017 年)。

表 7-1　中国按行业分职工平均工资(2017 年)

行　业	平均工资额/元	行　业	平均工资额/元
城镇集体单位就业人员	55 243	金融业	99 635
农、林、牧、渔业	44 392	房地产业	49 486
采矿业	44 930	租赁和商务服务业	48 536
制造业	48 202	科学研究、技术服务和地质勘查业	75 188
电力、燃气及水的生产和供应业	60 259	水利、环境和公共设施管理业	41 348
建筑业	42 608	居民服务和其他服务业	45 646
交通运输、仓储和邮政业	42 549	教育	74 102
信息传输、计算机服务和软件业	83 191	卫生、社会保障和社会福利业	70 485
批发和零售业	35 094	文化、体育和娱乐业	56 948
住宿和餐饮业	44 613	公共管理和社会组织	67 206

资料来源:根据国家统计局网站相关资料整理。

7.2.2　利息理论

1. 资本与利息

资本可以看作一般生产能力的累积储备,即过去的收入体现为某种特定的形式,它能在未来获得货币收入。利息(interest)是资本的报酬,或者说,是资本的价格,是资本所有者的收入。利息的多少取决于利息率的高低。

利息率(interest rate)是利息在每一单位时间内(如一年内)在货币资本中所占的比率。例如,货币资本为 30 000 元,利息为一年 3 000 元,则利息率为 10%,或称年息 10%。这里的 10% 就是货币资本在一年内的报酬,即货币资本的价格。

经济学家用以下理由说明了利息的合理性,或者说为什么资本可以带来利息。

(1) 现期消费与未来消费。人们往往有一种时间偏好,即在现期消费和未来消费中,人们偏好于现期消费。由于对未来的难以预测,人们认为,现在多增加一单位消费所带来的边际效用要大于将来多增加这一单位消费所带来的边际效用。例如,现在购买一辆汽车和几年以后购买同样一辆汽车给消费者带来的效用是不一样的,消费者认为几年以后拥有汽车的人会很多,不如现在购买带来的满足程度大。所以,很多人总是喜爱现期消费,因而对于放弃现期消费把货币作为资本的人理应得到利息作为报酬。

(2) 迂回生产。我们不直接用手去抓鱼，而发现一个最终更加上算的办法：先织网和造船，然后用网和船去捕鱼，比直接用手抓鱼可以捕捞更多的鱼，这就是迂回生产的方式。所以，我们说迂回生产就是先生产生产资料，然后用这些生产资料去生产消费品。很明显，迂回生产提高了生产效率，而且迂回生产的过程越长，生产效率越高。现代生产的特点就在于迂回生产。但迂回生产如何能实现呢？这就必须有资本。资本能使迂回生产成为可能，从而提高了生产效率。这种由于资本而提高的生产效率就是资本的净生产力。资本具有净生产力是资本能带来利息的根源。

(3) 效用补偿与利息。由于货币可以给人们带来希望的效用和幸福，但把货币借给别人使用后，就意味着失去了这种幸福和效用。所以，利息就是作为这种效用和幸福损失的补偿代价。

2. 资本的需求

厂商是资本的主要需求者，这种需求是由于厂商进行新的投资而引起的。厂商的投资将用于资本财富的更新、生产规模的扩张和技术进步等方面。厂商进行新的投资的最终目的是要获取最大限度的利润。投资能否发生取决于投资项目是否有利可图，这样投资的多少就取决于利润率与利息率之间的差额。如果利润率与利息率的差额越大，纯利润就越大，厂商就越愿意投资；反之，厂商就不愿意投资。所以，在利润率既定的情况下，利息率与投资呈反方向变动，即资本的需求曲线是一条向右下方倾斜的曲线。

3. 资本的供给

资本分为资本品和货币资本。资本品作为生产要素，其本身又是产出，即生产过程的产物，包括机器、设备、原材料等。资本品的供给曲线与一般最终产品的供给曲线一样，是向右上方倾斜的，它取决于资本品的生产成本。货币资本不是生产出来的，它的供给主要取决于借贷资本的供给，也就是取决于与一定利息率相关的储蓄的多少。在利息率一定时，收入越高，储蓄就越多；在收入一定时，利息率越高，一定收入中用于储蓄的部分也就越多，储蓄越多就意味着货币资本的供给越多。把借贷资本的供给量看作利息率的函数，利息率越高，意味着持有货币的机会成本越高，要使用货币资本就要向其所有者支付更高的报酬。因此，货币资本的供给曲线同资本品的供给曲线一样，是向右上方倾斜的。

4. 利息率的决定

利息率是由资本的需求和供给决定的。厂商对资本的需求，即投资，是由资本的边际生产力决定的，由于资本的边际生产力是递减的，也就决定了厂商对资本的需求曲线是向右下方倾斜的。

厂商对资本的需求还可以用利润率和利息率的关系来说明。厂商投资是为了实现利润的最大化，则投资获得的利润率与投资支付的利息率水平就决定了厂商的投资规模。若利润率与利息率的差额越大，即利润率越高于利息率，纯利润就越大，企业就越愿意投资。反之，利润率与利息率的差额越小，即利润率越接近于利息率，纯利润就越小，企业就不愿投资。所以，在利润率既定的条件下，利息率就与投资（资本的需求）呈反方向变动，也证明资本的需求曲线是一条向右下方倾斜的曲线，资本的供给（储蓄）曲线前面已经讲过，是一条向右上方倾斜的曲线。我们把资本的需求曲线和供给曲线结合在一起，就可以得出均衡的利息率水平。如图7-8所示。图中，横轴表示资本量K，纵轴表示利息率i，资本的需求曲线D与供给曲线S的交点E决定了利息率为i_0，资本量为K_0。

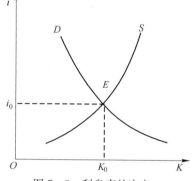

图7-8 利息率的决定

这里分析的均衡利率是指资本市场上的纯粹利率，它是一种理论分析的利率水平。在现实经济生活中，在不同的情况下，实际利率与纯粹利率并不完全相同，其差别主要由以下原因造成：一是贷款的风险程度，如果货币资本的所有者认为其提供资本的风险大，则要求得到的利率也就高；二是贷款的期限长短，贷款的时间越长，利率也就越高。微观经济学分析的利率不是实际利率，而是指排除了上述因素的资本市场上的纯粹利率。

利率由资本的需求和供给共同决定，但同时利率的变动又会影响资本的供求。如果政府干预或人为地提高、降低利率，资本市场的均衡就会被打破，出现资本供大于求或供小于求的情况。利率与资本供求的这一内在联系，使得利率具有调节投资和就业的功能。当一个社会出现了通货膨胀时，提高利率可以抑制对可贷资金的需求，抑制可贷资金的供给，从而抑制通货膨胀；相反，当出现通货紧缩时，降低利率可以刺激对可贷资金的需求，刺激可贷资金的供给，从而抑制通货紧缩。所以，利用利率来调节经济是很重要的。

5. 利息的作用

利息在现代经济社会中具有十分重要的作用。

（1）利息能诱发人们储蓄，增加资本的供给。利息的存在能鼓励人们多储蓄，加速资本形成；提高就业水平，促进经济发展。

（2）利息能最有效地利用资本。如果社会利息率是既定的，利息率可将社会中的储蓄引导到最有利的投资场所，人们将把资本投向获利最多的部门，而获利最多的部门又是资本最能发挥作用的部门。此外，企业在支付利息的情况下，就要更节约、更有效地利用资本。

（3）利息能抑制过度投资，防止通货膨胀。当一个社会出现通货膨胀时，提高利息率可压抑对可贷资本的需求，抑制可贷资本的供给，从而制止通货膨胀。利息还可以限制过度需求，将资本的需求约束在一定的可行性限度内。

7.2.3 地租理论

1. 土地与地租的性质

经济学上的土地，泛指一切自然资源，其特点被描述为"原始的和不可毁灭的"。说它是原始的，因为它一般不能生产出来，说它不可毁灭，因为它在数量上不会减少。因而，我们一般都认为土地的供给是固定不变的，供给曲线是一条垂直的直线。

地租是土地这种生产要素的价格。它的产生首先在于土地自身具有生产力，这种生产力决定了土地具有以下 4 个特征：

① 土地本身的"天然报酬"，即土地的边际生产力是先天性的；
② 土地资源具有不可再生、数量有限、位置不变的特征，即土地的供给是不变的；
③ 土地的质量是不同的；
④ 土地的需求几乎是不可替代的。

由于土地和地租的特点，决定了地租的产生与归属是两个不同的问题。地租产生的原因是多方面的，是普遍存在的，而地租的归属则与土地的所有制性质相联系。所以，地租的形成与地租的决定是不一致的。

2. 地租与地租的决定

地租（rent）是土地使用者对使用土地所支付的价格，或者是土地所有者因出让土地使用权而收取的报酬。地租又可分为绝对地租和级差地租。

地租是由土地的需求和供给决定的。土地的需求曲线是向右下方倾斜的。这是因为地租取决于土地的边际生产力，土地的需求价格决定于它的边际生产力，也就是土地的边际收益。随着土地使用量的增加，在其他要素投入不变的情况下，土地的边际生产力会不断下降，从而导致土地的边际收益不断递减，故土地的需求曲线是向右下方倾斜的。土地的供给曲线前面已经讲过了，是一条与横轴垂直的直线，把土地的需求曲线和供给曲线结合在一起，就可以得出均衡的地租水平。如图 7-9 所示。图中，横轴表示土地的数量 N，纵轴表示地租 R，土地的需求曲线 D 与供给曲线 S 的交点 E_0 决定了地租水平为 R_0。

由于土地的供给是固定的，而随着经济的发展，对土地的需求量不断增加，这就导致了地租的不断攀升，如图 7-10 所示。图中，由于对土地需求的增加，使土地的需求曲线从 D_0 向上移到 D_1，则地租也就随之从 R_0 上涨到 R_1。

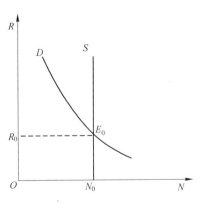

图 7-9 地租的决定

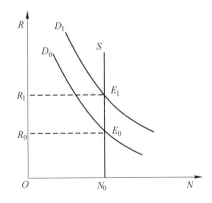

图 7-10 地租的变化

3. 地租与地价

与其他资产一样，土地也具有市场价格。地租是使用土地的报酬，租借者仅有使用权，地价则是购买土地的市场价格，购买者具有所有权。一般来说，地价与地租成正比，与市场利率成反比。其关系式为

$$土地的价格 = 地租/利率 \tag{7-1}$$

例如，假定利率为5%，每公顷土地的年地租为600元，那么每公顷土地的价格为：600/5% = 12 000（元）。

4. 级差地租与绝对地租

土地有肥瘠不同，矿藏有贫富之分，再加上地理位置、气候条件等不同，可以把它们分为不同等级。一般来说，对土地的利用，会根据产品需求的大小，自优至劣依次进行。产品的价格必须等于最劣土地的平均成本，否则没有人会去开发。由于最劣土地的平均成本等于市场价格，不会发生地租。这种不会发生地租的土地，叫边际土地。由于边际土地以上的土地平均成本较低，便能得到平均成本以外的剩余报酬。市场价格与边际土地以上土地平均成本之间的差额，就叫级差地租。

A、B、C为3块土地肥沃程度不同所缴纳的级差地租；D块土地的总收益 = 总成本，没有地租，为"边际土地"；E块土地的收益小于生产成本，不会被利用。见表7-2。

表7-2 级差地租

	产量/kg	产品单价/元	总产值/元	生产成本/元	级差地租/元
A	2 000	2	4 000	2 000	2 000
B	1 800	2	3 600	2 000	1 600
C	1 500	2	3 000	2 000	1 000
D	1 000	2	2 000	2 000	0
E	800	2	1 600	2 000	-400

由于对产品的需求有增无减，边际土地以下更劣的土地也被迫利用。当可耕土地全部利用以后，边际土地便脱离边际状态，任何土地都会发生地租。特别是在土地被私人占有以后，任何土地一经利用，地主便会索取地租，这个地租也就会成为产品价格的构成部分。这种地租不是平均成本的差额产生的，叫绝对地租。由此可见，边际土地仅有绝对地租，没有级差地租，而边际土地以上的各级土地，则兼有绝对地租和级差地租。

5. 准地租与经济地租

在短期内，工厂、机器及其他耐久性设备固定性很强，不易从这个产业转往其他产业，类似土地。厂商利用这些较好的固定要素，以较低的平均成本进行生产，取得较大的经济利润，也类似地租。这种厂商的总收益与其变动成本的差额，即固定要素的报酬。由于这些要素只是在短期内暂时固定，所以它们的报酬叫准地租（quasi rent）。如图7-11所示。图

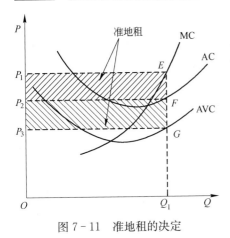

图 7-11 准地租的决定

中,如果市场价格为 P_1,厂商生产 Q_1 产量,其总收益为四边形 OP_1EQ_1 的面积,总可变成本为四边形 OP_3GQ_1 的面积。总收益与总可变成本的差额四边形 P_3P_1EG 的面积便是厂商所取得的准地租,它是给固定要素的报酬。这个准地租可分为两部分:固定要素的机会成本四边形 P_3P_2FG 的面积;固定要素用于现产业而不用于最优替代用途获得的经济利润四边形 P_2P_1EF 的面积。

在长期中,一切要素都是可变的。因此,要使这些固定要素继续留在这个行业,必须使它们的经济利润超过转移到其他产业的最大经济利润。这个经济利润的差额,称为经济地租(economic rent)。显然,当经济地租大于零时,这些固定要素会继续留在这个行业;若经济地租小于零,这些固定要素将转向其他产业。

由此可见,经济地租属于长期分析,而准地租属于短期分析。经济地租是对某些特定要素来说的,而经济利润是对整个厂商来说的。厂商存在经济利润,并不意味着其要素也存在经济地租。一种要素在短期中存在准地租,也不意味着长期中存在经济利润。

6. 寻租行为

寻租行为(rent seeking)指人们以各种方式争取获得经济租金和准租金的行为。

在发达的市场经济中,寻租行为的典型表现为垄断企业人为地减产提价,以增加企业的准租金。但是从长期来看,准租金和高价可能吸引其他企业进入该行业。所以垄断企业的寻租行为往往涉及政治行为,如通过贿赂等手段获取特许权。

在发展中国家的市场经济中,寻租行为比较普遍,这与行政权力较大、法律不够完善、缺乏制衡机制和市场不发达有关。例如,为了保护民族产业,一些发展中国家实行进口配额制,即规定进口商品的最高限额。进口配额造成国内市场价格高于国际市场价格,这种额外收益是一种经济租金,可能诱使一些商人以贿赂手段获得进口额度。

📖 **课外阅读**

权力寻租的根源与破解

为什么个别官员热衷于与开发商做"朋友",为什么土地违法问题愈演愈烈,屡禁不止?其实,只要存在权力寻租的土壤或空间,腐败就会如同割了一茬又一茬的野草疯狂地滋长,这在房地产市场得到了明显验证。本来开发商与城建官员之间就存在一种"共生"现象,开发商既是个别城建官员的"政绩推动者",又是诱导其腐败的"麻烦制造者"。而当双方臭味相投时,往往会结成"利益联盟",土地开发由此成为腐败高发地带。个别官员冒着犯罪的危险也愿意为开发商"两肋插刀"的背后,有着深刻的根源。

政府承担双重角色：层级制的行政管理结构使得权力缺乏约束。

在一定程度上，政府承担双重角色。一方面，政府作为公共利益的代表者，制定政策，调控经济活动，充当裁判员。政府掌握了基础设施、工业、房地产等项目的审批权，这些项目的建设都需要土地，一些不法开发商想要获得低价土地，就向个别抵挡不住诱惑的政府官员寻租。另一方面，政府又掌握数量庞大的资源，直接作为一个主体参与经济活动，充当运动员的角色。各个地方政府都肩负着发展本地经济的重任，中央在对地方政府官员的政绩考核中，GDP是最关键的指标，这加剧了他们经营土地的冲动。因为他们只有获得土地，才能用它来招商引资、兴办工业园区、进行基础设施建设。在这些活动中，土地资源的定价权掌握在相关官员手中。即便是土地公开招标拍卖，也无法完全克服其中的利益输送。个别地方党政部门齐上阵的直接招商引资行为，更容易加剧土地违法和腐败行为遏制的难度。

另外，层级制的行政管理结构，使地方政府一把手和分管土地的直接领导权力过大，缺乏监督和制衡机制。我国的土地主管部门是各级国土部门，但国土部门是政府的一个下属部门。国土局长要受分管副市长的领导，分管副市长又要受市长和书记的领导。分管副市长、市长和书记如果绕过国土局长直接批地或干预土地交易，国土部门是很难有效约束的，纪检、监察等部门在查处时也会遇到困难和阻力。因土地腐败而落马的高官，基本上都是分管土地、城建或重大建设项目的副市长、区长。权力不受约束，自然导致腐败。

对策：把土地资源配置权力交给市场、法律和制度。

要破解官员与开发商的"合谋"，从根本上扭转这种局面，还必须多管齐下，从体制、法制和机制入手，同时引入和完善外部监督，把土地资源配置权力交给市场、法律和制度。对此提出一些建议。

要斩断政府官员伸向土地的揩油之手。首先要减少政府对微观经济活动的干预，特别要从根本上改变个别地方政府利用土地聚财、敛财、生财的行为，取缔土地财政，国有土地出让金一律纳入财政预算。建立官员的财产、收入申报制度，对于超出法定收入以上的部分和消费，除非能够说明来源，否则一律确定为非法所得。

改革征地制度，严格划定公共利益的边界。严格规定征地程序，即使是公益性征地，也要提高公共利益征地补偿标准，对被征地农民给予合理公平的补偿，使农民分享到工业化、城市化的成果。

强化对土地管理部门和政府主要领导的监管和约束。简单的道德说教是不行的，必须在机制上引入各种社会力量（特别是群众和新闻媒体）来监督官员的权力，加强土地交易的透明性。规范土地招拍挂出让程序，明确交易规则，完善市场运作。

改变中央和地方的利益分配格局。使中央政府与地方政府各自的事权和财权相对应，扭转地方政府借地生财的内在动力。改革现行分税体制,对现行共享税的分配比例进行重新划分,适度提高地方政府(增值税等税种)的分享比例。

(资料来源:人民论坛. 蔡继明. 清华大学政治经济学研究中心主任、教授.)

7.2.4 利润理论

西方经济学家把利润分为正常利润和经济利润。

1. 正常利润

正常利润(normal profit)是企业家才能的报酬,它被包括在成本之中。在长期内,如果企业家得不到正常利润,他就会退出生产。正常利润的决定与工资类似,取决于"企业家才能"的供求关系。由于企业家在生产过程中起着很重要的作用,对企业家才能的需求量很大,又由于企业家才能是经过特殊训练和培养才获得的,其成本很高。所以,企业家才能的供求曲线的交点所决定的正常利润就会远远高于一般劳动者的工资。可以说,正常利润是一种特殊的工资,其特殊性就在于其数额远远高于一般劳动所得到的工资。

2. 经济利润

经济利润是指超过正常利润的那部分利润,又称超额利润(excess profit)或纯粹利润。它主要有3个来源。

1) 创新

西方经济学家认为,如果超额利润是创新的结果,就是一种正当的所得。

所谓创新,就是建立一种新的生产函数,即对生产要素和生产条件的一种新的组合。创新包括5种情况:第一,引入一种新产品;第二,采用一种新的生产方法;第三,开辟一个新市场;第四,获得了一种原料的新来源;第五,实行了一种新的企业组织形式(新的管理方法)。这5种形式的创新都可以产生超额利润。

创新是社会进步的动力。所以,创新所获得的超额利润,是对那些有远见有胆识的人们的奖励,是正当的,是社会进步必须付出的代价。一个社会能否进步,就在于有没有一批敢于创新的企业家。

2) 风险

风险是指投资者面临失败的可能性。企业家进行某种有可能失败的生产活动时,他面临着由于遭到失败而导致经济损失的可能性。在社会经济发展过程中,总需要有人去承担风险。由于承担风险而获得的经济利润,不过是社会为冒险活动所支付的保险费用。

 想一想

股票市场风险大,为什么还有那么多人炒股?

3) 垄断

由垄断而产生的利润又叫垄断利润，它既可以产生于卖方垄断，又可以产生于买方垄断。

卖方垄断也称垄断或专卖（monopoly），指对某种产品出售权的垄断。垄断者可以抬高销售价格以损害消费者的利益而获得超额利润。

买方垄断也称专买（monopsony），指对某种产品或生产要素购买权的垄断。在这种情况下，垄断者可以压低收购价格，以损害生产者或生产要素供给者的利益而获得超额利润。

垄断所引起的超额利润是垄断者对消费者、生产者或生产要素供给者的剥削，是不合理的。这种超额利润也是市场竞争不完全的结果。

3. 利润在经济中的作用

资本的根本动机是利润，这是一个毋庸置疑的问题。西方经济学家进一步认为，企业家不断地追求利润，在经济生活中是有其客观意义的，更进一步说，利润还是社会进步的动力。这是因为以下几点。

（1）正常利润作为企业家才能的报酬，是提高厂商经济效率的重要条件。它可以鼓励企业家更好地经营和管理企业，不断提高经济效益。

（2）经济利润是创新的动力，没有经济利润，也就不会有创新，也就没有对创新的模仿和普及。所以，由创新而产生的经济利润鼓励企业家不断大胆创新，这种创新有利于社会技术进步。

（3）经济利润使投资者愿意承担一定的风险，如果没有这种诱惑，具有风险性的产品就不会有人去生产。所以，由风险而产生的经济利润鼓励企业家勇于承担风险，从事有利于社会经济发展的风险事业。

（4）追求利润的目的使企业按社会的需要进行生产，努力降低成本，有效地利用资源，从而在整体上符合社会的利益。

（5）整个社会以利润来引导投资，使投资与资源的配置符合社会的需要。

7.2.5 收入分配平等程度的衡量

1. 洛伦茨曲线

洛伦茨曲线（Lorenz curve）是用来衡量社会收入分配（或财产分配）平均程度的曲线。如果把整个社会人口按收入的多少从低到高平均分为5挡，每挡人口均占全部人口的20%，然后再看每20%的人口的收入占总收入多少，即可比较出社会收入的差别。

洛伦茨曲线是由美国统计学家 M. O. 洛伦茨于1905年提出来的，旨在用以比较和分析一个国家在不同时代，或者与不同国家在同一时代的收入和财富的平等情况。具体做法是：首先按照经济中人们的收入由低到高的顺序排队，然后统计经济中收入最低的10%人群的总收入在整个经济的总收入中所占的比例，再统计经济中收入最低的20%的人群的总收入在整个经济的总收入中所占比例……以此类推。注意：这里的人口百分比和收入百分比在统计时都是累积百分比。将得到的人口累积百分比和收入累积百分比的统计数据投影在

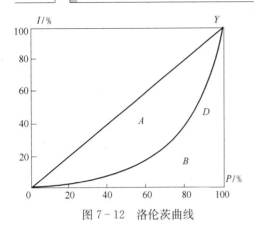

图 7-12 洛伦兹曲线

图 7-12 中，得到一系列的点，将这一系列的点用平滑的曲线连接得到一条曲线，就是图中的 ODY 曲线，这条曲线就称为洛伦兹曲线。

洛伦兹曲线就是反映收入分配平均程度的曲线。图 7-12 中，OI 表示国民收入百分比，OP 表示人口百分比，连接两对角线的直线，是绝对平等曲线，因为该线上的任何一点到纵坐标和横坐标的距离都是相等的。对角线上的任何一点都表示：总人口中每一定百分比的人口所拥有的收入，在总收入中也占相同的百分比。如果社会收入是按这种情况分配的，那就说明社会收入分配是绝对平均的。

在图 7-12 中，OPY 线是绝对不平等线，这条线表示社会的全部收入都被一人所占有，其余人的收入都是零。

在图 7-12 中，介于上述两个极端之间的曲线则是实际收入分配线，即洛伦兹曲线。在这条曲线上，除了起点（O 点）与终点（Y 点）以外，任何一点到坐标两轴间的距离都不相等。每一点都表明：占总人口一定百分比的人口拥有的收入在总收入中所占的百分比。

从洛伦兹曲线的形状可以看出：实际收入分配线越靠近对角线，则表示社会收入分配越接近平均；反之，实际收入分配线越远离对角线，则表示社会收入分配越不平均。

2. 基尼系数

基尼系数是由 20 世纪意大利经济学家基尼（C. Gini）首次采用的。他根据洛伦兹曲线找出了判断收入分配平均程度的指标，这个指标被称为"基尼系数"（Gini coefficient），也称为"洛伦兹系数"。

在图 7-12 中，A 表示实际收入分配曲线与绝对平均曲线之间的面积；B 表示实际收入分配曲线与绝对不平均曲线之间的面积，则

$$基尼系数 = A/(A+B) \tag{7-2}$$

① 如果 $A=0$，基尼系数 $=0$，则表示收入绝对平均；
② 如果 $B=0$，基尼系数 $=1$，则表示收入绝对不平均。

可见，事实上基尼系数在 0 和 1 之间。基尼系数数值越小，越接近于收入平均；基尼系数数值越大，则收入越不平均。

基尼系数被西方经济学家普遍公认为一种反映收入分配平等程度的方法，也被现代国际组织（如联合国）作为衡量各国收入分配的一个尺度。按国际上通用的标准，基尼系数小于 0.2 表示绝对平均，0.2～0.3 表示比较平均，0.3～0.4 表示基本合理，0.4～0.5 表示差距较大，0.5 以上表示收入差距悬殊。

基尼系数具有广泛的用途，它不仅可以显示国家间、各种社会集团和阶级之间的收入分

配平均程度，而且可以反映财产、住房等其他项目的分配平均化程度。

3. 洛伦茨曲线和基尼系数的运用

运用洛伦茨曲线与基尼系数可以对各国收入分配的平均程度进行对比，也可以对各种政策的收入效应进行比较。作为一种分析工具，洛伦茨曲线与基尼系数是很有用的。

在图 7-12 中，0AY、0BY、0DY 3 条洛伦茨曲线分别代表收入分配的不同平均程度。如果这 3 条曲线分别表示的是 A、B、D 3 个国家的收入分配状况，则 A 国的收入分配最平均，B 国最不平均，D 国介于二者之间。如果这 3 条曲线分别表示一国在不同时期的收入分配状况，例如，0AY 为最近时期的洛伦茨曲线，0BY 为最早时期的洛伦茨曲线，则该国收入分配呈现出日益均等化的趋势。

课外阅读

人民大学教授郑功成：辩证看待基尼系数

我国收入差距逐步扩大，基尼系数达到了 0.46 以上。记者就此采访了全国人大常委会委员、中国人民大学教授郑功成。

基尼系数是衡量一个国家或地区贫富差距、收入差距的重要指标，从 0～1 代表着物质财富分配的公平程度，各国的情形通常在 0.2～0.8 之间，其中 0.4 是国际公认的警戒线。改革开放以来，我国在国民经济持续高速增长的同时，收入差距也在持续逐步拉大，基尼系数达到了 0.46 甚至更高。如何看待这种现象？对基尼系数现状，应采取哪些应对措施？

1. 不能因基尼系数比较高，就认定贫富差距、收入差距已十分严重

记者：贫富差距是社会普遍关注的一种现象，请问您的基本看法是什么？

郑功成：我认为对中国的贫富差距需要运用辩证法，我主张用历史的眼光来看待今天中国的基尼系数，从发展的视角来解决今天中国的贫富差距问题。

今年 10 月上旬我出席中欧论坛并与欧洲反贫困联盟主席一起负责"贫富差距与和谐社会"分论坛，我阐述了 3 个观点。一是中国的贫富差距是一种客观社会现象，但它首先是中国社会发展进步的标志，因为财富不可能一夜之间从天上掉下来，共同贫穷不可能直接过渡到共同富裕，只有越来越多的人通过财富的持续积累进入富裕阶层，才能真正向共同富裕迈进。二是中国的贫富差距问题确实需要引起政府与社会的高度关注并加以调节，因为差距的持续扩大不利于中国的健康持续发展，又确实有制度安排与政策措施上的不当影响。三是维护公平正义和实现共享发展成果已经成为党和政府的基本价值取向，国家在调节收入分配方面正在采取多项措施，这一问题是可以逐步缓和并合理解决的。

记者：如何看待当前我国基尼系数逐步扩大的事实？造成收入差距拉大的原因有哪些？

郑功成：虽然我国的基尼系数比较高，但还不能因此而认定贫富差距已经十分严重甚至可怕，因为国家持续处于发展上升期的格局没有改变，绝大多数城乡居民在国家发展中获得越来越多实惠的格局没有改变。

我国的贫富差距主要表现在收入差距扩大，包括城乡居民收入差距拉大，东、中、西部地区居民收入差距过大，高低收入群体差距悬殊等。这是多重因素综合影响的结果。特别是城乡之间，东、中、西部地区之间的差距，包括了传统户籍制度限制、教育及社会保障、公共卫生资源配置差距等多重深层次差距。改革开放初期选择的渐进改革、区域倾斜、递次开放策略，也在一定程度上拉大了城乡与地区之间的差距。初次分配中的格局失衡、制度失范与长期鼓励部分人先富起来的政策取向，亦不可避免地造成了国民财富分配的失衡与不公现象。而包括公共资源与社会保障在内的再分配手段又未能够起到应有的调节财富分配的作用。

2. 调节收入分配格局并非简单的"劫富济贫"，而是基于社会公平与分配正义

记者：在经济发展过程中，如何才能做到兼顾公平和效率？

郑功成：我不赞成将公平与效率对立起来。追求公平应当是国家发展的目标，而保持效率则是实现这一目标的必需手段。总体思路是必须放弃现实中仅靠劳工成本低、弱化国民福利权益来维护高投资、高能耗、高污染的落后经济增长格局，代之以既有效率又有公平还能持续的发展格局。为此，国家需要通过财税制度的调整、产业结构的升级、增长方式的转变和人力资源的优化配置来继续保持甚至提高经济效益；同时确保初次分配符合法定的、公共伦理的正义底线，再分配符合公平、均衡、共享的法则。

记者：对基尼系数偏大的现状，应采取哪些应对措施？

郑功成：我认为应当在规范财富分配的同时加大对收入分配的调节力度。规范收入分配秩序是基础，只有让劳动者获得合理的报酬，让高收入者承担起法定的义务，让低收入者获得相应补偿，才能维护起码的社会分配正义。调整收入分配格局包括完善税收制度、确立劳动者薪酬在初次分配中的正常增长机制、节制高收入者的收入尤其是畸形收入等。

特别需要强调的是，调节收入分配格局并非是简单的"劫富济贫"，而是基于社会公平与分配正义，因为单赢的格局不可持续，多赢的格局才能持续发展，只能通过共享发展成果才能实现社会和谐与整个社会文明的进步。

资料来源：杜海涛. 人民日报.

复习与思考题

一、名词解释

边际产品价值　边际要素成本　准地租　经济地租　洛伦茨曲线　基尼系数

二、单项选择题

1. 生产要素的需求是一种（　　）。
   A. 联合需求　　　　　　　　B. 引致需求
   C. 最终产品需求　　　　　　D. A、B 两者

2. 要素市场利润最大化的原则是（　　）。
   A. 边际收益等于边际成本
   B. 边际销售收入产出等于要素的边际成本
   C. 边际产品等于边际成本
   D. 边际收益等于要素的价格

3. 在完全竞争条件下，如果产品价格提高了，要素市场需求曲线将会（　　）。
   A. 向左下方移动　　　　　　B. 向右上方移动
   C. 不变　　　　　　　　　　D. 沿原曲线移动

4. 不完全竞争的产品市场中厂商对生产要素的需求曲线向右下方倾斜的原因是（　　）。
   A. 要素生产的产品的边际收益 MR 递减
   B. 要素的边际收益产量 MP 递减
   C. 要素参加生产的规模报酬递减
   D. A 和 B

5. 边际收益是指（　　）。
   A. 增加一单位产量所导致的总产量的增加量
   B. 增加一单位某投入要素引起的总成本增加量
   C. 增加一单位产品所引起的总收益的增加量
   D. 增加一单位某投入要素引起的总收益的增加量

6. 完全竞争产品市场与不完全竞争产品市场两种条件下的生产要素需求曲线相比较（　　）。
   A. 前者与后者重合　　　　　B. 前者比后者陡峭
   C. 前者比后者平坦　　　　　D. 无法确定

7. 单个劳动者的劳动供给曲线（　　）。
   A. 向前弯曲　　　　　　　　B. 向后弯曲
   C. 并不弯曲　　　　　　　　D. 垂直

8. 短期内固定不变的资源或生产要素所获得的收益是（　　）。
   A. 租金　　　　　　　　　　B. 地租率
   C. 准租金　　　　　　　　　D. 利息率

9. 基尼系数的增大表明（　　）。
   A. 收入不均程度的增加　　　B. 收入不均程度的减少
   C. 洛伦茨曲线与横轴重合　　D. 洛伦茨曲线与纵轴重合

10. 完全竞争厂商增加一个单位资本所获得的收益的增加量是（　　）。
    A. 资本的边际产量　　　　　　　B. 资本的边际成本
    C. 资本所生产产品的边际效用　　D. 资本的边际产量价值

三、简答题

1. 生产要素的需求有何特点？
2. 工资如何影响劳动供给？为什么劳动供给曲线向后弯曲？
3. 洛伦茨曲线和基尼系数是如何体现收入分配的平等程度的？
4. 试述地租形成的原因。

四、案例分析题

全球 26 名顶级富豪财富等于 38 亿穷人资产

【环球时报驻美国特约记者　杨宏彦　环球时报特约记者　郝树华】世界 26 名顶级富豪，掌握着全球 38 亿人的财富！全球发展与救援组织联盟"乐施会"上周末发布最新报告，警示全球贫富鸿沟日益弥深，2018 年仍然是"穷人愈穷、富人愈富"的一年，这种大趋势不仅不利于全球反贫困事业的推进，还将破坏经济发展、加剧社会矛盾。在该组织看来，现存的财富分配体系是造成这种严重不公平性的主要原因，各国政府难辞其咎。有媒体称，乐施会选择在 2019 年达沃斯论坛召开的前两日发布这份报告，也是希望能引起全球政商界领袖的重视、推动"向巨富增税"的相关讨论。但这份报告也招来了不少批评声音，被认为"观点片面"。

英国《卫报》21 日报道称，乐施会在 20 日发布的最新报告——《公众福祉还是私人财富？》中披露了一组惊人的数字：在 2008 年金融危机过后的 10 年，世界上的亿万富豪人数翻倍；全球 2 200 名"十亿级"富豪在过去的一年总体增加了 9 000 亿美元的巨额财富，相当于平均每天增收 25 亿美元。与此同时，全球仍有 34 亿人在贫困线上苦苦挣扎，这个庞大人群的日均开销在 5.5 美元以下，整体财富不升反降。顶级富豪与芸芸众生之间的差距有多大？报告指出，世界上最有钱的 26 个人所掌握的财富，约等于全球 38 亿贫困人口全部家底的总和。以全球首富贝索斯为例，这位亚马逊的掌门人只需割舍 1% 的个人财富，就能撑起埃塞俄比亚全国的公共卫生支出。

财富分配不均所造成的表象在各国大同小异。以美国为例，特朗普政府于 2017 年进行的税制改革被舆论广泛斥责——"摆明了就是为那 1% 的人所服务"。

智库机构华盛顿政策研究所此前也在一份报告中指出，美国最有钱的 400 名富豪所掌握的财富比全国的非裔家庭加在一起还要多。此外，该国的社会流动性呈明显下降趋势。在新西兰，5% 的精英阶层所掌握的财富要高于"底层的 90%"，该国女性和毛利少数族裔备受打压。在巴西与英国，经济生活中处于最底层的 10%，反而要比该国最有钱的 10% 承担更高比例的税率。印度的基尼系数从 2008 年的 0.81 升至 2018 年的 0.85，两极分化的趋势已是愈演愈烈。

财富差异的悬殊，无疑加剧了社会阶层间的对立。有媒体认为，肆虐法国的"黄背心"

运动及美国"激进派"民主党人科特兹的成功当选,均为不同阶层高度对立所产生的结果。而在国际社会,发达国家也未能有效履行援助义务、帮助第三世界国家应对贫困,国家间和区域性的贫富差距仍然显著。

美国《赫芬邮报》称,"征税不公"是乐施会报告中所提到的最核心症结之一。以所得税为例,发达国家的平均征税比例从20世纪70年代的62%,一路降至2013年的38%。乐施会认为,多国政府在全球加剧的不平等性背后扮演了"推手"角色——他们一方面对富豪阶层"征税不足",另一方面却又在不断削减涉及民生大计的公共开支,譬如在教育与医疗领域的投入。报告原文称:"就在超级富豪和大型企业享受着数十年最低税率的同时,普罗众生却在承担着巨大的代价——学校缺育人之师,医院无救人之药。"

美国全国广播公司财经频道(CNBC)称,乐施会在这份报告中极力呼吁进行"全球性的税制改革",认为只要给全球1%的富豪阶层增税0.5%,理论上就能让2.6亿失学儿童重返校园,还能为全球330万名患者带来一线生机。乐施会政策部门主管斯宾塞表示,世界上的财富足以为每个人提供公平、体面的人生际遇,只要各国政府确保富人和企业公平纳税、并将税金有效投入到公共服务领域。

乐施会甚至倡议,各国应以新型的"人性经济体系"取代现有经济制度,特别是对税收体系进行全面改革、重拳打击避税现象,有效增加财政收入。然而,这种上升到对"体制"批评的论调,为该组织招来了尖锐的批评声音。不少反对者认为,该组织过度否定了资本主义制度——它毕竟曾带领数以十亿计的世界人口脱离了极度贫困。还有不少网络舆论指出,主张"劫富济贫、抱怨权贵",是该组织持续多年的"一贯套路"。对此,奥布莱恩曾回应称,乐施会从不反对公平有序的机制,而是反对体制中被"扭曲"的部分——少数人掌控着巨大的权力与资源,令多数人被最基本的社会服务拒之门外。

来源:环球时报.

【问题思考】
1. 基尼系数过大带来了哪些影响?
2. 目前我国的个人所得税改革,对我国基尼系数有影响吗?

第 8 章

市场失灵与微观经济政策

【教学目标】

本章围绕西方经济学市场调节机制失灵的含义和原因分析,来介绍政府在经济活动中的职能和微观经济政策的目标。本章是微观经济学与宏观经济学的过渡章节。通过本章的学习,可加深对微观经济学的理解,并对宏观经济学的研究问题有一个初步认识,具有承上启下的作用。

关键词

市场失灵(market failures)
垄断(monopoly)
公共选择(public choice)
科斯定理(coase theorem)
公共物品(public goods)
外部性(external effects)
非对称信息(asymmetric information)

【案例导入】

我国的伏季休渔制度

伏季休渔,是经国家有关部门批准、由渔业行政主管部门组织实施的保护渔业资源的一种制度。它规定某些地区在每年的一定时间、一定水域不得从事捕捞作业。因该制度所确定的休渔时间处于每年的三伏季节,所以又称伏季休渔。

我国自 1995 年开始,在东海、黄海、渤海海域实行全面伏季休渔制度。东海海域通过几年的休渔,有效地保护了以带鱼为主的主要海洋经济鱼类资源。根据农渔发〔1999〕2 号文件的规定,从 1999 年开始,南海海域也开始实施伏季休渔制度。也就是说,到目前为止,我国在黄海、渤海、东海、南海海域都实行了全面的伏季休渔制度。

渔业资源是可再生的资源，但由于产权不明晰，大多数渔民可以无限制地进入捕鱼区，因此就出现了共有资源问题——捕捞强度超过资源的再生能力，渔业资源的开发利用已呈现过度状态，渔业资源严重衰退，主要经济鱼类资源大量减少。过度捕捞使得渔业资源下降到大大低于有效水平，海洋渔业出现效益下降、渔船停产、渔民收入下降，这已成为影响渔区经济发展和社会安定的不利因素。

为了保护渔业资源和渔民的长远利益，多年来，各级人民政府和渔业行政主管部门采取了许多保护渔业资源的措施，如建立禁渔区和禁渔期、控制捕捞强度、进行作业结构调整等。应该肯定，这些措施对于保护渔业资源发挥了重要的作用。但是，由于多种原因，上述有关措施的执行效果并不理想。

从我国的国情看，伏季休渔制度是当前一项重要的、有效的保护渔业资源的措施。可以说伏季休渔有利于渔业资源的保护和恢复，有利于渔业生态的改善，有利于渔民的长远利益，有利于促进渔业的持续、稳定、健康发展。

【问题思考】
(1) 我国为什么要实行伏季休渔制度？其经济学理论基础是什么？
(2) 哪些因素可能阻碍市场有效利用稀缺的自然资源？

微观经济学认为，完全竞争的市场机制可以使市场经济处于最佳状态。但现实的经济实践表明，完全自由的市场调节并不能解决所有的经济问题，市场机制不是万能的，市场调节会出现失灵，使资源配置的效率低下。像上面案例中提到的我国渔业资源的例子，如果完全由市场调节，就可能造成渔业资源的枯竭，严重情况下，可能造成渔业生产的崩溃。这就需要政府、政策和法律同时参与市场调节，以弥补市场缺陷。其表现为政府对经济活动的直接干预、政策的间接作用，如税收、补贴和公共开支等影响人们的选择，法律对企业行为和个人行为的约束等。这就是微观经济政策。

8.1 市场失灵

8.1.1 市场失灵的含义

市场失灵（market failures）又被称为市场障碍、市场失效、市场缺陷等。市场失灵从现象上可归纳理解为：由市场缺陷造成的市场运作失误、出现偏差，使社会资源配置出现低效率。

亚当·斯密认为，人们追求私人利益最大化的行为，在市场机制这只看不见的手的引导之下，能够形成资源的合理配置，极大地增加社会福利。实际上，市场机制在资源的配置上存在一定缺陷。萨缪尔森指出，"市场效率有两大限制：市场失灵和不能被接受的收入分配。"市场失灵——市场机制本身在某些场合下并不能形成资源有效配置的结果。不能接受的收入分配——即使市场是有效率的，它也可能带来社会所不能接受的收入分配结果——贫富悬殊。广义的市场失灵将不能接受的收入分配也包括在内。

在市场经济的社会中,价格是主要的调节杠杆和分配机制。价格像一只看不见的手,引导消费者挑选彼此可以替代的商品,从而获得最大效用,也引导生产者生产不同商品以获得最大利润,社会资源就是通过这个过程在不同行业、不同商品之间进行分配的,使社会进入理想的状态。

那么这一过程是如何实现的?我们考察一下完全竞争市场的均衡价格,完全竞争市场的均衡价格实际上包含两方面的意思:在需求方面,均衡价格反映了消费者对多购买一单位商品所作的边际估价(实际上也就成为生产者实现的边际收益);在供给方面,它反映了生产者多生产一单位商品所耗费的边际成本。当市场竞争能发挥调节作用时,均衡价格不但使需求量等于供给量,而且使一件商品的边际估价等于边际成本。因此,在正常情况下,通过市场价格的自发调节,所有市场的边际成本都能等于边际收益,这样就完全可以实现资源最佳配置。因为所有资源的边际社会收益与边际社会成本相等,是使社会资源配置效率达到最大的一个必要条件。如果在某个地方,资源的边际社会收益大于边际社会成本,则意味着在该处配置的资源太少,应当增加。因为在这种情况下,增加一单位资源使社会增加的收益要大于使社会增加的成本。反之,如果在某个地方,资源的边际社会成本大于边际社会收益,则意味着在该处配置的资源过多,应当减少。由此可见,只有在边际社会收益和边际社会成本恰好相等时,资源配置才能够达到最优状态。也即前面分析的,完全竞争的均衡必须满足 $P=AR=MR=MC$ 的条件。

在现实市场经济中,虽然价格能促使市场调节商品的供给量和需求量,但是会出现价格并不等于商品的边际成本,高于平均成本最低点,高于完全竞争条件下的均衡价格,而均衡数量也少于完全竞争条件下的均衡数量。如在垄断和寡头市场中的价格和产量。于是市场出现了价格扭曲现象和垄断产业的产量过少,这就是典型的"市场失灵"。西方经济学在这一意义上,市场失灵可定义为:市场价格既不等于该商品的边际社会收益,又不等于该商品的边际社会成本。

课外阅读

公地的悲剧

1968年,一位名叫哈丁的人,在《科学》杂志上发表了一篇有名的文章《公地的悲剧》。他在文中写道:有这样一个乡村,村里有一块公共土地,村民们在这块公地上自由自在地放牧奶牛。现在的问题是:在这块公地上放牧的奶牛数量会不会是最优的?

哈丁的答案是:如果放任村民们自由地不受任何限制地在公共牧场上免费放牧,则每一个理性的放牧者都会在这块公地上尽可能多地放养奶牛,结果,实际的奶牛放牧量就将大大地超过它的最优水平。最后,公地的草场将由于长期的超载放牧而不断地被破坏、被损坏,日益凋零和衰落下去。这就是所谓的"公地的悲剧"。

> 之所以会有这样的结果，是因为每个个人在决定增加自己的奶牛数量的时候，他仅仅是把他个人所可能得到的收益与奶牛的成本相比较，而忽略了这样一个事实，即他所增加的奶牛将使得村子里所有其他人的奶牛的产量和收益均下降。也就是说，他忽略了他增加自己奶牛数量的社会代价。由于每个个人都忽略他个人行为的社会代价，因此，在缺乏限制的自由放牧的情况下，社会成本就远远超过了社会收益。结果就是：公地上的奶牛放牧量变得太多。在这种情况下，市场机制这只"看不见的手"就失灵了。

【启发思考】

为什么会出现"公地的悲剧"？结合引导案例谈谈你自己的看法。

8.1.2 市场失灵的原因

市场机制不是万能的，市场出现失灵已被人们所公认。这其中的原因很多，从市场本身而言，主要表现为市场的局限性、不完全性和不完善性。

1. 市场机制的功能和作用有局限性

这表现为在具备所有理想条件和市场机制能够充分发挥作用的情况下，市场对某些经济活动仍然无能为力。如人们对公用物品的享用、外部经济效果的存在等这类经济现象，市场机制作用不大。由于市场作用极限的存在，其作用范围在客观上受到限制，这就决定了市场失灵的存在。这是市场仅依靠自身而完全无法克服的固有属性和现实。

2. 市场的不完全性

在西方经济学论述中，假定市场都是完全竞争市场，市场调整资源配置终将达到最优状态。但现实经济生活中的市场有偏差，不是完全竞争市场。这就破坏了市场充分发挥作用的必要前提，资源配置偏离最优状态，出现市场失灵。由不完全性产生的市场失灵也称为市场缺陷。西方经济学家认为，造成市场不完全性的主要原因有：一是完全竞争市场条件过于理想，现实市场根本不能具备和达到要求条件；二是现实经济市场随着社会化商品经济的不断发展，远离了完全竞争市场，破坏完全竞争市场所要求的条件，造成了市场的不完全性。

3. 市场本身的不完善性

这主要表现为：一是市场还不够发达；二是市场在运行中出现功能障碍。

市场不发达必然使市场不能有效发挥作用，从而出现失灵。市场不发达的原因主要是经济发展水平低，社会化、商品化、货币化不发达。

市场在运行中出现功能障碍的情况有企业相互勾结形成垄断、企业用不正当手段牟取暴利，破坏经济秩序。在这种情况下，政府要制定和实施反垄断政策。

> **课堂讨论**
>
> 列举几种市场失灵的实例。为什么经济学家把这些市场失灵看作政府干预的理由?

8.1.3 非对称信息与市场失灵

本书在前面各章对各种经济活动的分析及上面对市场失灵的剖析中,都假设所有的消费者和所有的生产者都拥有完全信息。这意味着经济活动的参与者不仅知道自身的偏好、生产技术,而且对商品的价格、特性及市场供求等因素具有完全的了解。然而,在现实经济活动中,存在着经济活动的某些当事人比别的当事人知道的信息更多,即存在信息不对称情况。例如,在要素市场上,雇员比雇主更了解自身的技术和生产能力;在商品市场上,卖方比买方更了解商品的质量和性能等。由于这些现象的存在,市场运行的结果有可能出现市场失灵。随着信息在经济活动中的作用日渐突出,非对称信息(asymmetric information)也成为市场失灵的一个重要原因。下面就非对称信息导致的逆向选择、道德风险和委托—代理问题的市场失灵进行分析。

1. 逆向选择与次品市场

逆向选择是指在买卖双方信息不对称情况下,差的商品总是将好的商品驱逐出市场。当交易双方的一方对交易可能出现的风险状况比另一方知道得更多时,就会出现逆向选择。

次品市场就是一个信息不对称出现逆向选择导致市场失灵的例子,下面以旧车市场为例进行说明。

在旧车市场中,总是次品充斥市场,美国经济学家阿克洛夫对这一情况作了理论分析。下面我们对这一模型进行简要说明。在生活中我们会发现旧车的价格要比新车的价格低得多,假定某人以10万元买了一辆新车,使用6个月后,在车辆运行良好时,基于与这辆车性能无关的原因,想卖掉。这时,他在旧车市场上发现,这辆车最多只能卖到7万元。车主感到很痛心,不愿出售。这种情况的出现主要是由于在旧车市场上对旧车的质量存在非对称信息,即旧车的卖主对车的了解比旧车未来的买主多得多。假定旧车市场上有两种旧车,一种是高质量的,另一种是低质量的。如果高质量车的市场价格是9万元,低质量车的市场价格是5万元,两种车的销售数量相同。在旧车市场上我们假设质量是不可观察的,即卖主知道车的质量,而买主不知道车的质量。起初,买主可能会想到他们买到高质量车的概率是50%,那么买主由于无法得知旧车质量,都认为是中等质量的。在这种情况下,每位买主对购车所愿意支付的价格为7万元。这时我们来看一下,哪一个卖主愿意以7万元出售他的旧车呢?当然是那些拥有低质量旧车的人。当消费者开始明白,在7万元的价格水平下,绝大多数都是低质量旧车时,他们所愿意支付的价格就会降低,价格的降低使旧车组合进一步向低质量转移。最终造成次品充斥市场,低质量车全部卖完。显然,因非对称信息而导致的旧车市场最终均衡从社会角度看是无效率的,使市场失灵。

课外阅读

> **信息非对称——买的不如卖的精**
>
> 俗话说"从南京到北京,买的不如卖的精",这其中的道理就是信息不对称。非对称信息,是指市场上买卖双方所掌握的信息是不对称的,一方掌握的信息多一点,另一方掌握的信息少一些。
>
> 中国古代有所谓"金玉其外,败絮其中"的故事,讲的是商人卖的货物表里不一,由此引喻某些人徒有其表。在商品中,有一大类商品是内外有别的,而且商品的内容很难在购买时加以检验。如瓶装的酒类,盒装的香烟,录音、录像带等。人们或者看不到商品包装内部的样子(如香烟、鸡蛋等),或者看得到、却无法用眼睛辨别产品质量的好坏(如录音、录像带)。显然,对于这类产品,买者和卖者了解的信息是不一样的。卖者比买者更清楚产品实际的质量情况。这时卖者很容易依仗买者对产品内部情况的不了解欺骗买者。如此看来,消费者的地位相当脆弱,对于掌握了"信息不对称"武器的骗子似乎毫无招架之术。
>
> 由于信息不对称,价格对经济的调节就会失灵。例如,某商品降价,消费者也未必增加购买,消费者还以为是假冒伪劣商品;某商品即使是假冒伪劣商品提高价格,消费者还以为只有真货价格才高。这就是市场失灵造成的市场的无效率。
>
> 为消除信息不对称对商家造成的不利影响,精明的商家想了很多办法。例如,在某大商场某一生产鸭绒制品的公司开设了一个透明车间,当场为顾客填充鸭绒被,消除了生产者和消费者之间的信息不对称。
>
> 资料来源:人民网.

【启发思考】
(1) 是什么原因造成了"买的不如卖的精"?
(2) 谈谈你在购物时对信息不对称的体会。

2. 道德风险

道德风险(moral hazard),也称为败德行为、道德公害,原指个人在获得保险公司的保险后,降低防范意识而采用更冒险的行为,使发生风险的概率增大的动机。其产生的原因是非对称信息。道德风险会破坏市场的运作,严重的情况下会使某些市场难以建立。

以汽车失窃险为例,在车主没有购买汽车失窃保险的情况下,车主通常会采取多种防范措施来防止汽车失窃。如给汽车加防盗锁、安装警报器、停放在配有保安措施的停车场等,因此汽车失窃的概率较小。如果车主一旦向保险公司购买了汽车失窃保险,由于汽车失窃后由保险公司负责赔偿,则个人有可能不再采取防范措施,从而导致汽车失窃的概率增大。

3. 委托－代理问题

所谓委托－代理问题，是指由于委托人不能确切了解代理人的行为，代理人可能追求他们自己的目标，而以牺牲委托人的利益为代价。

代理人是行为人，而委托人是受行为影响的一方。如企业内部就存在委托－代理问题，企业所有者是委托人，企业雇员，包括经理和工人都是代理人。委托人利润最大化的目标并非就是代理人的目标，代理人都有自己的目标。如经理可能追求企业规模的扩大和自身收入的提高，工人有可能追求工资收入的最大化，或者在收入水平一定情况下，追求闲暇最大化。

如果经理和工人的努力程度是可以观察和监督的，那么企业所有者可以采取一些措施制裁工人或经理的不努力行为，但实际上不管是工人还是经理，其努力程度都是难以观察的，而且如果想要加以监督，其成本很大，企业所有者不可能时时刻刻监督经理或工人的行为，也不可能知道他们是否百分之百地努力工作，只有经理和工人他们自己知道工作的努力程度，也就是说企业所有者与经理、工人所拥有的信息是不对称的，由于企业所有者、经理、工人的目标不同，并且所掌握的信息又不对称，就会产生委托－代理问题。

在完全自由竞争市场条件下，厂商生产是以获取最大利润为目标的，在这里厂商是单一的抽象体，即前面所说的企业。根据上述分析，可知厂商中存在委托人和代理人，他们的目标不同，必然使厂商生产偏离这一目标，其后果是社会资源达不到有效配置，从而出现市场失灵。

市场上只要有就业存在，并且一个人的利益取决于另一个人的行为，就必然有委托－代理关系存在。由于委托人和代理人的目标不同，所掌握的信息又不对称，其结果必然是社会资源配置效率受损。可见，委托－代理问题引起的市场失灵广泛存在于社会经济生活中。

【启发思考】对委托－代理问题你有什么好办法去解决？

8.2 微观经济政策

8.2.1 政府职能和微观经济政策目标

1. 政府职能

西方经济学家认为，政府的职能可以从不同的角度列出不同的种类。一般来说，可归纳为以下几点。

1）政府确定法律体制，进行直接管制

这是政府超越经济学范围的行政职能。要使经济运行正常，克服市场失灵，政府必须依赖于其各种强制权力，建立能够使市场机制有效发挥作用的经济环境。这表现在两个方面：一方面表现为通过制定各种法律和规章条例来直接规范经济行为，约束企业、金融机构和个人的经济活动，如企业法、贸易法、反垄断法、劳动法、食品和药品法、金融法规等；另一方面表现为政府作为执行者，维护和强制执行经济活动的规则，对违反者给予处罚，例如，对排污量超标的企业进行罚款。政府通过直接和间接手段创造出信任、理解和有安全保障的经济环境。

2）政府通过各项政策，保持经济稳定增长

保持经济稳定增长是政府第一个经济职能。由于市场机制失灵，资本主义经济周期波动起伏，经济发展必然出现不稳定。不稳定是市场失灵在宏观经济层次上的表现。这些市场经济内在具有的不稳定性表现为：经济衰退、失业、通货膨胀和滞胀等，国家必须采取旨在保持稳定的宏观调控政策，其目的是要预防、治理、减轻以至于消除宏观经济波动。政府为保持经济稳定增长所使用的政策主要是财政政策和货币政策。

3）影响资源配置，提高经济效率

社会资源配置无效率是市场失灵的一个重要表现，政府的第二个经济职能是补充市场机制，来解决市场无力解决的问题，消除其局限性，协助社会得到它所需要的资源配置。这个经济职能包括两方面：提供公共产品的社会消费和限制垄断力量。

（1）提供公共产品的社会消费。如果按照市场经济追求利润最大化的原则，对于一些具有外在效益的公共产品，如社会发展所要求提供的基础设施、公用事业、科教文卫、国防安全、生态环境等社会性服务事业，私人企业是不愿意承担的，在这里市场不能有效发挥作用，需要政府代替市场出面干预和调节，来保证这些部门的资源得到合理有效的配置。另外，如自然垄断部门、重要的主导产业或支柱产业、风险大的高科技产业等，必须由政府经营或扶植，实现社会福利最大化的目标。

（2）限制垄断力量。垄断是导致无效率的一个原因。垄断的出现破坏了自由竞争，妨碍了市场机制最大限度地发挥有效的调节作用。限制垄断是政府为了弥补市场机制的缺陷，消除阻碍市场发生作用的因素而采取的干预和调节政策。

为了消除垄断势力的不良影响，保护自由竞争，政府主要采用了颁布反垄断法案、对抗和政府管制等手段。

4）政府调整收入再分配，促进社会公平

市场机制调节作用在促进经济效率提高的同时，造成了收入分配不均等，导致贫富差距悬殊，也带来了严重的社会和经济问题。多数西方经济学家认为经济发展应兼顾资源配置效率和社会公平。政府的第三个经济职能就是进行收入再分配，促进社会公平。为达到社会公平，政府通过税收补贴政策和转移支付等方式，例如，通过征收所得税、遗产税、向穷人提供食品券、低价公共住房和医疗照顾，实行义务教育，发放失业救济、伤残补助及未成年家庭补贴等，进行收入的再分配，避免贫富差距扩大，在一定程度上缓和收入不均等的状况。

2. 微观经济目标

政府干预和调节经济活动的上述职能是通过政府的法律政策和经济政策加以实施的。政府的经济政策主要由微观经济政策和宏观经济政策两部分组成，是围绕一定的经济目标而采用的。微观经济政策的主要目标包括以下内容。

1) 收入均等化

收入均等化是研究在一定收入总量的前提下，各阶层居民收入在收入总量中所占的比例。政府要干预财富和收入分配，其原因是完全竞争的市场机制调节不能实现财富和收入均等化，只能实现资源的有效配置，二者不能同时实现。政府在提高资源配置效率的同时，要保障社会成员的一定生活水平。

2) 资源有效配置

任何一个国家和社会都追求使稀缺的经济资源能够发挥最大作用，取得更大效益。但是由于资源不能自动实现有效配置，市场失灵又阻碍资源的有效配置。所以，政府必须参与调节，努力实现资源配置最大效率。资源配置效率能反映一个国家的发展水平，是否能做到人尽其才、物尽其用、财尽其效。

收入均等化和资源有效配置这两个目标是相互联系的，二者具有此消彼长的交替关系，微观经济政策制定者必须兼顾平等和效率，不能顾此失彼。

8.2.2 促进竞争，反对垄断

垄断（monopoly）有广义和狭义之分。前面章节中对垄断的定义是狭义的，西方经济学家在微观经济政策中，给垄断重新下定义，用广义的垄断代替狭义的垄断，认为垄断是一个或几个厂商控制一个行业或市场全部或大部分产品供给的情况。按照这个广义的理解，现实经济生活中普遍存在着垄断组织的行业，如美国的汽车工业、钢铁工业、飞机制造业、化学工业、制铝业等都属于垄断市场。这些市场的大部分产品供给都被少数几个厂商所控制。

通过第 6 章的分析，我们知道绝大多数的西方经济学家在理论上反对垄断，认为垄断比完全竞争的社会经济效果差。在完全竞争的情况下，社会资源可以得到最充分的利用，消费者也可以从中获益。可是在完全垄断的市场里，垄断厂商为追求自身的最大利润，并不考虑社会效果，垄断厂商的产量长期小于社会需求量，通过控制产量提高价格的办法获得高额利润，使社会资源的配置和收入分配不合理，损害了消费者的利益，破坏了完全竞争的理想状态，对整个社会造成损失。

由于垄断会带来一系列的社会危害，政府为了避免或最大限度地减少这种危害，就需要对其加以管理，这就是有关垄断的微观政策。政府的反垄断政策，主要是指对垄断加以限制的政策手段，主要分为立法和政府管制两种。

1. 反垄断法

西方国家政府反垄断政策主要是制定一系列反垄断法，其中最为突出的是美国。19 世纪末以来，美国制定的反垄断法主要有谢尔曼法、克莱顿法、联邦贸易委员会法、罗宾逊·帕特曼法和塞勒·凯弗维尔反合并法等。这些法案相互补充，从不同侧面对垄断加以限制，形成了一个完整的反垄断的法律体系。

谢尔曼法是美国国会 1890 年通过的第一部反垄断法案。其中心思想是"大企业是坏事"，这几乎是当时立法者的普遍信念。今后，人们理解是为了保护竞争，防止和反对形成过大的垄断企业。该法比较含糊不清，全靠法院来解释。

克莱顿法是美国 1914 年制定的反垄断法案，是对谢尔曼法的修正和加强。该法案禁止不公平竞争。法案宣布，凡导致削弱竞争或造成垄断的不正当做法均为非法。这些不正当做法包括以下 3 种：一是搭配售货，这种做法不利于竞争；二是连锁董事会中多是共同的、可协调活动，挤垮别人；三是公司之间相互持有股票。克莱顿法明确规定凡有上述 3 种做法之一者均为非法经营。

联邦贸易委员会法也是美国 1914 年制定的一项反垄断法规，其主要内容是建立联邦贸易委员会作为独立的管理机构，授权防止不公平竞争及商业欺骗行为，包括禁止伪假广告和商标等。联邦贸易委员会的主要职责是执行克莱顿法，但近些年来，其权力范围有所扩大，成为美国执行反垄断政策的主要机构。

罗宾逊·帕特曼法产生于 1936 年，该法宣布卖者为消除竞争而实行的各种形式的不公平的价格歧视为非法，禁止卖者对同样的商品以不同的价格卖给不同的买者；禁止卖者对不同的买者按不同的比率付给广告费和推销津贴。该法的目的是要消除不公平的价格竞争，以保护独立的零售商和批发商。

塞勒·凯弗维尔反合并法产生于 1950 年，是对克莱顿法的修正和补充。克莱顿法限制大公司购买竞争者股票，但大公司可以通过购买竞争者的资产而达到同一目的。反合并法就是为了填补这个漏洞而制定的。法令规定，不管什么情况，都不允许在大的企业之间进行合并，也不准大公司与同行业中的小公司合并，还不准小企业与中等规模企业合并（如果这种合并会使它的市场份额超过 30%）。该法还对克莱顿法作了一个修正，即规定联邦贸易委员会和司法部对企业之间的合并有管制权。企业在合并之前，必须先把合并计划提交给这两个机构，由这两个机构对合并计划进行审核批准。如果企业未经批准擅自合并，司法部就可以对它提起诉讼。

上述反垄断法均由国会制定，其执行机构是联邦贸易委员会和司法部反托拉斯局。前者主要负责反不正当的贸易行为，后者主要负责反垄断活动。对犯法者可以由法院提出警告、罚款、赔偿等。

📖 课外阅读

我国的反垄断法

商务部于 2004 年 9 月成立了反垄断调查办公室，负责反垄断立法、执法及竞争政策的国际交流与合作等工作。截至 2007 年 8 月底，商务部共受理审查外资并购案件 380 余件，对可能造成垄断和过度集中的案件进行了审查。

2007 年 8 月 30 日，十届全国人大常委会第二十九次会议表决通过了《反垄断法》。该法自 2008 年 8 月 1 日起施行。毫无疑问，这部法律将在保护竞争、市场秩序等方面发挥重要作用，深刻地影响经济运行及人们的生活。

这部《反垄断法》包括了各国反垄断法一般所具备的主要内容，如确定了反垄断法律制度三大支柱，即禁止垄断协议、禁止滥用市场支配地位和控制经营者集中。此外，根据我国经济发展的现状，《反垄断法》对滥用行政权力排除、限制竞争行为，即行政性垄断行为也作了禁止性规定。相应地，在借鉴国际经验和充分考虑我国实际情况的基础上，《反垄断法》确立了垄断协议豁免制度、市场支配地位推定制度、经营者集中申报制度、经营者承诺制度等，明确了我国反垄断法的基本法律框架，为今后更好地执行法律奠定了基础。

很多人都品尝过垄断之"苦"。有的地方出台文件，指定当地只能销售某一种啤酒、某一种电动车，让消费者无从选择。有的垄断企业拟订霸王条款，要求消费者被动地接受其"高价格、弱服务"。就在最近，人们刚"领略"了方便面企业串通涨价、豆制品企业操纵价格、几家快餐店联合调价这些充满垄断意味的"价格联盟"。

垄断危害巨大。垄断方利用排他性地位，限制竞争对手或潜在对手的进入，进而限制公平竞争。因为"只此一家、别无分店"，消费者只能硬着头皮接受其种种不公平条款。垄断方借垄断轻易获得超额利润，也就失去了改进技术和服务的动力，降低了经济效率。有了《反垄断法》，我们就有了强有力的法律武器，能够对这些垄断行为果断地说"不"。制定《反垄断法》也向企业传递出信息：市场经济必须信守平等竞争的原则，企业只有自强、自律，改进技术、提高质量，才能获得市场青睐。

反垄断法立法目的是预防和制止垄断行为，保护市场竞争，提高经济的运行效率。我国鼓励企业通过自身发展，做大做强。我国反垄断法针对的是企业滥用市场支配地位的行为，并不反对市场支配地位本身。与此相适应，反垄断法明确规定企业可以通过公平竞争、自愿联合，依法实施集中，扩大经营规模，提高市场竞争力。这种做法为多数国家立法实践证明是行之有效的。可见，反垄断法通过保护竞争机制，促进企业扩大规模，支持各类企业在公平竞争的基础上做大做强。

反垄断法对国内外企业的垄断行为是统一适用的，并没有专门针对外资并购的条款。制定反垄断法的目的，是促进和保障各类企业在公平竞争中发展壮大，促进优胜劣汰机制的形成和经济增长方式的转变，并为之提供有效的法律保障。

随着我国经济的飞速发展和加入世贸组织，外国产品和跨国公司会更多地进入我国，其中并购境内企业是一种比较常见的方式。按照规定，外资并购涉及国家安全的，除依照反垄断法进行经营者集中审查外，还应当按照国家有关规定进行国家安全审查。这种审查是出于国家安全的考虑，不仅限于垄断，也是国际上通常使用的方法。在关于竞争的审查方面，内外资是一样的。

《反垄断法》通过以后，企业并购反垄断审查将扩大到所有类型的企业，其中也包括国内企业间的并购，而申报标准、审查程序等内容也将根据《反垄断法》的规定进行调整。由此，我国将建立起更加完善的企业集中控制制度。《反垄断法》是个良好的开始，既能推动中国市场经济的健康发展，也能带动政府机构加强管制和监督，逐步明晰产权，深化垄断行业改革，破除各种垄断，使更多人充分享有竞争带来的好处。

资料来源：根据新华网相关资料整理.

2. 公共管制

对垄断的管制主要是指政府对垄断行业价格和产量的管制。这种管制可分为两类：一类是对自然垄断行业的管制，如对电力、自来水、城市公共交通、天然气等公用事业行业的管制；另一类是对非自然垄断行业的管制，如航空、铁路、通信等行业的管制。

自然垄断行业中电话电报、电力、煤气、自来水等企业的规模大，单位成本低，利润高。公用事业管理委员会对这些企业进行管制，规定最高价格。现用图8-1来说明。垄断厂商面对的需求曲线为 $D=AR$，即需求曲线等于平均收益曲线。如果不进行管制，垄断厂商按 $MC=MR$ 最大

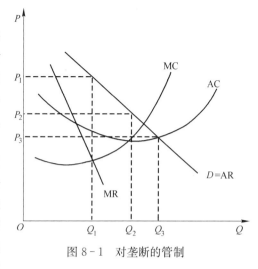

图8-1 对垄断的管制

利润原则，确定产量为 Q_1，通过这一产量在需求曲线上的对应点，在价格轴上确定的价格为 P_1。这个价格高于平均成本，厂商获得超额利润。

现在公用事业管理委员会对厂商进行管制，确定最高限价。当价格是 P_2 时产量为 Q_2，最高限价使消费者能按较低价格购买产品。价格等于边际成本但高于平均成本，厂商仍然可以获得超额利润。当最高限价为 P_3 时，产量为 Q_3，消费者能按最低价格购买产品。价格等于平均成本，厂商只获取正常利润。价格究竟应该等于边际成本还是平均成本，这是公共管制中一直有争议的问题。这实际上就是只让企业获得正常利润，还是让企业获得一部分超额利润的问题。

政府对铁路、公路、航空等运输行业的管制被认为是从自然垄断行业扩大到非自然垄断行业。微观经济学认为，对这些行业实行公共管制的结果使成本和价格提高，保护了现有厂商而反对新的竞争者。因此，应该取消对这些行业的公共管制。事实上，美国现在已经取消了对空中运输、公路运输等的管制。

8.2.3 公共物品和公共选择

前面我们提到市场机制的功能和作用有局限性，表现为在市场具备所有理想条件和市场机制能够充分发挥作用的情况下，市场对某些经济活动仍然无能为力，作用不大，如公用物品的存在。西方经济学把经济分为私人部门和公共部门。私人部门提供的产品称为私人物品，公共部门提供的产品称为公共物品。以前分析的是私人部门的经济问题。由于公共物品不同于私人物品，私人部门的市场定价、资源配置和选择原则等论述，不适用于公共物品。

1. 公共物品

公共物品是现代西方经济学中广泛使用的一个概念，它是政府向社会和私人提供的

各种产品和服务的总称。具体来说，公共物品（public goods）是指私人不愿意生产或无法生产而由政府提供的产品和劳务，包括国防、警察、消防、司法、公共卫生、教育、空间研究、气象预报等。西方经济学家认为，公共物品具有不同于私人物品的两个显著特征。

1）非排他性特征

非排他性是指任何个人即使不支付价格，也能享受某种商品。如国防，一国中所有的民众，人人都能享受国防，不能把谁排除在外。国防可以免费享受，不需要支付价格。如果说公民所承担的赋税算作国防服务的价格，实际上就意味着有些人支付了高价，有些人支付了低价甚至不支付价格，因为各人的税赋是有差别的。但不管一个人是否纳税，纳税多少，这个人都可以与其他人一样地享受平等的国防服务。但私人物品不同，私人物品具有排他性。这表现为人们在购买和消费私人物品时，必须能够并且愿意支付一定的价格。只有支付了相应的价格，交易才能成立，才能实现物品所有权的转移，这实际上就把不能够或不愿意支付相应价格的人排除在对该物品的消费之外，即不支付价格就不能消费商品。

2）非竞争性特征

竞争性是私人物品所具有的特征，也叫争夺性。表现为某人一旦消费了某种私人物品，别人就不可能再去消费该物品。如某人喝了一瓶啤酒，则他人不能喝到同一瓶啤酒。但公共物品显然不具备这种特征。即一种公共物品，即使有人消费了，别人还可以再去消费。公共物品并不因某人消费了它而丧失其使用价值，别人仍然可以通过消费它与最先消费它的人得到完全相同的享受。例如，某人通过一座桥，并不影响他人也通过同一座桥。这就是公共物品所具有的非竞争性特征。公共物品的非竞争性特征是指公共物品不因某人消费而丧失其使用价值的特征。

公共物品的上述特征来源于公共物品的不可分性。国防、司法、消防、公共卫生、道路、桥梁等，不能再分割成细小部分，只能作为一个整体被人们享用。例如，某一座桥建成后，所用花费已结束，边际成本是零，则价格也应是零。人们应免费使用，多一人过桥，不需要增加费用，禁止任何人过桥，也不节省费用却减少了人们的效用，是无效率的。所以，私人不愿意生产这类物品，谁也不愿意花钱去购买本来不用钱就能享受到的物品。因此，公共物品的供给只能由政府根据全体社会成员的需求来提供或生产。

对于公共物品，市场机制作用不大或难以发挥作用。因为公共物品的特征决定了在公共物品的消费上，必然存在"免费乘车"。即使某些公共物品具有排他性，情况也是如此。仍以过桥为例，假设有一座由政府收取过桥费的桥梁，凡是交过桥费的人均可过桥，它排除了那些不付费的人过桥的可能性。但是这样做并非最有效益，因为它减少了不付费或付不起过桥费的人们的满意程度，却不会因此而增加别人的满意程度，会造成社会福利减少。而有些公共物品，人们不付费，也不能阻止他们对这些物品的享受，如国防安全。综上所述，市场机制对公共物品不发生作用。正因为如此，政府对公共物品的生产活动便显得十分重要。

课外阅读

基础理论知识是公共物品

如果一个数学家证明了一个新定理，该定理成为人类知识宝库的一部分，任何人都可以免费使用。由于知识是公共物品，以盈利为目的的企业就可以免费使用别人创造的知识，结果用于知识创造的资源就太少了。

在评价有关知识创造的适当政策时，重要的是要区分一般性知识与特殊的技术知识。特殊的技术知识，例如，一种高效电池的发明，可以申请专利。因此，发明者得到了他的好处。与此相比，数学家不能为定理申请专利，每个人都可以免费得到这种一般性知识。换句话说，专利制度使特殊的技术知识具有排他性，而一般性知识没有排他性。

以美国为例，政府努力以各种方式提供一般性知识这种公共物品。政府机构，例如，国家保健研究所和国家自然科学基金补贴医学、数学、物理学、化学等基础研究。一些人根据空间计划增加了社会知识宝库来证明政府为空间计划提供资金的正确性。的确，许多私人物品，包括防弹衣和快餐汤，都使用了最初由科学家和工程师在登月研究中开发出来的材料。当然，决定政府支持这些努力的合适水平是困难的，因为收益很难衡量。

资料来源：www.bookschina.com.

2. 公共物品的公共选择

由于公共物品具有非排他性和非竞争性的特点，因而无法通过竞争性市场来确定其适当的供给量。在大多数情况下，公共物品只能由政府提供。那么，政府如何确定公共物品的供给量呢？在西方各国，公共物品的供给量被认为是通过投票方式来确定的。就像在市场上人们通过支付价格来表示自己对某种私人物品的偏好一样，在公共物品的场合，人们通过选票来表示自己的偏好，这种根据人们的投票结果来作出决策的行为，称为公共选择（public choice）。在现代西方经济学中，公共选择理论已成为经济理论的一个重要分支，其内容延伸到非经济的政治和社会领域。在此只简单地讨论有关公共物品的公共选择这一狭窄的主题。

选民投票对某一公共物品进行选择时，首先要确立投票的规则，现代公共选择理论提出了许多可供选择的投票规则，下面择其要点作一些简介。

1) 一致同意规则

一致同意规则（unanimity rule）是指候选人或方案要经过全体投票人赞成才能当选或通过的规则。在这一规则下，每一参与者都对集体行动方案具有否决权。

例如，一个合伙者负有无限责任的合伙制企业往往采用这一规则来对有关企业的重大问题进行表决。目前的联合国5个常任理事国也采用这一规则作出决策。

从收益的角度看，这个规则无疑是最优的。按这一规则通过的方案不会使任何一个人的福利受损失，也就不会使社会福利受到损失，能满足全体投票人的偏好。但是，这一规则具有两个缺点：一是决策成本过高，提案要一致同意，必然要耗费大量的时间和人力、物力；二是为使方案一致通过，一些投票人会招致威胁恫吓，被迫投赞成票，不能真实表达偏好与愿望。因此，一致同意规则不具有现实的应用性。

2）多数规则

多数规则（majority rule）是指候选人或方案只须经过半数以上投票人赞成就能当选或通过的规则。多数规则分为简单多数规则和比例多数规则。

简单多数规则规定，赞成票过半数，提案就算通过。如美国国会、州和地方的立法经常采用这种办法。

比例多数规则要求赞成票占应投票的一个相当大的比例。例如，必须占 2/3 才算有效。美国弹劾和罢免总统、修改宪法等一般采用这种规则。

西方经济学家认为，多数规则能增加多数人的福利，却使少数人福利受损失。在一定的限制条件下，例如，在受益者能够补偿受损者的条件下，多数规则可以满足多数人的偏好，但不一定满足全体成员的偏好，存在某些人把偏好强加给另一些人的情况。多数规则下作出的决策是投赞成票的多数给投反对票的少数加上的一种负担。即使所有投票人都能从一项法案的实施中获得利益，并为法案的实施付出代价，即纳税。但是，赞成者获得的利益超过付出的代价，净福利增加，反对者获得的利益小于付出的代价，净福利减少。

知识扩展

搭便车

公共物品的非排他性和非竞争性决定了人们不用购买仍可以进行消费。这种不用购买就可以消费的现象，称为搭便车（free ride）或免费乘车。西方学者认为，"搭便车"的存在是使市场选择规则失灵的重要因素之一。例如，政府为改善某一社区的环境需向该社区居民征收费用 5 万元。假定该社区有 1 万个居民，平均每人需支付 5 元。但每个居民对这项公益措施的评价和支付意愿是不一样的。作为政府，它衡量是否值得生产该公共产品的标准是：该公共产品的总收益大于或等于总成本，若大于或等于总成本，便值得生产或提供。但是，由于"搭便车"现象的存在，要判断实际情况是否符合该标准是很困难的。因为每个人所报告的净意愿支出额（该公共产品对这个人所具有的真实价值与他为该公共产品分担的成本这二者间的差额）是不一定真实的。因为有些人会夸大或缩小自己的净意愿支出额。例如，某人愿为改善该社区的环境而支付的金额为 6 元。但如果他急于想改善环境，可能他会将自己的净意愿支出额夸大为 10 元；或者相反，他因不赞成该项计划而将自己的净意愿支出额夸大为 −10 元。正因为上述标准在现实中难以判断，故而是否值得生产该公共产品便也难以判断了。因而，市场选择规则在公共产品那里便失灵了。

8.2.4 外部性

1. 外部性及其分类

外部性（external effects）又称外部效应，是指人们的经济活动对他人造成的影响而未将这些影响计入市场交易的成本与价格之中。从外部性带来的结果来看，可以分为外部不经济和外部经济；从外部性产生的领域来看，可以分为生产的外部性和消费的外部性。

（1）外部不经济。外部不经济亦称负外部性，指的是某一主体的生产和消费行为给他人带来的损失。例如，造纸厂向河流排放大量废水污染河流，造成鱼类减少，提高了渔民的成本；有人开生日晚会时高声喧哗打扰了邻居们的安宁。

（2）外部经济。外部经济亦称正外部性，指的是生产和消费行为给他人带来的利益。例如，养蜂人通过养蜂生产蜂蜜追求自己的利益时，附近农民种植的水果会因蜂蜜传授花粉而大量增产，降低了农民人工授粉的成本。又比如，你居住的环境因邻居在他的花园里种满了鲜花而得到改善，增加了你的福利。

（3）生产的外部性。生产的外部性是指某些企业的生产活动使其他生产者增加（或减少）成本，但又未补偿（或收费）的情形。如上述的养蜂和造纸的生产活动便如此，前者是正的生产外部性，后者是负的生产外部性。

（4）消费的外部性。消费的外部性是指某些人的消费行为引起其他消费者利益的增加或减少。如上面提到的种花和过生日的行为，前者为正的消费外部性，后者为负的消费外部性。

2. 外部性和市场失灵

各种形式的外部影响的存在造成了一个严重的后果，那就是：在完全竞争条件下，由于存在外部影响，整个经济的资源配置也不可能达到有效率的最优状态。"看不见的手"在外部影响面前失去了作用。

为什么外部影响会导致资源配置失当？原因非常简单，由于存在着外部经济，故私人的利益就小于社会的利益。在这种情况下，如果一个人采取某项行动的私人成本大于私人利益而小于社会利益，则这个人显然不会采取这项行动，尽管从社会的角度来看，采取该项行动是有利的。一般而言，在存在外部经济的情况下，私人活动的水平常常要低于社会所要求的最优水平。

由于存在着外部不经济，故私人的成本就小于社会的成本。在这种情况下，如果一个人采取某项行动的私人利益大于其私人成本而小于社会成本，则这个人显然就会采取这项行动，尽管从社会的角度来看，采取该项行动是不利的。一般而言，在存在外部不经济的情况下，私人活动的水平常常要高于社会所要求的最优水平。

3. 政府对解决外部性的作用

如何来纠正由于外部影响而造成的资源配置不当呢？

1）使用税收和补贴

对造成外部不经济的企业，国家可以征税，其税收的数量应该等于该企业给社会其他成员造成的损失，从而使该企业的私人成本恰好等于社会成本。例如，在生产污染的情况下，政府对污染者征税，税额等于治理污染所需要的费用。这样，企业就会在进行生产决策时把污染的成本也考虑进来。反之，对造成外部经济的企业，国家则可以采取补贴的办法，使企业的私人利益与社会利益相等。无论是何种情况，只要政府采取措施使得私人成本和私人利益与相应的社会成本和社会利益相等，则资源的配置便可以达到最优。

2）通过企业合并

例如，一个企业的生产影响到另外一个企业。如果这种影响是正的（外部经济），则第一个企业的生产就会低于社会最优水平；反之，如果这种影响是负的（外部不经济），则第一个企业的生产就会超过社会最优水平。但是，如果把这两个企业合并为一个企业，则此时的外部影响就"消失"了，即被"内部化"了。合并后的单个企业为了自己的利益将使自己的生产确定在其边际成本等于边际收益的水平上。由于此时不存在外部影响，故合并企业的成本和收益就等于社会的成本和收益，于是资源配置达到了最优。

3）明确财产权

在许多情况下，外部影响的存在之所以导致资源配置失当，是因为财产权不明确。所谓财产权，是通过法律界定和维护的人们对财产的权利。它描述了个人或企业使用其财产的方式。

例如，某条河流的上游污染者使下游用水者受到了损害。如果给予下游用水者以使用一定质量水源的财产权，则上游的污染者将因把下游水质降到特定质量之下而受罚。在这种情况下，上游污染者就会同下游用水者协商，将这种权利从他们那里买过来，然后再让河流受到一定程度的污染。同时，遭到损害的下游用水者也会使用他出售财产权而得到的收入来治理河水。总之，由于污染者为其不好的外部影响支付了代价，故其私人成本与社会成本之间不存在差别。

4）科斯定理

上述明确财产权的政策，可以看作更加一般化的所谓科斯定理的特例，甚至税收和补贴都可以看成科斯定理的一个具体运用。所谓科斯定理（Coase theorem），是指只要财产权是明确的，并且交易成本为零或很小，则无论在开始将财产权赋予谁，市场均衡的最终结果都是有效率的。下面以一个具体的数字例子来说明这一"定理"。

假设有一工厂，其烟囱冒出的烟尘使附近 5 户居民洗晒的衣物受污染，每户损失 75 元，总计损失 375 元。又假设在市场经济条件下，如果不存在政府干预，就只有两种治理办法：① 在烟囱上安装除尘器，费用为 150 元；② 每户装一台烘干机，总费用 50×5＝250 元。显然，上述两种治理办法中前一种较为经济（150 元），因而代表了最有效率的解决办法。在该例中，不论财产所有权的分配界定给哪一方，即不论给予工厂烟囱冒烟的权利，还是给予居民衣物不受污染的权利，只要工厂与居民协商时其费用为零，则市场机制自发调节的结果总会使得经济达到最有效率，即最终或是工厂自动安装除尘器，或是居民共同出钱为工厂安装除尘器。因为当工厂有排放烟尘权时，居民们会联合起来共同为工厂义务安装除尘器（只花 150 元而不花 250 元，并免受了 375 元的损失）；当居民们有衣物不受污染的权利时，则工厂会自动为自己安装除尘器，而不必花 250 元给每户居民买一台烘干机，更不必赔偿居民 375 元的损失。

科斯定理的含义是，只要将产权明晰化，无论初始产权如何界定，只要交易成本为零，并听任有关各方在市场上自由地交易或协商，则市场机制便能导出最有效率的结果，使资源达到合理配置。所以，当外部性导致市场失灵时，也不一定非要政府干预。而传统的利用税收和津贴的办法（如国家向工厂征税 375 元，以便补偿居民的损失），由于不能保证取得最有效率的结果，因而应当让位于在产权明晰化条件下的市场机制自发调节的办法。

人物窗　科斯

科斯（Coase）是出生于英国的美国经济学家，先后在美国布法罗大学、弗吉尼亚大学和芝加哥大学任教。其代表作主要有：《企业的性质》（1937 年）和《社会成本问题》（1960 年）等。1991 年，据称由于发现并解释了财产权和商业经营管理成本如何影响经济这一重要问题，科斯获得了该年度的诺贝尔经济学奖。事实上，在科斯没有获得此项殊荣之前，其影响已经十分广泛了，其中"科斯定理"被写进西方国家许多大学的教科书里，并且科斯还被西方经济学家认为是产权理论的创始人。科斯的产权理论主要是关于产权界定及交易成本对议定契约的影响的理论。

时事链接

环保税开征一周年　为绿色发展提供新动力

新华社北京 12 月 31 日电（记者黄鹏飞、郁琼源）2018 年 1 月，我国首部环境保护税法正式施行，在全国范围对大气污染物、水污染物、固体废物和噪声等 4 大类污染物、共计 117 种主要污染因子进行征税。

作为我国第一个体现"绿色税制"的综合税种，环保税平稳实现了排污费"费改税"并顺利完成首年征收，为推进我国生态文明建设提供了全新动力。

环保税的环保意义和社会意义远大于财政收入意义。环保税鼓励节能减排、促进绿色生产、加快高质量发展的改革效益已经初显。

2018 年前三季度数据显示，享受达标排放免税优惠的城乡污水处理厂、垃圾处理厂累计免税 27.3 亿元，占减免税总额的 40%，体现了环保税对于污染集中处理、鼓励达标排放的激励作用。

在福建省鸿山热电有限公司，公司大气污染物经超低排放环保设施处理后，所排放的二氧化硫、氮氧化物和烟尘在一年内分别下降21.05%、4.98%和29.38%，减免环保税62.74万元，税负下降7.83%。公司环保专工冯国栋表示，阶梯税额制度为企业提供了75%和50%等不同挡位的减税"福利"，让企业节能减排动力更足。

内蒙古元宝山发电有限公司则通过加大投入专项资金对发电机组进行改造，2018年前三季度，公司同比减少二氧化硫排放546.1吨、氮氧化物排放620.6吨、烟尘排放55.8吨。在税额标准提高的情况下，公司所缴纳环保税较同期排污费减少167.3万元，降幅达24.6%。

在大气污染防治任务较重的京津冀地区，环保税开征以来，地区二氧化硫同比下降了2.2万吨，降幅达22.7%；氮氧化物同比下降了3.5万吨，降幅为13.1%。

中国财政科学研究院院长刘尚希认为，从"钱袋子"着手的环保税有利于实现中国对重点污染物的减排目标，促进经济结构调整优化和发展方式转变，丰富政府对于环境治理和保护的手段，发挥生态建设的整体协同效应。

"环保税作为调节性税种，它的作用能否发挥，除了名义税率外，与征管力度密不可分。"高萍表示，面对跨部门监管合作难、企业信用信息和环保信息可能失实、应税污染物范围较小等问题，宜在下一轮改革中加大力度实现税务部门专业化征管，让环保税更好助力经济社会转型。（来源：新华网，有删减）

复习与思考题

一、名词解释

不完全信息　逆向选择　科斯定理　外部经济　外部不经济　公共物品　市场失灵

二、单项选择题

1. 政府提供的物品（　　）公共物品。
   A. 一定是　　B. 不都是　　C. 大部分是　　D. 少部分是
2. 公共产品的产权是属于社会，而不属于任何个人是指它的（　　）。
   A. 排他性　　B. 非排他性　　C. 竞争性　　D. 非竞争性
3. 当一种商品的消费者增加时，该商品的边际成本为零。这说明公共物品的（　　）。
   A. 竞争性　　B. 非竞争性　　C. 排他性　　D. 非排他性
4. 证券公司和金融机构对新进的人员要进行大量的基本技能训练，但训练之后，总有一部分人跳槽，为竞争对手所用，这说明（　　）。
   A. 存在有益的外部性　　　　B. 不存在有益的外部性

  C. 存在有害的外部性   D. 不存在有害的外部性
5. 科斯定理强调市场化解决外部问题的有效条件是（   ）。
  A. 产权界定清晰且交易费用较高   B. 不需界定产权且交易费用为零
  C. 产权界定清晰且交易费用为零   D. 以上均不是
6. 私人商品的特点是（   ）。
  A. 有竞争性与无排斥性   B. 有竞争性
  C. 无竞争性与排斥性   D. 有竞争性与排斥性
7. 商品有益的外部性会导致（   ）。
  A. 商品供应的过剩   B. 商品需求的不足
  C. 商品需求的过剩   D. 商品供应的不足

三、判断题

1. 市场经济在任何情况下都能充分有效地发挥资源的配置作用。（   ）
2. 私人商品具有竞争性，而公共产品具有非排他性。（   ）
3. 从企业提供私人商品、政府提供公共产品的角度来看，政府应当根据财力可能，尽可能扩大公共产品的提供范围。（   ）
4. 商品有害外部性是指在商品生产的社会边际成本大于企业的边际成本，或者社会得到的边际收益小于企业得到的边际收益。（   ）
5. 对有害外部性的商品生产都应禁止。（   ）

四、简答题

1. 什么叫市场失灵？引起市场失灵的原因有哪些？
2. 微观经济政策关于垄断是如何定义的？政府如何解决垄断造成的社会经济损失？
3. 公共物品具有哪些特征？
4. 解决外部性问题有何政策？

五、实训题

1. 通过互联网或其他媒体搜索一家企业的生产具有负的外部性的例子，提出你自己的解决方案。
2. 在我国，高速公路和互联网应当是公共物品还是私人物品？对过往车辆收取过路、过桥费又是为了什么？产生了什么影响？

第 9 章

国民收入核算理论

【教学目标】

从本章开始进入宏观经济理论的学习。通过本章的学习，要求学生掌握 SNA 核算体系下国民经济基本总量指标及其相互关系，重点掌握 GDP、GNP 两大指标的概念、含义、相互联系与区别；了解国民收入的 3 种核算方法，了解两部门、三部门和四部门国民经济循环模型。

【关键词】

国民收入（national income）
国内生产总值（gross domestic product）
国民生产总值（gross national product）
国内生产净值（net domestic product）
个人收入（personal income）
个人可支配收入（disposable personal income）

【案例导入】

2018 年中国经济总量首次突破 90 万亿元

人民网北京 1 月 21 日电 国务院新闻办公室今日上午举行新闻发布会，请国家统计局局长宁吉喆介绍 2018 年国民经济运行情况，并答记者问。

宁吉喆指出，2018 年经济运行保持在合理区间，发展的主要预期目标较好完成。2018 年，在以习近平同志为核心的党中央坚强领导下，各地区各部门认真贯彻落实党中央、国务院各项决策部署，坚持稳中求进工作总基调，坚持新发展理念，坚持推动高质量发展，坚持以供给侧结构性改革为主线，凝心聚力，攻坚克难，经济社会发展的主要预期目标较好完成，三大攻坚战开局良好，供给侧结构性改革深入推进，改革开放力度加大，人民生活持续改善，国民经济运行保持在合理区间，总体平稳、稳中有进态势持续显现，朝着实现全面建成小康社会的目标继续迈进。

宁吉喆介绍，初步核算，2018年全年国内生产总值900 309亿元，按可比价格计算，比上年增长6.6%，实现了6.5%左右的预期发展目标。分季度看，一季度同比增长6.8%，二季度增长6.7%，三季度增长6.5%，四季度增长6.4%。分产业看，第一产业增加值64 734亿元，比上年增长3.5%；第二产业增加值366 001亿元，增长5.8%；第三产业增加值469 575亿元，增长7.6%。（来源：人民网）

【启发思考】
(1) 什么是GDP？该指标的意义何在？
(2) 怎样进行国民经济总量的核算？

要想了解一个企业的经营水平，离不开利润指标；同样的道理，要了解一个国家和地区经济发展的全貌，也离不开GDP指标。本章将围绕国民经济核算方法、常用的经济总量指标及其相互关系等这些问题展开分析。

9.1 国民经济核算体系

9.1.1 国民经济核算的产生

国民经济是一个国家或地区全部经济活动的总和，是一个纵横交错、极其复杂的网络般经济活动的有机整体。国民经济核算作为以国民经济为对象的宏观经济核算，是适应宏观经济管理的需要，在国民收入统计的基础上演化而来的。

20世纪30年代末，英国经济界为使经济尽快从大萧条中走出来，广泛接受凯恩斯的理论。受此影响，英国经济学家理查德·斯通和詹姆斯·米德在为英国财政部从事国民收入估算工作时，以凯恩斯的收入决定理论模型为指导，把收入和支出联系起来，采用会计的账户形式，建立了一套具有充分逻辑结构的复式国民会计账户，并于1941年以英国预算白皮书的形式发表了他们的研究成果——《战时财政资源分析与国民收入和支出估计数字，1938—1940》。同年，荷兰经济学家E.V.克利夫在荷兰《经济学家》杂志第7期和第10期上发表了题为《论国民核算：荷兰1938年年度调查的经验》和《论国民核算的意义和组织》两篇文章，文章中不仅首先使用了"国民核算"（national accounting）一词，而且公布了他采用会计账户形式和方法对荷兰1938年年度所编制的国民核算表。这一系列研究成果几乎同时发表，标志着国民收入统计已开始向现代意义的国民经济核算（SNA）过渡。

9.1.2 MPS核算体系与SNA核算体系的比较

国际上曾经同时存在过两大国民经济核算体系，一个是由苏联在十月革命胜利以后逐步建立的、高度集中的计划经济体制国家的物质产品平衡表体系，简称MPS。这一体系只对物质资料生产部门计算产值，主要以社会总产值指标计算增长速度，这个体系的总量指标有社会总产值（TPS）、国民收入（NIm）等；另一个是产生于西方发达市场经济体制国家的国民账户体系，简称 SNA。这一体系采用 GDP 指标计算增长速度，这个体系的总量指标有国民生产总值（GNP）、国内生产总值（GDP）、国民生产净值（NNP）、国民收入（NIs）等。在 1993 年召开的联合国统计委员会第 27 届会议上，已经决定今后只存在一种核算制度即 SNA，而 MPS 作为一种核算制度已成为历史。

这两种核算体系所依据的理论基础不一样，各自适应于不同的经济条件，核算的范围、内容、方法也不相同。不但名称不同的指标，而且名称相同的指标（如两大体系的国民收入），反映的经济内容也不同，不能直接对比。两大核算体系的区别主要有以下几个方面。

1. 核算范围不同

MPS 以物质产品生产为核算范围，把服务活动排除在生产领域以外，影响了对国民经济总量核算的完整性。SNA 把国民经济各部门的经济活动全部纳入核算范围，使社会生产、分配、使用各环节紧密衔接，从而形成全面、完整、系统的国民经济核算体系。

2. 核算内容不同

MPS 实质上是一种实物核算体系，主要描述社会再生产实物运动，对资金运动缺乏完整而系统的反映。SNA 增加了资金流量和存量方面的核算内容，并与其他核算相连接，全面反映国民经济的运行过程。

3. 核算方法不同

MPS 采用横向或纵向平衡法，并设置一系列平衡表，比较简便和直观，但平衡表之间缺乏有机联系，整个结构不够严密，指标之间缺乏联系。SNA 采用复式记账法，运用账户、矩阵等核算形式，把经济流量和经济存量联系起来，组成结构严谨、逻辑严密的体系。

4. 核算指标不同

MPS 以社会总产值（工农业总产值）和国民收入为中心指标，而 SNA 则以国内生产总值（或国民生产总值）为中心指标。

中国国民经济核算的历史实际上是从 MPS 向 SNA 过渡的历史。具体来说，中国国民经济核算历史经历了 3 个阶段：从 1952—1984 年采用的是 MPS 体系；1985—1992 年为 MPS 和 SNA 两种核算体系并存；1992 年我国确立了社会主义市场经济体制，在国民经济核算上也开始逐渐与国际接轨，从 1993 年开始正式取消 MPS，采用 SNA 体系，实现了与国际通用核算体系的接轨。

9.2 国民经济基本总量指标

在 SNA 账户国民经济核算体系下，国民收入核算中的基本总量指标是指：国内生产总值、国民生产总值、国内生产净值、国民收入、个人收入、个人可支配收入。

9.2.1 几个基本总量指标的概念及其相互关系

国内生产总值（GDP）：是指一年内在本国领土所生产的最终产品的市场价值总和。它以地理上的国境为统计标准，也就是说 GDP 应当包括本国和外国公民在本国领土内所生产的最终产品的价值总和。它是国民收入核算中的最基本总量。

国民生产总值（GNP）：是指一年内本国常住居民所生产的最终产品的市场价值总和。它以人口为统计标准。在我国的国民收入统计中，常住人口包括：居住在本国的本国公民，暂居国外的本国居民，常住本国但未入本国国籍的居民。

国内生产净值（NDP）：是指在本国或地区领土上，一年内新增加的产值，即在国内生产总值中扣除了折旧之后的产值，可表示为

$$NDP = GDP - 折旧$$

国民收入（NI）：是指一个国家一年内用于生产的各种生产要素所得收入的总和，即等于工资、利息、利润和地租的总和，可表示为

$$NI = GNP - 折旧 - 间接税 \quad 或 \quad NI = NDP - 间接税$$

个人收入（PI）：是指一个国家所有个人一年内从各种来源所得到的收入总和。它与国民生产总值、国民生产净值、国民收入的关系为

$$PI = \underbrace{\underbrace{GNP - 折旧}_{NDP} - 间接税}_{NI} - 公司未分配利润 - 企业所得税 + 政府给居民户的转移支付 + 政府向居民户支付的利息$$

个人可支配收入（DPI）：是指一个国家所有个人一年内实际得到的可用于个人开支或储蓄的那一部分收入总和。它等于个人收入扣除向政府缴纳的各种税金及交给政府的非商业性费用等以后的余额。个人可支配收入是消费开支最重要的决定性因素，因而，常被用来衡量一国生活水平的变化情况，可表示为

$$DPI = PI - 个人所得税 = 消费 + 储蓄$$

9.2.2 实际国民生产总值与名义国民生产总值

国民生产总值分为名义国民生产总值和实际国民生产总值。

名义国民生产总值（nominal GNP）是指按当年价格计算的该年的国民生产总值；实际国民生产总值（real GNP）是指按不变价格计算的某一年的国民生产总值。所谓按不变价格计算，指在统计和计算国民生产总值时先确定某一年的价格为基年价格，以后各年均在此基年价格的基础上进行计算和统计国民生产总值。

由于名义国民生产总值是按当年价格统计和计算而得到的，因而它既反映了实际产量的变动，又反映了价格的变动。而实际国民生产总值由于相当于扣除了价格上涨的因素，因而它只反映产量或产值的变动。国民经济的实际增长情况，只有根据实际国民生产总值才能准确地得到反映。名义国民生产总值对实际国民生产总值的比率，被称为国

民生产总值矫正指数。通常，名义国民生产总值的增长由于价格膨胀而快于实际国民生产总值的增长。

9.2.3 国民生产总值与国内生产总值的区别与联系

国民生产总值（GNP）是按国民原则计算的。国民原则是指，凡是本国公民（指常住居民）所创造的收入，不管是否在国内，都计入国民生产总值。按国民原则计算国民生产总值时，要加上国外要素收入净额（本国国民在国外取得的要素收入减去外国国民在本国取得的要素收入）。

国内生产总值（GDP）是按国土原则计算的。国土原则是指，凡是在本国领土上创造的收入，不管是否是本国国民，都计入本国的国内生产总值。按国土原则计算国内生产总值时，要减去国外要素收入净额。

两者之间的联系为

$$GNP=GDP+国外要素收入净额 \quad 或 \quad GDP=GNP-国外要素收入净额$$

9.2.4 国内生产总值与人均国内生产总值

国内生产总值这一指标有助于人们了解一国的经济实力和市场规模；而人均国内生产总值则有助于人们了解一国的富裕程度和生活水平。

用某一年的国内生产总值除以当年的人口数量得到的是人均国内生产总值。这里的"人口数量"是当年年初与年底人口数的平均值，或者是年中（一般为当年7月1日零时）的人口数量。

阅读资料

关于 GDP 的小知识

GDP 作为国民经济核算的核心指标和综合经济考核的权威指标，被诺贝尔经济学奖获得者萨缪尔森称为"20 世纪最伟大的发明之一"。GDP 是一国产量的标准测量指标，能对一国总体经济运行表现作出概括性衡量，具有综合性强和简便易行的优点，因而为世界各国普遍使用，也为联合国和众多的国际组织用来进行经济核算和国际比较。在国民经济核算中，通常使用 GDP 总量、GDP 增长率和人均 GDP 3 个重要指标。这 3 个指标分别具有不同的功效。

GDP 总量衡量的是一个国家（或地区）的经济规模。它的主要功效是：①用于反映一个国家（或地区）的经济实力；②用于国际间和地区间进行比较；③用于制定一国（或地区）经济发展战略；④用于经济分析和经济管理。GDP 指标为经济学家分析经济运行状况、政府调控管理经济提供了广泛的用途。

经济学界通常用 GDP 来衡量一个国家的经济总量；用人均 GDP 来评价一个国家的富裕程度，同时用人均 GDP 作为划分经济发展阶段的重要指标。按照世界银行的划分标准，人均国民总收入（GNI）在 745 美元以下的为低收入国家，746～2 975 美元的为中下收入国家，2 976～9 205 美元的为中上收入国家，9 206 美元以上的为高收入国家。2003 年，我国国内生产总值增长 9.1%，人均 GDP 首次超过 1 000 美元。自此以后我国由低收入国家进入世界中等偏下收入国家行列。

从作为划分经济发展阶段的重要指标看，国际上通常把一国的发展水平按人均 GDP 分为几个阶段：300～400 美元以下是贫困阶段；400～500 美元是摆脱贫困的阶段；800～1 000 美元是开始走向富裕阶段，我国称小康阶段；3 000～6 000 美元是比较富裕阶段，我国称全面小康阶段。

然而，任何一件事物都无法做到十全十美，国内生产总值虽然可以反映一国经济的总体状态，但用它来衡量一国的经济成果同样也存在着一些缺陷和不足：

① GDP 没有衡量出某些经济成果；
② 实际 GDP 没有反映人们闲暇时间的增加或减少；
③ GDP 不能反映地下经济活动；
④ 国内生产总值表明社会的产品和劳务的价值量，但不能说明接到的是什么商品和劳务；
⑤ 有一些经济活动在提供产品和劳务满足人们的需要时却影响了人们的生活水平与质量，这些问题 GDP 都没有反映出来，如环境污染问题。

 时事链接

我国 GDP 稳居世界第二位

1978 年，我国国内生产总值世界排名第 11 位。2010 年，成为世界第二大经济体，并在此后稳居世界第二位。我国占世界经济总量的比重逐年上升，据国际货币基金组织数据计算，2017 年，我国 GDP 为 120 146 亿美元，占世界总量的 15%，比 1978 年提高了 13.2 个百分点。世界主要国家国内生产总值及占世界比重见表 9-1。

表 9-1 世界主要国家国内生产总值及占世界比重

国家	1978 年			2017 年		
	位次	国内生产总值/亿美元	占世界比重/%	位次	国内生产总值/亿美元	占世界比重/%
世界		85 429			798 655	
美国	1	23 566	27.6	1	193 906	24.3
中国	11	1 495	1.8	2	120 146	15.0

续表

国家	1978年			2017年		
	位次	国内生产总值/亿美元	占世界比重/%	位次	国内生产总值/亿美元	占世界比重/%
日本	2	10 084	11.8	3	48 721	6.1
德国	3	7 377	8.6	4	36 848	4.6
英国	5	3 359	3.9	5	26 245	3.3
印度	12	1 355	1.6	6	26 110	3.3
法国	4	5 082	5.9	7	25 836	3.2
巴西	8	2 008	2.4	8	20 550	2.6
意大利	6	3 140	3.7	9	19 379	2.4
加拿大	7	2 186	2.6	10	16 524	2.1
韩国	24	517	0.6	11	15 380	1.9
俄罗斯				12	15 275	1.9
澳大利亚	13	1 184	1.4	13	13 795	1.7
西班牙	9	1 602	1.9	14	13 140	1.6
墨西哥	15	1 025	1.2	15	11 492	1.4

国家统计局局长宁吉喆在2018年国民经济运行情况答记者问指出：2018年，在错综复杂的国际国内环境下，经济运行保持在合理区间，宏观调控目标较好实现。

一是经济保持了中高速增长，经济总量再上新台阶。2018年国内生产总值比上年增长6.6%，实现了6.5%左右的预期增长目标，这个增速在世界前五大经济体中居首位，中国经济增长对世界经济增长的贡献率接近30%，持续成为世界经济增长最大的贡献者。2018年国内生产总值超过90万亿元，比上年增加了近8万亿元。按平均汇率折算，经济总量达到13.6万亿美元，稳居世界第二位。

二是价格涨幅低于预期，居民消费价格温和上涨。2018年CPI比上年上涨2.1%，低于3%左右的预期涨幅。

三是城镇就业继续扩大，新增就业大幅增加。2018年，城镇新增就业1 361万人；城镇调查失业率全年都保持在5%左右，近几个月低于5%，实现了2018年年初提出的低于5.5%的预期目标。

四是进出口稳中向好，国际收支基本平衡。全年进出口总额首次突破30万亿元，货物贸易规模创历史新高，保持世界第一。贸易结构持续优化，一般贸易进出口比重提高，机电产品出口比重提高，外汇储备在3万亿美元以上，人民币汇率基本稳定。

（来源：根据国家统计局网站有关资料、数据整理.）

9.3 国内生产总值的核算方法

9.3.1 国内生产总值指标的内涵

国内生产总值,指一年内在本国领土所生产的最终产品和劳务的市场价值总和。其中,最终产品(final goods)是指以消费和投资为目的现期生产和出售的产品。最终产品是和中间产品相对而言的。GDP 不包括中间产品,即用于生产其他产品的产品。这一指标概念包括以下几点含义。

(1) GDP 是一个市场价值的概念,各种最终产品的价值都是用货币这把尺度加以衡量的。产品市场价值就是用这些最终产品的单位价格乘以产量获得的。

(2) GDP 测度的是最终产品的价值,中间产品不计入 GDP,否则会造成重复计算。

(3) GDP 是一定时期内(往往为一年)所生产的而不是所售卖掉的最终产品价值。

(4) GDP 是计算期内生产的最终产品价值,因而是流量而不是存量。

(5) GDP 中的最终产品,不仅包括诸如食品、衣服、汽车等有形的物品,还包括诸如教育、卫生、理发、美容等无形的服务。

(6) GDP 一般仅指市场活动导致的价值,家务劳动、自给自足生产等非市场活动不计入 GDP 中。另外,大量的地下经济活动在 GDP 中也没有得到反映。

在国民收入核算体系中关于国内生产总值有不同的计算方法,其中主要有支出法、收入法、部门法。

9.3.2 支出法

支出法又称最终商品或产品流量法。这种方法是从产品的使用出发,把一年内购买的各项最终商品的支出加总。

按支出法计算国内生产总值,包括以下几项支出:个人消费支出(C)、国内私人总投资(I)、政府购买商品与劳务支出(G)和净出口($X-M$)。

个人消费支出包括所有家庭对国内和国外生产的产品和劳务的消费。它又可细分为耐用品、非耐用品和劳务 3 种支出,劳务中包括房租的租金。

私人国内总投资是用于购买新生产的资本货物(固定投资)和用于变动存货的总支出。家庭用于购买新的房屋被视为投资,包括在私人国内总投资之中,而它所提供的居住服务则要估算其租金计入个人消费支出之中。

政府购买商品和服务支出,包括中央和地方各级政府购买产品和劳务的数量,对政府雇员薪金的支出也包括在这个项目之中。

净出口是出口减进口的净值。在出口与进口中包括物品、劳务与其他国际间的收支。即

$$GDP = C + I + G + (X - M)$$

9.3.3 收入法

收入法又称生产要素所得法。这种方法是从收入的角度出发,把生产要素在生产中所得到的各种收入相加,即把劳动所得工资、土地所得租金、资本所得利息及企业家才能所得利润相加而成。在收入法中主要包括这样几项:工资和其他补助项目、租金收入、净利息收入和公司利润,还有一项业主收入。即

$$GDP=个人收入+租金+利息+利润+间接税+折旧$$

9.3.4 部门法

部门法又称生产法,是指按照提供物质产品与提供劳务的所有各个部门的产值来计算国内生产总值。在美国的国民收入统计中,包括下列部门:农林渔业、矿业、加工业、制造业、运输业、邮电和公用事业、电、煤气、水业、批发、零售商业、金融、保险、不动产服务业、政府服务和政府企业。它反映了国民收入的来源,所以也称为生产法。根据这种方法计算 GDP,各生产部门要把所使用的中间产品的产值扣除,仅计算所增加的价值。商业、服务等部门也按增值法来计算。卫生、行政、家庭服务等部门则按工资收入来计算其服务的价值。

以上 3 种方法计算的国民收入,从理论上讲应该是完全一致的,但实际上这 3 种方法所得出的结果往往并不一致。国民经济核算体系是以支出法为基本方法,如果其他两种方法得到的结果与支出法不一致,就要使用误差调整项来进行调整,使之达到一致。

想一想

> 生产一辆经济型轿车和生产一辆豪华型轿车,哪一个对 GDP 的贡献更大?为什么?

9.4 国民收入中的恒等关系

9.4.1 两部门经济中的收入循环与恒等关系

在两部门模型中,假定一个国家或地区经济活动的主体只有企业和家庭两个部门。两部门的经济循环模型由这两个主体和三个市场构成,如图 9-1 所示。图中箭头代表国民经济循环流动中的货币流向。

在两部门模型中,企业和家庭的关系表现为以下 3 个方面。

(1) 在生产要素市场中,家庭向企业提供劳动、土地等各种生产要素,同时从企业那里得到相应的货币收入。

(2) 在商品市场中,家庭向企业购买消费品,相应的用于消费的货币支出流向企业。

(3) 如果家庭不把所有的收入都用于消费,那么就会发生储蓄。这些储蓄流入金融市场,企业则从金融市场得到贷款,进行投资。与货币投资相应的实物形态的产品流动则发生

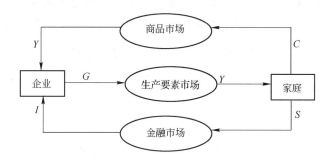

图 9-1 两部门经济循环模型

在企业部门的内部。

以上 3 个方面的流动,形成一个完整的收入流量循环。

如果以 AD 代表总需求,AS 代表总供给,以 S 代表储蓄(saving),I 代表投资(investment),C 代表消费(consuming)。从总需求即总支出来看,社会总支出=消费需求+投资需求,即 AD=C+S;从总供给即总收入来看,社会总收入=要素收入总和=工资+利息+地租+利润,社会总收入可用于消费和储蓄两部分,因此有:社会总收入=消费+储蓄,即 AS=C+I。当社会总需求与社会总供给均衡时,即 AD=AS 或者 $C+I=C+S$,则有 $I=S$。

9.4.2　三部门经济中的收入循环与恒等关系

三部门经济是在两部门经济的基础上引进政府部门后所组成的封闭经济系统。在这种经济中,政府的经济职能是通过税收与政府支出来实现的。政府通过税收与支出同家庭和企业之间发生联系。政府用于救助经济贫困家庭的支出被称为政府转移支出,这样,政府的净税收便等于税收减去政府转移支出。三部门的经济循环模型可用图 9-2 表示。

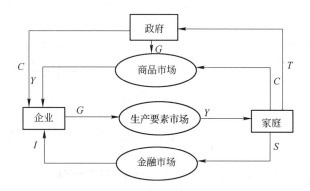

图 9-2　三部门经济循环模型

在三部门的经济循环模型中,经济要正常运行下去,不仅要储蓄等于投资,而且还要政府取自于家庭与企业的总税收与政府投向居民户和企业的总支出相等。此时,有

$$总需求=消费+投资+政府支出$$

如果以 G 代表政府支出,则上式可写为 $AD=C+I+G$。

$$总供给=消费+储蓄+政府税收$$

如果以 T 代表政府税收,则上式可写为 $AS=C+S+T$。

三部门经济中,当社会总需求与社会总供给均衡时,由 $AD=AS$,即 $C+I+G=C+S+T$,可以得出 $I+G=S+T$。

9.4.3 四部门经济中的收入循环与恒等关系

四部门经济指整个经济活动的主体由家庭、企业、政府和国外 4 部门组成。在这种经济体系中,国外的作用是:作为国外生产要素的供给者,国外向本国提供商品与劳务,对本国来说,这就是进口,进口就相当于国外的供给;作为本国生产要素的需求者,向本国购买商品与劳务,对本国来说,这就是出口,出口就相当于国外的需求。国外部门向本国政府缴纳关税。

四部门的经济循环模型可用图 9-3 表示。此时,有

$$总需求=消费+投资+政府支出+出口$$

如果以 G 代表政府支出,以 X 代表出口,则上式可写为 $AD=C+I+G+X$。

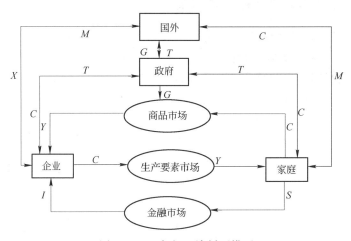

图 9-3 四部门经济循环模型

$$总供给=消费+储蓄+政府税收+进口$$

如果以 T 代表政府税收,以 M 代表进口,则上式可写为 $AS=C+S+T+M$。

四部门经济中,当社会总需求与社会总供给均衡时,由 $AD=AS$,即 $C+I+G+X=$

$C+T+S+M$,可以得出 $I+G+X=S+T+M$。

复习与思考题

一、选择题（正确答案可能只有一个，也可能两个以上）

1. 计入国内生产总值的有（   ）。
   A. 家庭主妇的家务劳动折合成的收入   B. 出售股票的收入
   C. 拍卖作品的收入   D. 晚上为邻居照看儿童的收入
   E. 从政府那里获得的困难补助的收入

2. 国内生产总值与国内生产净值之间的差别是（   ）。
   A. 直接税   B. 折旧   C. 间接税   D. 净出口
   E. 以上都不正确

3. 在国民收入核算中，测定一定时期所有最终产品和劳务的货币价值量的是（   ）。
   A. 国民收入   B. 国内生产总值   C. 国内生产净值
   D. 可支配收入总和   E. 个人收入总和

4. 在国民收入核算中，计入 GDP 的政府支出是指（   ）。
   A. 政府购买物品的支出
   B. 政府购买物品和劳务的支出
   C. 政府购买物品和劳务的支出加上政府转移支付之和
   D. 政府工作人员的薪金和政府转移支付
   E. 以上说法均不正确

5. 在三部门经济中，如果用支出法来衡量，GDP 等于（   ）。
   A. 消费+投资   B. 消费+投资+政府支出
   C. 消费+投资+政府支出+净出口   D. 消费+投资+净出口
   E. 以上结果均不正确

6. 下列（   ）不列入国内生产总值的核算。
   A. 出口到国外的一批货物   B. 政府给贫困家庭发放的一笔救济金
   C. 经纪人为一座旧房买卖收取一笔佣金   D. 保险公司收到一笔家庭财产保险费

7. 一国的国民生产总值小于国内生产总值，说明该国居民从外国取得的收入（   ）外国居民从该国取得的收入。
   A. 大于   B. 小于
   C. 等于   D. 可能大于也可能小于

8. 在 GDP 中投资包括（   ）。
   A. 在该年中政府生产的任何产品

B. 对该年中发行普通股的任何购买

C. 该年年底库存量比年初库存的任何增加

D. 由消费者购买但到该年年底并未全部消费的任何商品

9. 已知消费额为6亿元，投资额为1亿元，间接税为1亿元，政府用于商品和劳务的支出额为1.5亿元，出口额为2亿元，进口额为1.8亿元，则（　　）。

　　A. NNP 为 8.7 亿元　　　　　　B. GNP 为 7.7 亿元

　　C. GNP 为 8.7 亿元　　　　　　D. NNP 为 5 亿元

　　E. 上述答案都不正确

10. 2000 年的名义 GDP 大于 1999 年的名义 GDP，这说明（　　）。

　　A. 2000 年的价格水平高于 1999 年

　　B. 2000 年的最终产品和劳务总量高于 1999 年

　　C. 2000 年的物价水平和实际产量都高于 1999 年

　　D. 以上三种说法都可能存在

二、简答题

1. 简述 GNP 与 GDP 的区别与联系。
2. 国民收入的核算方法有哪些？
3. 简要说明四部门经济体系中的国民收入流量循环及恒等关系。
4. 解释 GDP 为什么不能成为对全面福利或幸福的良好衡量尺度。

第 10 章

国民收入决定理论

【教学目标】

本章是宏观经济学的核心理论。通过本章的学习，要求学生掌握简单国民收入决定的基本原理，理解乘数原理、消费函数和储蓄函数及其经济意义，使学生能够运用国民收入决定的基本原理分析有关经济现象。

关键词

消费函数（consumption function）
储蓄函数（saving function）
投资函数（investment function）
平均消费倾向（average propensity to consume）
边际消费倾向（marginal propensity to consume）
边际储蓄倾向（marginal propensity to save）
投资乘数（investment multiplier）

【案例导入】

蜜蜂王国的寓言

18世纪初，一个名叫曼德维尔的英国医生写了一首题为《蜜蜂的寓言》的讽喻诗。这首诗叙述了一个蜂群的兴衰史。最初，蜜蜂们追求奢侈的生活，大肆挥霍浪费，整个蜂群兴旺发达。后来它们改变了原有的习惯，崇尚节俭，结果蜂群凋敝，终于被敌手打败而逃散。

这首诗所宣扬的"浪费有功"在当时受到指责，英国中塞克斯郡大陪审团委员们就曾宣判它为"有碍公众视听的败类作品"。但在200多年之后，这部当时声名狼藉的作品却启发凯恩斯发动了一场经济学上的"凯恩斯革命"，建立了现代宏观经济学和总需求决定理论。

在20世纪30年代以前，经济学家信奉的是萨伊定理。萨伊是18世纪法国经济学家。他提出供给决定需求，有供给就必然创造出需求，所以，不会存在生产过剩性经济危机。这种观点被称为萨伊定理。但20世纪20年代英国经济停滞和20世纪30年代全世界普遍的生产过剩和严重失业打破了萨伊定理的神话。凯恩斯在批判萨伊定理中建立了以总需求分析为中心的宏观经济学。

凯恩斯认为，在短期中决定经济状况的是总需求而不是总供给。这就是说，由劳动、资本和技术所决定的总供给，在短期中是既定的，这样，决定经济的就是总需求。总需求决定了短期中国民收入的水平。总需求增加，国民收入增加；总需求减少，国民收入减少。引起20世纪30年代大危机的正是总需求不足，或者用凯恩斯的话来说是有效需求不足。凯恩斯把有效需求不足归咎于边际消费倾向下降引起的消费需求不足和资本边际效率（预期利润率）下降与利率下降有限度引起的投资需求不足。解决的方法则是政府用经济政策刺激总需求，包括增加政府支出的财政政策和降低利率的货币政策，凯恩斯强调的是财政政策。

在凯恩斯主义经济学中，总需求分析是中心。总需求包括消费、投资、政府购买和净出口（出口减进口）。在短期中，国民收入水平由总需求决定。通货膨胀、失业、经济周期都是由总需求的变动所引起的。当总需求不足时，就出现失业与衰退；当总需求过大时，就出现通货膨胀与扩张。从这种理论中得出的政策主张称为需求管理，其政策工具是财政政策与货币政策。当总需求不足时，采用扩张性财政政策（增加政府各种支出和减税）与货币政策（增加货币供给量降低利率）来刺激总需求。当总需求过大时，采用紧缩性财政政策（减少政府各种支出和增税）与货币政策（减少货币量提高利率）来抑制总需求。这样就可以实现既无通货膨胀又无失业的经济稳定。

总需求理论的提出在经济学中被称为一场"革命"（凯恩斯革命），它改变了人们的传统观念。例如，如何看待节俭。在传统观念中，节俭是一种美德。但根据总需求理论，节俭就是减少消费。消费是总需求的一个重要组成部分，消费减少就是总需求减少。总需求减少则使国民收入减少，经济衰退。由此看来，对个人是美德的节俭，对社会却是恶行。这就是经济学家经常说的"节约的悖论"。"蜜蜂的寓言"所讲的也是这个道理。

凯恩斯重视消费的增加。1933年当英国经济处于萧条时，凯恩斯曾在英国BBC电台号召家庭主妇多购物，称她们此举是在"拯救英国"。在《通论》中他甚至还开玩笑地建议，如果实在没有支出的方法，可以把钱埋入废弃的矿井中，然后让人去挖出来。已故的北京大学经济系教授陈岱孙曾说过，凯恩斯只是用幽默的方式鼓励人们多消费，并非真的让你这样做。但增加需求支出以刺激经济则是凯恩斯本人和凯恩斯主义者的一贯思想。

【启发思考】
(1) 决定国民收入的因素有哪些？
(2) 凯恩斯宏观经济学的核心观点是什么？

现代西方宏观经济学的奠基人凯恩斯学说的中心内容就是国民收入决定理论。凯恩斯主义的全部理论涉及 4 个市场：产品市场、货币市场、劳动力市场和国际市场。本章仅介绍简单国民收入决定理论。

10.1 简单的国民收入决定模型

10.1.1 总需求与均衡国民收入的决定

国民收入水平是由总供给和总需求共同决定的。社会总供给和社会总需求相等时的国民收入称为均衡国民收入。假设在短期内总供给不变，则均衡的国民收入水平就是由总需求决定的。如图 10-1 所示。

在图 10-1 中，横轴表示国民收入 Y，纵轴表示总需求 AD，45°线表示总需求＝总供给。由于短期内总需求相对稳定，可以认为是不变的。因此，这里用一条与横轴平行的线 AD_0 代表总需求水平。AD 与 45°线相交于 E 点，决定了均衡的国民收入水平 Y_0。

在 Y_0 的左边，总需求＞总供给，企业就会扩大生产，国民收入将会向 Y_0 增加；反之，在 Y_0 的右边，总需求＜总供给，企业就会削减生产，国民收入将会向 Y_0 减少。只有在 Y_0 时，总需求＝总供给，国民收入既不会增加，也不会减少，处于均衡状态。这时的国民收入就是均衡国民收入。

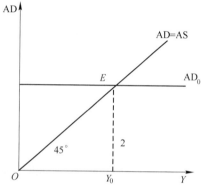

图 10-1 均衡国民收入的决定

需要说明的是，国民收入有潜在国民收入和均衡国民收入之分，潜在国民收入是指充分就业时的国民收入，显然，一个国家（地区）一定时期内的潜在国民收入，应该是该时期最大的国民收入。

下面为了分析简单国民收入的决定，首先来介绍消费函数、储蓄函数与投资函数。

10.1.2 消费函数

为了便于分析，下面先从最简单的模型即两部门的经济体系入手探讨国民收入的决定问题。简单的国民收入决定模型需要满足以下基本假设：

- 经济中只存在两个部门——家庭和企业；
- 利率、工资和价格是固定不变的；
- 投资水平既定；
- 潜在的国民收入是固定不变的。

第 9 章我们已经分析得到结论，两部门国民收入均衡的条件是 AD＝AS 或 $C+I=C+S$，即两部门经济总体要达到均衡必须满足 $S=I$。

1. 消费函数

消费函数是指消费支出与决定消费的各种因素之间的依存关系。影响消费的因素很多，但收入是最主要的因素，所以，消费函数一般以收入为自变量，反映收入和消费之间的依存关系。在其他条件不变的情况下，消费随收入的变动而呈现同方面的变动，即收入增加，消费增加；收入减少，消费减少。但消费与收入并不一定按同一比例变动。如果以 C 代表消费，Y 代表收入，则消费函数可以表示为

$$C=f(Y) \qquad (10-1)$$

2. 平均消费倾向和边际消费倾向

假定收入一定，消费的大小还取决于消费倾向的大小，消费与收入之间的关系可以用平均消费倾向和边际消费倾向来说明。

平均消费倾向（average propensity to consume，APC）是指消费在收入中所占的比例，如果用 C 表示消费，用 Y 表示收入，则

$$APC=C/Y \qquad (10-2)$$

边际消费倾向（marginal propensity to consume，MPC）是指消费增量在收入增量中所占的比例，若以 ΔC 代表消费增量，以 ΔY 代表收入增量，则

$$MPC=\Delta C/\Delta Y \qquad (10-3)$$

一般地说，边际消费倾向总是大于 0 而小于 1 的，即 $0<MPC<1$。

根据凯恩斯的消费变动的基本心理规律及消费增加的速度慢于收入增加的速度的假设，可以得出一个基本规律，即随着收入的增加，边际消费倾向呈现递减的趋势，这一规律称为边际消费倾向递减规律。

3. 消费曲线

消费曲线是表示消费数量和收入之间关系的一条曲线，如图 10-2 所示。在图 10-2 中，随着收入的增加，消费逐渐增加，因而消费曲线是一条向右上方倾斜的曲线。同时，由于边际消费倾向递减规律的作用，随着收入的增加，消费增加的速度越来越慢，因而消费曲线随着收入的增加越来越趋于平坦。

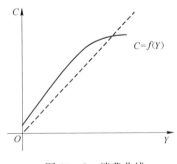

图 10-2 消费曲线

在分析短期消费与收入的关系时，消费函数可以由线性消费函数表示为

$$C=a+bY \qquad (10-4)$$

式中：a——自发性消费，它不受收入变动的影响，在短期内，即使没有收入也存在自发性消费；

b——边际消费倾向，bY 表示引致性消费，它随着收入的增加而增加。这样，直线 $C=a+bY$ 的经济学意义就是：消费等于自发消费与引致消费之和。

线性消费函数表明，随着收入的增加，消费按一个固定的比例 b 增加，$0<b<1$。此时，消费曲线是一条向右上方倾斜的直线，如图 10-3 所示。

10.1.3 储蓄函数

1. 储蓄函数

储蓄函数是指储蓄与决定储蓄大小的各种因素之间的依存关系。影响储蓄的因素很多，但收入是最主要的因素，所以，储蓄函数主要反映收入与储蓄之间的依存关系。如果以 S 代表消费，Y 代表收入，则储蓄函数可以表示为

$$S = f(Y) \tag{10-5}$$

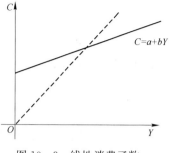

图 10-3 线性消费函数

一般而言，在其他条件不变的情况下，储蓄随收入的变动而同方向变动，即收入增加，储蓄增加，收入减少，储蓄减少。但储蓄与收入并不一定按同一比例变动。

2. 平均储蓄倾向和边际储蓄倾向

假定收入一定，储蓄的大小还取决于储蓄倾向的大小，储蓄与收入之间的关系还可以用平均储蓄倾向和边际储蓄倾向来说明。

平均储蓄倾向（average propensity to saving，APS）是指储蓄在收入中所占比例。如果用 S 表示储蓄，用 Y 表示收入，则

$$APS = S/Y \tag{10-6}$$

边际储蓄倾向（marginal propensity to saving，MPS）是指增加的收入中用于储蓄的比例。如果以 ΔS 代表储蓄增量，以 ΔY 代表收入增量，则

$$MPS = \Delta S/\Delta Y \tag{10-7}$$

边际储蓄倾向一般为正值，但小于1，即 $0 < MPS < 1$，不过，随着收入增加，边际储蓄倾向呈递增的趋势。

3. 储蓄曲线

储蓄曲线是表示储蓄数量和收入之间关系的一条曲线，如图 10-4 所示。

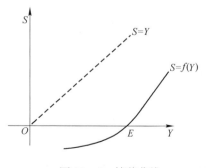

图 10-4 储蓄曲线

在图 10-4 中，随着收入的增加，储蓄逐渐增加，因而储蓄曲线是一条向右上方倾斜的曲线。同时，随着收入的增加，储蓄增加的速度更快，因而储蓄曲线随着收入的增加越来越陡峭。

与消费函数相同的是，在分析短期储蓄与收入的关系时，储蓄函数也可以由线性储蓄函数表示为

$$S = Y - C = Y - (a + bY) = -a + (1-b)Y \tag{10-8}$$

式中：$-a$——自主储蓄，对应于没有收入时的自发消费，它不受收入变动的影响；

$(1-b)Y$——收入引致的储蓄，它随着收入的增加而增加，而 $1-b$ 为边际储蓄倾向。

线性储蓄曲线如图 10-5 所示。E 为收支相抵点，此时储蓄为零，即全部收入用于消费；E 的左边为负储蓄，表示收入小于储蓄；E 的右边储蓄为正，表示收入大于储蓄，且储蓄随着收入的增加而增加。

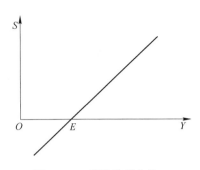

图 10-5 线性储蓄曲线

10.1.4 消费函数与储蓄函数之间的关系

根据上述分析，消费函数与储蓄函数之间存在以下 3 方面关系：

① 全部收入可以分为消费与储蓄，即 $C+S=Y$；
② 平均消费倾向与平均储蓄倾向之和恒等于 1，即 APC+APS=1；
③ 边际消费倾向和边际储蓄倾向之和恒等于 1，即 MPC+MPS=1。

由此可见，消费函数与储蓄函数中只要有一个确立，另一个也随之可以确立。

10.1.5 投资函数

1. 投资的概念

投资是指增加实际资本的行为，表现为一定时期内增加新的建筑物、耐用设备及增加或减少存货等。日常生活中的投资，例如，个人购买房产、购买股票等，往往只是发生财产权的转移，并不能实际增加社会的资本总量，因此，在考察总量收入时，经济学上不把这些行为考察在内。

投资有总投资、重置投资和净投资之分。总投资为重置投资和净投资之和。重置投资是指用来补偿损耗掉的资本设备的投资，在价值形式上以提取折旧的方式进行。重置投资取决于原有的资本存量。净投资是指扩大资本存量进行的固定资本和存货投资，它可以为正值、负值和零。

2. 投资函数

投资函数是指投资与利息率之间的依存关系。如果用 I 表示投资，r 表示利率，则投资函数一般可以表示为

$$I=I(r) \tag{10-9}$$

有时为了简单起见，把投资函数以线性的形式表示为

$$I=I_0-\mathrm{d}r \tag{10-10}$$

式中：I_0——自主投资，它不随利率的变动而变动；
$-\mathrm{d}r$——由利率变动引发的投资，故称为引致性投资。线性投资函数在坐标平面上表现为一条斜率为 r 的直线。

10.2 乘数理论

根据凯恩斯的观点，自发总需求的增加会引起国民收入增加，但是，一定量自发总需求的增加会使国民收入增加多少，即总需求增加与国民收入增加之间量的关系如何呢？乘数理论正是要回答这一问题的。

乘数是指自发总需求的增加所引起的国民收入增加的倍数，或者说是国民收入增加量与引起这种增加量的自发总需求增加量之间的比率。用公式表示为

$$K = \Delta Y / \Delta A \tag{10-11}$$

式中：K——乘数；

ΔY——国民收入的增量；

ΔA——自发总需求的增量。

乘数这个概念最早是凯恩斯的学生 R. F. 卡恩（Kahn）在 1931 年所发表的文章《国内投资与失业的关系》中提出来的，是"用来估计投资净增量与由此引起的总就业量二者之间之实际数量关系"。凯恩斯用这一概念来说明收入与投资的关系，他说："在一特定情况之下，我们可以在所得与投资之间，确立一个一定比例，称之为乘数。"以下在论述乘数问题时一般也是指投资乘数。

投资乘数（investment multiplier）是指国民收入增量相当于投资增量的倍数，用公式表示为

$$K = \Delta Y / \Delta I \tag{10-12}$$

投资乘数产生的主要根源在于社会经济各部门之间的相互关联性。当某一个部门投资增加，不仅会使本部门收入增加，而且会使其他部门发生连锁反应，从而导致这些部门投资与收入也增加，最终使国民收入的增加量是最初自发投资增加量的数倍。同理，当投资减少时，国民收入也成倍减少。

例如，某部门增加投资 100 亿元，增加的 100 亿元用于购买投资品，投资的需求增加了 100 亿元，则参与投资品生产的要素就会获得 100 亿元的收入，即国民收入会增加 100 亿元。假定 MPC=0.8，100 亿元中有 80 亿元用于购买消费品，经济中消费品的需求又会增加 80 亿元，这会导致消费品生产部门增加 80 亿元的收入，这 80 亿元又以工资、利息、利润和租金的形式流入生产消费品的生产要素所有者手中，从而该社会居民收入又增加 80 亿元，要素所有者再将这 80 亿元中的 0.8 即 64 亿元用于消费，结果，经济中消费品的需求又会增加 64 亿元……依次类推，社会最终增加的国民收入为

$$100 + 100 \times 0.8 + 100 \times 0.8^2 + \cdots + 100 \times 0.8^n + \cdots = \frac{100}{1-0.8} = 500 \text{（亿元）}$$

一般地，设投资增量为 ΔI，国民收入的增量为 ΔY，经济中家庭部门的边际消费倾向为 b，那么，由投资增加引起的一系列国民收入的增加为

$$\Delta I, b \cdot \Delta I, b^2 \cdot \Delta I, \cdots, b^n \cdot \Delta I, \cdots$$

则最终国民收入的增加量为

$$\Delta Y = \Delta I + b \cdot \Delta I + b^2 \cdot \Delta I + \cdots + b^n \cdot \Delta I + \cdots = \frac{\Delta I}{1-b} \tag{10-13}$$

公式 $\Delta Y = \frac{\Delta I}{1-b}$ 被称为投资乘数定理，而 $K = \frac{1}{1-b}$ 被称为投资乘数。

如前所述，由于 $1-b$ 为边际储蓄倾向，因此，有

$$K = \frac{1}{MPS} = \frac{1}{1-MPC} \tag{10-14}$$

由于 MPC 和 MPS 均大于 0 且小于 1，所以投资乘数 K 一般总是大于 1 的。从式（10-14）中可以看出，投资乘数的大小取决于边际消费倾向的大小，边际消费倾向越接近于 1，投资乘数就越大；反之，边际消费倾向越接近于 0，投资乘数就越小。

投资乘数的作用是双向的，即当投资增加时，它所引起的国民收入的增加会大于所增加的投资；当投资减少时，它所引起的国民收入的减少也会大于所减少的投资。正因为如此，经济学家把乘数称为一把"双刃剑"。

需要注意的是：乘数发生作用的条件是社会上各种资源没有被充分利用，即经济处在萧条时期。

课堂讨论

为什么战时大量军事开支会导致 GDP 的快速增长？为什么美国 20 世纪 60 年代或 20 世纪 80 年代的减税引发了一场时间较长的经济扩张？试用乘数原理加以解释。

阅读思考

古老美德何以成为现代罪恶？——谈"节俭悖论"

蜜蜂王国的故事说的是"节俭的逻辑"，在经济学上叫"节俭悖论"。在西方经济学说史上，节俭悖论曾经使许多经济学家倍感困惑，经济学家凯恩斯从故事中却看到了刺激消费和增加总需求对经济发展的积极作用，受此启发，他进一步论证了节俭悖论。

众所周知，节俭是一种美德。从理论上讲，节俭是个人积累财富最常用的方式。从微观上分析，某个家庭勤俭持家，减少浪费，增加储蓄，往往可以致富。然而，熟悉西方经济学的人们都知道，根据凯恩斯的总需求决定国民收入的理论，节俭对于经济增长并没有什么好处。实际上，这里蕴含着一个矛盾：公众越节俭，降低消费，增加储蓄，往往越会导致社会收入的减少。因为在既定的收入中，消费与储蓄呈反方向变动，即消费增加储蓄就会减少，消费减少储蓄就会增加。所以，储蓄与国民收入呈现反方向变动，储蓄增加国民收入就减少，储蓄减少国民收入就增加。根据这种看法，增加消费减少储蓄会通过增加总需求而引起国民收入增加，就会促进经济繁荣；反之，就会导致经济萧条。由此可以得出一个蕴含逻辑矛盾的推论：节制消费增加储蓄会增加个人财富，对个人是件好事，但由于会减少国民收入引起萧条，对国民经济却是件坏事。

节俭悖论告诉我们：节俭减少了支出，迫使厂家削减产量，解雇工人，从而减少了收入，最终减少了储蓄。储蓄为个人致富铺平了道路，然而如果整个国家加大储蓄，将使整个社会陷入萧条和贫困。凯恩斯曾形象地说，如果"你们储蓄五先令，将会使一个人失业一天"。按照他的观点，在资源没有得到充分运用、经济没有达到潜在产出的情况下，只有每个人都尽可能多地消费，整个经济才能走出低谷，迈向更加充分就业、经济繁荣的阶段。因此，凯恩斯的理论后来被一些人解释为需求决定论。

在深受读者欢迎的《经济学》教科书中，萨缪尔森指出："本·富兰克林的《穷人理查德的手册》告诉我们：'节俭一分钱就是挣一分钱。'"但是，"正当我们学习穷人理查德的智慧时，出现了一代新的理财奇才，他们声称在萧条时期，古老的美德可以是现代的罪恶"。

古老的美德何以成为现代的罪恶？萨缪尔森试图用冷静的态度来解开这个悖论之谜。他告诉我们考虑以下两点有助于澄清问题：一是在经济学中我们必须永远警惕逻辑上的合成谬误。也就是说，对单独个人有益的事不一定就对全体有益；在某些情况下，个人的精明可以是社会的愚笨。二是解决节俭悖论的线索存在于经济是否处于萧条的水平这一问题之中。在一个古老的社会中，我们总是处在充分就业状态；因此，我们把国民产品用于当前消费越多，可用于资本形成的产品就越少。如果产出可以假定总是处在其潜在水平，那么传统的节俭理论就是绝对正确的，即从个人和社会角度来说都是正确的。

节俭悖论使许多经济学家接受了反储蓄的心理状态，特别是在经济滑坡、商家和消费者变得悲观时。然而，美国罗林斯学院的马克·斯考森在《经济学的困惑与悖论》中指出：萨缪尔森的反储蓄主张近年来似乎有了一些改变。因为"越来越多的证据表明萨缪尔森的心思不再专注于此，始于第十三版（1989），他加进了支持储蓄的部分"。实际上，针对凯恩斯主义者的反储蓄偏见，有些经济学家认为，储蓄的关键是增长而非节俭。新古典主义者和奥地利学派经济学家对节俭悖论学说也提出了批评。现在，西方有一种对凯恩斯主义、古典主义和奥地利学派有关储蓄立场的补充方法，即在经济增长时期既鼓励储蓄又鼓励消费者支出。这种方法使得消费者支出上升时，储蓄和投资也上升，结果将使经济增长进入新境界。

节俭悖论给我们哪些启示呢？任何悖论都是相对于一定的理论体系或特定的语境而言的，节俭悖论也不例外。

其一，必须认识到节俭悖论的存在有其特定的时空条件。只有在大量资源闲置，社会有效需求不足，存在严重失业时，才有可能出现这种悖论所呈现的矛盾现象。如果社会已经达到充分就业，但资源紧缺，甚至存在膨胀缺口，这时节俭可能就会抑制过高的总需求，也有助于消除通货膨胀。

其二，正确理解节俭悖论，有助于提高我们对高储蓄可能带来的不良后果的认识。目前，我国居民的高储蓄不能有效转化为投资；同时居民消费需求不足，造成大量商品生产过剩，企业开工不足，失业人员增加，经济增长受到影响。为了刺激消费扩大内需，国家采取了积极的财政政策，通过给公务员加薪，扩大"低保"范围和提高"低保"标准等一系列措施鼓励大家消费，但这些措施还没有从根本上解决问题。显然，高储蓄是不利于解决消费需求不足问题的，也是不利于经济发展的。

其三，今天城市居民的生活方式在总体上正从节俭型向消费型转变，人们对生活质量和生命质量的意识明显增强。在这个过程中，难免会出现消费心理的某些畸形发展，如出于面子需要和攀比心理所导致的炫耀性消费、奢侈浪费等非理性的现象。因此，我们不仅要鼓励老百姓增加消费，也要大力提倡理性消费，理直气壮地反对浪费。

资料来源：沈跃春．中国青年报．

【启发思考】

(1) 读了上面的文章，你有何感想？

(2) 你同意节俭是经济增长的罪恶这种观点吗？为什么？

(3) 学习了宏观经济学之后，你怎样看待当代大学生中的高消费现象？

(4) 在什么前提下，"节俭悖论"才能成立？这对你有何启发？

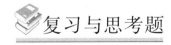

复习与思考题

一、名词解释

均衡国民收入　潜在国民收入　消费函数　平均消费倾向　边际消费倾向　自发性消费　引致性消费　储蓄函数　平均储蓄倾向　边际储蓄倾向　投资函数　投资乘数

二、选择题（含单项选择和多项选择）

1. 在两部门经济中，均衡发生于（　　）之时。

A. 实际储蓄等于实际投资　　　　　B. 实际的消费加实际的投资等于产出值
C. 计划储蓄等于计划投资　　　　　D. 总支出等于企业部门的收入

2. 消费者储蓄增多而消费支出减少，则（　　）。
A. GDP 将下降，但储蓄 S 将不变　　B. GDP 将下降，但储蓄 S 将上升
C. GDP 和储蓄 S 都将下降　　　　　D. GDP 不变，但储蓄 S 下降

3. 如果边际储蓄倾向为 0.3，投资支出增加 60 亿元，可以预期，这将导致均衡水平 GDP 增加（　　）。
A. 20 亿元　　　B. 60 亿元　　　C. 180 亿元　　　D. 200 亿元

4. 边际消费倾向与边际储蓄倾向之和，是（　　）。
A. 大于 1 的正数　　　　　B. 小于 2 的正数
C. 零　　　　　　　　　　D. 等于 1
E. 以上结论都不正确

5. 平均消费倾向与平均储蓄倾向之和，是（　　）。
A. 大于 1 的正数　　　　　B. 小于 1 的正数
C. 零　　　　　　　　　　D. 等于 1
E. 以上结论都不正确

6. 根据消费函数，引起消费增加的因素是（　　）。
A. 价格水平下降　　　　　B. 收入增加
C. 储蓄增加　　　　　　　D. 利率提高
E. 以上说法均不正确

三、计算分析题

假设某经济社会的消费函数为 $C=100+0.8Y$，投资为 50（单位：10 亿美元）。试回答下列问题：

1. 求均衡国民收入、消费和储蓄。
2. 若消费函数变为 $C=100+0.9Y$，投资仍为 50，国民收入和储蓄各为多少？投资增至 100 时，国民收入增加多少？
3. 消费函数变动后，乘数有何变化？

四、分析论述题

1. 简述在两部门经济中均衡国民收入是如何决定的。
2. 在统计局网站上查询至少 3 年的我国国内生产总值、国民收入、居民收入、居民可支配收入，了解这些指标的数据和变化。

第 11 章

失业与通货膨胀

【教学目标】

通过本章的学习，要求学生掌握失业、充分就业及通货膨胀的基本概念，了解失业与通货膨胀的类型、形成的原因及其对经济和社会的影响，能充分认识奥肯定律和菲利普斯曲线的内涵及意义，正确理解当前国际、国内的宏观经济形势及政府采取的政策措施。

关键词

失业（unemployment）
充分就业（full employment）
通货膨胀（inflation）
奥肯定律（Okun's law）
菲利普斯曲线（the phillips curve）

通货膨胀和失业是宏观经济学中的两个重要研究课题，是不断困扰各国政府的两大经济难题。通货膨胀使货币购买力降低，使所有人痛苦；而失业使失业者丧失工作，相对于就业者是少数的人痛苦，但生活无着。无论是 1929—1933 年席卷资本主义国家的经济危机，1997 年的亚洲金融危机，还是 2008 年的全球金融风暴，世界各国的人们不止一次地饱受了失业和通货膨胀所带来的惨痛打击。因此，失业和通货膨胀就成为宏观经济学研究的主要问题。

11.1 失业理论

【案例导入】

失业问题是当代世界性难题。自 20 世纪 80 年代以来，联合国把保障人类参加经济活动的权利，即就业权置于非常突出的地位，特别是把失业者获得保护和再就业的权利作为全球努力的目标,发达国家也纷纷将失业治理上升为各自政府的头等大事来抓。

我国国家统计局2018年4月17日首次正式公布调查失业率数据。国家统计局局长宁吉喆表示,自2018年4月起,国家统计局将调查失业率纳入主要统计信息发布计划中,按月定期发布全国城镇调查失业率和31个大城市城镇调查失业率。未来,国家统计局将在统筹考虑社会需求和工作基础的情况下,逐步增加发布内容,竭力满足社会对就业失业数据的需求。

调查失业率,是指通过劳动力调查或相关抽样调查推算得到的失业人口占全部劳动力(就业人口和失业人口之和)的百分比。

城镇调查失业率统计范围是城镇常住人口,既包括城镇本地人口,也包括外来的常住人口,如从农村转移至城镇的人口,它不要求失业登记,也不限定户籍、工作经历等条件。从调查方法来看,与通过行政记录获取登记失业率的方法不同,调查失业率是通过对住户抽样调查的方法获得失业率数据。

宁吉喆指出,调查失业率在全面、准确、及时反映我国宏观经济运行情况、劳动力市场资源配置状况、服务宏观管理和科学决策方面必不可少。登记失业率在政府制定出台就业政策、提供精准就业服务方面具有重要作用。

2018年,我国经济平稳增长,质量效益进一步提升,为就业形势的稳定奠定了坚实基础。2018年末,城镇就业人员为43 419万人,比2017年末增加957万人,城镇就业规模持续扩大。1—12月,全国城镇调查失业率在4.8%~5.1%,除个别月份与上年同期持平外,多数月份均低于上年同期水平。12月,全国城镇调查失业率为4.9%,比上月微升0.1个百分点,连续4个月稳定在5%以下。分年龄看,25~59岁劳动年龄人口作为参与社会经济活动的主力军,其失业率继续稳定在4.4%的较低水平。高校毕业生的就业状况总体好于往年,20~24岁本科及以上受教育程度人员失业率比上年同期下降2个百分点。

【启发思考】
(1) 如何界定失业?
(2) 失业是由哪些原因造成的?
(3) 为什么在存在大量工作需要完成的时候,依然有千百万人失业呢?
(4) 失业对个人、社会、经济发展各有何影响?
(5) 我国对失业率进行调查统计有何意义?
(6) 如何治理失业带来的负面影响?

11.1.1 失业与充分就业

1. 失业及其界定

失业(unemployment)是指在法定年龄范围内,有劳动能力并愿意就业的劳动者积极寻找工作却未能按当时通行的实际工资水平获得工作机会的社会现象。失业的实质是劳动力不能与生产资料相结合进行社会财富的创造,因此是一种经济资源的浪费。

> **课堂讨论**
>
> 一个领取退休金的老人处于失业状态吗？一个长期患病且不能工作的人算失业者吗？一个只在每个星期天工作 3 小时且正寻找全日制工作的人算失业吗？

失业有很多不同的定义，世界各国对失业的界定标准也各有差异，为了国际比较的方便，目前世界上的大多数国家，如欧盟国家、OECD 国家在度量失业时都遵循国际劳工组织（ILO）所推荐的失业定义。

根据国际劳工组织所推荐的失业标准，失业必须具备这样 3 个条件，一是没有工作；二是能够到岗；三是积极寻找工作。

在美国，就业年龄范围规定为 16～65 岁，在进行失业统计时，一般将属于失业范围的人定义为：

① 新加入劳动力队伍第一次寻找工作，或重新加入劳动力队伍正在寻找工作已达 4 周以上的人；

② 为了寻找其他工作而离职，在找工作期间作为失业者登记注册的人；

③ 被暂时辞退并等待重返工作岗位而连续 7 天未得到工资的人；

④ 被企业解雇而且无法回到原工作岗位的人，即非自愿离职的人。

2. 失业的衡量

衡量一个国家失业状况的基本指标是失业率。失业率是失业人数占劳动人数的百分比，用公式表示为

$$失业率 = \frac{失业人数}{劳动力总数} \times 100\%$$

一直以来，失业率被视为一个反映整体经济状况的指标，而它又是每个月最先发表的经济数据，所以失业率指标被称为所有经济指标的"皇冠上的明珠"，它是市场上最为敏感的月度经济指标。在中国和美国，失业率都是在每月第一个周五公布。

3. 充分就业

在通常情况下，失业可以分为由于需求不足而造成的周期性失业、由于经济中某些难以克服的原因而造成的自然失业两种情况。消灭了周期性失业时的就业状态就是充分就业。在实际的经济生活中，一个社会的充分就业，并不是指人人都有工作，即不是指就业率为 100%，充分就业与自然失业的存在并不矛盾。实现了充分就业时的失业率称为自然失业率。

充分就业率的高低，取决于劳动力市场的完善程度、经济状况等各种因素。充分就业率由各国政府根据实际情况确定，各国在各个时期所定的充分就业率都不同。第二次世界大战后各国自然失业率有不断上升的趋势。从美国来看，20 世纪 50—60 年代的自然失业率为 3.5%～4.5%；20 世纪 70 年代为 4.5%～5.5%；而 20 世纪 80 年代为 5.5%～6.5%，即若有 93.5%～94.5% 的劳动人口就业，就是实现了充分就业。

11.1.2 失业的种类

对应于当今劳动市场的特点，经济学家将失业分为摩擦性失业、结构性失业和周期性失业 3 种不同类型。

1. 摩擦性失业

摩擦性失业是经济中由于正常的劳动力流动而引起的失业。在一个动态的市场经济中，人们在各行业、各部门、各种工作职位之间及各地区之间不停地变动，这种变动必然导致劳动力的流动。在劳动力的流动过程中，总有部分工人处于失业状态，这就形成了摩擦性失业。例如，劳动者不满意现有的工作，离职去寻找更理想的工作所造成的失业；父母在生育孩子之后，希望重新获得工作机会等。

由于经济中劳动力的流动是正常的，在市场经济中这种失业的存在是必然的，因此，摩擦性失业也被称为自然失业。

 想一想

哪些原因会造成摩擦性失业呢？为什么刚毕业走入社会的大学生，尤其是名牌大学毕业的大学生摩擦性失业发生的可能性通常比较大？偏远、闭塞、经济落后地区与信息发达、经济发达地区相比，在摩擦性失业的形成上有何不同？

2. 结构性失业

结构性失业主要是由于劳动力的供给和劳动力的需求不匹配造成的，或者说是由于劳动力的流动不能适应经济结构和劳动力市场变动所引起的失业。经济结构的变动，例如，产业的兴衰所引起的职业间或地区间的结构性失衡，会导致劳动力需求结构的变化。人口结构老龄化、家庭结构小型化等的发展趋势，将会使得家政服务、老年护理等职业需求增加，甚至男性护士需求增加，这些都要求劳动供给能迅速适应这些变动。但是，由于劳动力在职业、技能、工种、地区分布等方面一时间难以迅速适应这些变化，从而出现部分人失业。在这种情况下，"失业与空位"并存，即一方面存在有岗无人的"空位"，另一方面又存在有人无岗的"失业"。这种失业的根源在于劳动力市场的结构特点。此外，由于雇主歧视某类工人，如肤色、性别、年龄等都有可能引起结构性失业。

想一想

我国农村剩余劳动力属于哪种失业？各地政府在缓解"民工潮"方面如何作为？在知识经济时代，就业竞争日益严峻，大学生如何减少自己失业的概率呢？

3. 周期性失业

周期性失业是由于经济的周期性波动所造成的。在经济周期的衰退或萧条阶段，对劳动力需求下降而造成的失业,称为周期性失业。这是一种最严重、最常见的失业类型。在经济繁荣时期,劳动需求量大,众多的失业者被迅速吸收;当经济衰退时,劳动力需求量急剧减少,失业率迅速上升。例如,1982年美国经济衰退时期,美国50个州中有48个州的失业率上升;在1991—2000年的经济繁荣时期,美国每个州的失业率都在下降;而2008年夏天以来爆发的全球金融危机,使得世界各国的失业率都大幅度上升。由于人们对经济周期到来的时间、持续时间、影响的深度和广度缺乏足够的认识,因此,这种失业难以预测和防范。

> **课堂讨论**
>
> 由于自然因素的影响使得某些行业的生产具有季节性,因此造成了行业员工的工作时间带有周期性特点,这属于周期性失业吗?为什么?

11.1.3 失业的影响与治理

1. 失业的影响

失业无论对于个人还是对于社会经济整体而言都是痛苦的,是要付出代价的。当实际失业率超过充分就业的失业率时,GDP水平会下降。如果实际失业率过高,还可能带来社会的不安定。

1) 失业对个人和家庭的影响

失业不仅会使人们陷入收入减少、生活质量下降的痛苦挣扎,而且还影响人们的情绪和家庭生活。心理研究曾经指出,失业所造成的创伤绝不亚于亲友去世或学业失败。2008年夏天以来席卷全球的金融风暴,甚至使得很多公司的高管和金融机构的高薪白领也意想不到地失去了令人羡慕的体面工作,失业使他们的自信心备受打击,甚至开始怀疑自身存在的价值。

> **课外阅读**
>
> 表11-1为失业和其他生活事件所引起的紧张感指数的比较。
>
> 表11-1 失业和其他生活事件所引起的紧张感指数的比较
>
> | 生活事件 | 伴随事件的紧张程度 | 生活事件 | 伴随事件的紧张程度 |
> | --- | --- | --- | --- |
> | 配偶死亡 | 100 | 解雇 | 40 |
> | 入狱 | 66 | 由于学业不良而被迫退学 | 37 |
> | 失去工作 | 49 | 孩子离家 | 29 |
> | 亲密朋友死亡 | 47 | 工作条件的大变化 | 20 |
>
> 资料来源:萨缪尔森,诺德豪斯. 经济学. 高鸿业,译.12版.北京:中国发展出版社,1992:339.

2) 失业对社会经济的影响

首先，失业给经济带来巨大的产出损失。当失业率上升时，经济中本可由失业工人生产出来的商品及劳务被白白浪费掉了，经济损失就好像是将无数的汽车、房屋、衣物和其他商品倒进了大海。表11-2反映了美国经济在高失业时期的经济代价。

表11-2 美国经济在高失业时期的经济代价

时 间	平均失业率/%	GDP损失/10亿美元（1996年价格）	占该时期GDP比重/%
大萧条时期（1929—1933年）	18.2	2 420	27.6
石油危机和通货膨胀时期（1975—1984年）	7.7	1 480	3.0
新经济时期（1985—1996年）	5.7	240	0.3

资料来源：萨缪尔森，诺德豪斯．宏观经济学．肖琛，译．17版．北京：人民邮电出版社，2004：534．

从表11-2可知，大萧条时期，失业所带来的损失高达2.4万亿美元，20世纪70—80年代的石油危机和通货膨胀，也带来了1.48亿美元的产出损失。高失业所带来的经济损失是现代经济中有据可查的最大损失，它比微观经济中由于垄断所引起的效率损失或关税配额所引起的效率损失都要大许多倍。

其次，失业还会加大社会经济运行的成本。为了维持失业者最基本的生活，政府和社会为他们提供失业救济和最低生活保障，这些转移支付最终会内化为社会经济的运行成本。如果失业率过高，社会经济将不堪重负。

3) 失业对社会和政治的影响

国家和社会对失业人员的保险和救济只能维持他们最基本的生活水平。如果为数较多的社会成员生活窘迫以至正常生活无以为继时，他们中一些人就有可能铤而走险，违反正常的社会秩序而使自己得以生存。这样将威胁社会经济秩序的稳定，执政者和当局也必将引起社会大众的普遍谴责，形成信任危机。

2. 奥肯定律（Okun's law）

1962年，美国经济学家阿瑟·奥肯提出了著名的"奥肯定律"，用来说明失业率与实际国民生产总值增长率之间的关系。这一规律可以概括为：失业率每增加1%，则实际国民生产总值降低2.5%；反之，失业率每降低1%，则实际国民生产总值增加2.5%。在理解这一规律时需要注意以下几点。

(1) 它表明了失业率与实际国民收入增长率之间是反方向变动的关系。

(2) 失业率与实际国民收入增长率之间1：2.5的关系只是一个平均数，是根据经验统计资料得出来的，在不同的时期并不完全相同。在20世纪60年代，这一比率是1：3；在20世纪70年代，这一比率是1：2.5～1：2.7；在20世纪80年代，这一比率是1：2.5～1：2.9。

（3）奥肯定律主要适用于没有实现充分就业的情况，即失业问题只是由于周期性失业的原因而产生的失业。在实现了充分就业的情况下，自然失业率与实际国民收入增长率的比率是 1∶0.76 左右。

人物窗　阿瑟·奥肯

阿瑟·奥肯（Arthur M. Okun，1928—1980），美国经济学家，美国新泽西州泽西城人。1956 年获哥伦比亚大学经济学博士学位，后任教于耶鲁大学，讲授经济学。1961 年，他得到肯尼迪总统及其经济顾问委员会海勒教授的垂青，被邀担任总统经济顾问委员会成员。1964 年，他又被聘为约翰逊总统经济顾问委员会成员，而且 1968 年被任命为该委员会主席。他倾向于凯恩斯主义派，长期以来致力于宏观经济理论及经济预测的研究，并且从事于政策的制定及分析。奥肯的著作甚多，但大多是研究报告，在美国经济学界有相当的影响。他论述国内生产总值增长率与失业率之间关系的"奥肯定律"已成为经典之论。他的名著《平等与效率》是有关这一问题最权威的论著，至今仍广受重视。

3. 失业的治理

失业给个人、家庭、社会经济带来的损失都是惨痛的，治理失业已成为当今世界一个全球性的热点和难点问题。治理失业的对策通常包括以下几项。

1）调节总需求

这类对策主要用来解决周期性失业问题，这也是社会经济中最重要、最常见的失业问题。由于周期性失业问题是对劳动力的需求不足而产生的，因此，治理这类失业问题的关键就是刺激需求，促进投资，扩大生产，繁荣经济，促进就业。治理失业可以使用的货币政策、财政政策等将在第 12 章中详细讲解，这里不再赘述。

2）调整人力资源管理政策

这类措施对摩擦性失业和结构性失业比较有效。其中主要有以下几项措施。

（1）加大人力资本投资。在失业高峰时期，政府或有关机构可以通过向劳动者投资，以提高劳动者的文化技术水平与身体素质，适应劳动力市场的需求，提高他们的就业能力，以解决有人无岗和有岗无人的结构性失业问题。例如，针对我国的国情，可以采取延长义务教育年限，或者扩大职业技术学校办学规模，实行劳动准入制度，将沉重的人口负担转化为高素质的人力财富。

（2）完善劳动市场。失业产生的一个重要原因是劳动力市场的不完善，如劳动供求的信息不畅通、就业介绍机构的缺乏等。因此，政府应该不断完善和增加各类就业中介机构，如健全居民之间的就业信息沟通系统,鼓励社会团体和法人企业主办职业中介组织,举办政府职能部门主办的职业中介机构等,为劳动供求双方提供迅速、准确而完全的信息,使劳动者找到满意的工作,厂商也能得到他们所需要的劳动者。这无疑会有效地减少失业,降低自然失业率。

(3) 协助劳动者进行流动。劳动者在地区、行业和部门之间的流动,有利于劳动的合理配置与劳动者人尽其才,也能减少由于劳动力的地区、行业结构和劳动力的流动困难等原因而造成的失业。对劳动者流动的协助包括提供充分的信息及必要的物质帮助和支持。

3) 适当调控工资水平

在失业高峰时期,政府通过对工资水平的调控可以达到控制劳动力的社会供给量,减轻就业压力的目的。但是工资的指导线也不能过低,否则,在经济衰退时期,过低的工资水平会引起社会不满,降低政府的威信,还会使低端劳动力的生活水平雪上加霜。

11.2 通货膨胀

时事链接

通货膨胀是影响一个国家经济增长与运行的重要问题。改革开放以来,我国在1985年、1988年、1993年、1994年有过4次较大的通货膨胀,并且各次上涨的峰值不断攀升,1985年的物价指数为9.3%,1988年的物价指数为18.8%,1994年通胀率高达24.1%,此后一直到2002年我国又经历了一段时间的通货紧缩,从2003年8月开始至2007年3月,我国逐步进入一个相对温和的通货膨胀时期。2008年2月物价指数达到近年来的一个峰值8.7%。

2008年9月美国的次贷危机迅速形成国际金融危机,重创全球金融业,其影响从虚拟经济蔓延到实体经济,对世界经济造成了重大冲击,主要发达国家经济陷入衰退,国际市场需求萎缩,全球通货紧缩趋势明显。面对百年不遇的国际金融危机的严重冲击和极其复杂的国内外形势,中央政府于2009年迅速推出并实施"一揽子刺激经济计划"加强和改善宏观调控,坚持灵活审慎的调控方针,实施积极的财政政策和适度宽松的货币政策。2010—2011年继续加强和改善宏观调控,保持经济平稳健康运行。宏观经济政策的基本取向积极稳健、审慎灵活,重点是更加积极稳妥地处理好保持经济平稳较快发展、调整经济结构、管理通货膨胀预期的关系。之后我国经济进入新常态,国家实施积极的财政政策和稳健的货币政策,充分发挥逆周期调节和推动结构调整的作用。我国又进入一个相对温和的通货膨胀时期。

中国近20年以来各年的CPI指数如表11-3和图11-1所示。

表 11-3　中国近 20 年 CPI 涨跌率（上年＝100）

1999 年	2000	2001	2002	2003	2004	2005	2006	2007	2008
−0.4%	0.4%	0.7%	−0.8%	1.2%	3.9%	1.8%	1.5%	4.8%	5.9%
2009 年	2010	2011	2012	2013	2014	2015	2016	2017	2018
−0.7%	3.3%	5.4%	2.6%	2.6%	2.0%	1.4%	2.0%	1.6%	2.1%

数据来源：来自中国统计局.

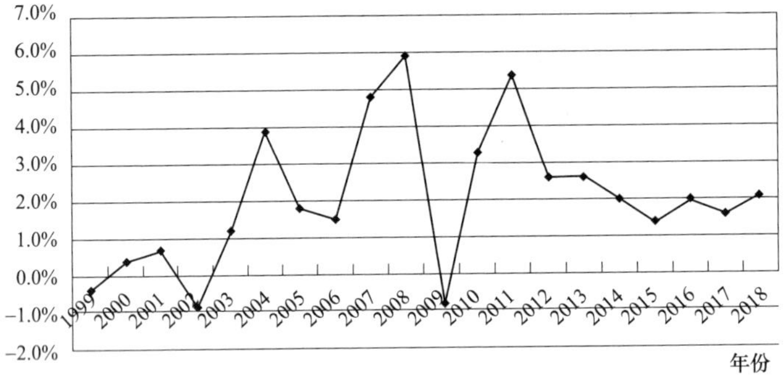

图 11-1　中国近 20 年 CPI 涨跌幅

【启发思考】

(1) 我国在 1985 年、1988 年、1993 年、1994 年、2007 年、2011 年有过数次较大的通货膨胀，引发这些通货膨胀的成因分别是什么？

(2) 通货膨胀与经济增长有何关系？

11.2.1　通货膨胀的定义及其衡量指标

1. 通货膨胀的定义

经济学界对通货膨胀的解释并不完全一致，比较普遍接受的定义是：通货膨胀（inflation）是物价水平普遍而持续的上升。在理解这一概念的时候应注意以下两个方面。

(1) 通货膨胀指的是物价水平的普遍上升，而不是某一种或几种商品的价格上升，如果只是某几种商品价格上升，不能算作通货膨胀。

(2) 通货膨胀指的是物价水平的持续上升，而不是在个别时间点或个别时间段内发生，如果只是个别时间范围内发生的价格上升，不能算作通货膨胀。

> **课堂讨论**
>
> 2006年10月河北邯郸地区大白菜价格上涨了20%,能否因此判断通货膨胀的发生?为什么?

2. 通货膨胀的衡量

经济学上常用物价指数作为衡量通货膨胀的指标。物价指数是表明商品价格报告期与基期相比综合变动程度的指标。常用的物价指数主要有3个:国民生产总值折算数、消费价格指数和批发物价指数。

1) 国民生产总值折算数

国民生产总值折算数是根据GDP的价格变动因素计算出来的,是衡量各个时期一切商品与劳务价格变动的指标。

$$国民生产总值折算数 = \frac{名义GDP}{实际GDP} \times 100\%$$

$$物价指数 = 国民生产总值折算数 - 1$$

由于GDP的统计范围较广,包括所有的商品和劳务,所以用这种方法衡量通货膨胀率往往会出现高估,而衡量通货紧缩指数时又会出现低估的现象。

2) 消费价格指数(consumption price index, CPI)

消费价格指数又称为零售物价指数或生活费用指数,在我国现行的统计制度中,通常采用它来指称"物价"。它是用来衡量各个时期居民个人消费的商品和劳务零售价格变化的指标。这一指标的变化能反映出家庭及居民个人日常消费价格水平的变化程度和变化趋势,进而反映百姓生活所面临的涨价压力。国际上,一般采用CPI指标来观察某个国家或地区是否发生了通货膨胀或通货紧缩。

3) 批发物价指数(wholesale price index, WPI)

批发物价指数是衡量各个时期生产资料(资本品)与消费资料(消费品)批发价格变化的指标。它是指批发厂商购买各种商品的价格的平均变动幅度,反映了批发商品所支付的价格变动情况。由于该指数对生产资料的价格变动反应敏感,因此常用来衡量物质生产部门生产成本的变化。

以上3种价格指数从不同的角度反映出通货膨胀率,其计算出的变动趋势也是基本相同的。但由于各种指数所包括的范围不同,所以计算出的数值并不相同。在3种指数中,消费价格指数与人们的生活水平关系最为密切,因此,一般都用消费价格指数来衡量通货膨胀率。

阅读资料

我国的 CPI 指数

在商品经济和科学技术日益发达的今天,市场上的商品品种繁多、琳琅满目,面对这么丰富的商品,我们该如何选择代表商品,如何确定各类商品权重,科学地、客观地统计测算 CPI 指数呢?

在具体的价格调查过程中,我们通常选择那些消费量较大、市场供应相对稳定、价格容易采集而且必须是合格的商品作为代表商品。目前,我国的 CPI 指数统一执行国家统计局规定的"八大类"体系,每大类再分中类、小类、基本类。国家统计局选择了近 12 万户城乡居民家庭作为价格抽样调查样本,选定 263 个基本分类、约 700 个规格品种的商品和服务,作为 CPI 调查的"商品篮子"。而权重的确定要取决于每一种调查商品或服务项目价格对市场价格总水平影响的重要程度。CPI 计算权重的来源主要是城镇居民家庭收支抽样调查资料,并辅之以典型调查数据作为补充。

2006 年 6 月国家统计局局长邱晓华首次披露了我国现行居民价格指数的权重构成。其中,食品占比为 33.2%,烟酒及用品为 3.9%,衣着为 9.1%,家庭设备及维修服务占 6%,医疗保健个人用品为 10%,交通通信为 10.4%,娱乐教育文化用品及服务占 14.2%,居住占 13.2%。我国消费价格指数中各组成部分的权重如表 11-4 所示。

表 11-4 中国消费价格指数 (CPI) 中各组成部分的权重　　　　单位:%

类别	食品	娱乐教育	居住	交通通信	医疗保健	衣着	家庭设备	烟酒	合计
权重	33.2	14.2	13.2	10.4	10	9.1	6	3.9	100

各市县有专职物价调查员到不同类型、不同规模的农贸市场和商店现场采集价格资料,他们严格按照"定人、定点、定时和直接调查"的原则进行采价。一般来说,对于与居民生活密切相关、价格变动比较频繁的鲜菜、鲜果、肉禽蛋、水产品等食品价格,物价调查员每五天就要去规定的肉菜市场调查 1 次价格;要去 2~3 次商场采集烟酒、衣着、家电等工业消费品价格;至于教育、旅游、水电等由国家或地方政府定价的一些主要商品、服务项目或价格相对稳定的商品,则视情况每月采集 1~2 次价格。专业人员将市场上采集回来的各种调查商品的价格进行逻辑检查校对后,逐一录入到计算机程序中,计算出每种商品的月综合平均价格,然后根据各调查商品或服务项目的基期价格和报告期价格,计算出各类商品或服务项目所属基本分类的物价指数,最后由基本分类指数依次加权计算出所属更高层次的大类指数和物价总指数。

【启发思考】 为何物价指数与日常生活感受不一致?

消费价格指数为何与居民对价格感受不一致,可能的原因有 3 个。

首先,消费价格指数是指两个不同时期(报告期与基期)商品及服务价格相比较的相对数,是一个相对的概念。居民消费价格指数是一个复杂的指数系统,调查内容包括食品、娱乐教育文化用品及服务、居住等八大类 263 个基本分类,约 700 个规格品种的商品和服务项目。而且消费价格指数是整个国家或整个地区的消费价格指数,是全国、全省消费价格水平的平均数,不是某一个局部区域的消费价格指数,这样与生活在不同区域内的百姓微观感受之间存在差距是必然的。

其次,总的消费价格指数并不能准确地反映某一种商品或服务价格的变动情况。观察某一种商品或服务价格变动的情况,不应该简单地与总的消费价格指数进行比较,而是应该具体看与其相对应的某类的消费价格指数。例如,观察大米、面粉及肉的价格,就应该看食品类的价格指数。如果观察商品房价格的情况,就应该看房地产价格指数中的商品房价格指数,如果总是机械地用某一种具体商品的价格变动与总的消费价格指数相比较,就容易产生"不一致"的感觉。

最后,人们经常有一种误区,一看到某类商品的价格高了,就觉得消费价格指数也应该高。其实,消费价格指数只是反映不同时期商品或服务价格变动的相对情况,与商品的绝对价格高低无关。

 想一想

> 你是否也会经常感到官方公布的物价指数与自己的切身感受不一致呢?学习了本节的内容后,该如何正确看待 CPI 呢?

11.2.2 通货膨胀的分类

通常,人们根据通货膨胀的严重程度与特征,将其分为 4 种类型。

1. 爬行的通货膨胀

爬行的通货膨胀,亦称为温和的通货膨胀,是指持续但较低的物价水平上升。一般在两位数以下,上涨率不超过 10%。这种通货膨胀是完全可以预期的。

一些经济学家认为,在经济发展过程中,这种缓慢而逐步上升的价格对经济和收入的增长有积极的刺激作用。

2. 加速的通货膨胀

加速的通货膨胀,亦称为奔腾的通货膨胀、急剧的通货膨胀。其特点是通货膨胀率较高,一般在两位数以上。发生这种通货膨胀时,人们对货币的信心产生动摇,经济和社会产生动荡,所以这是一种较危险的通货膨胀。例如,阿根廷和巴西在 20 世纪 70 年代和 80 年代,年通货膨胀率就曾经高达 50%~700%。

3. 超速的通货膨胀

超速的通货膨胀亦称为恶性的通货膨胀。其特点是通货膨胀率非常高（一般达到三位数以上），而且完全失去控制。这种通货膨胀会引起金融体系完全崩溃，经济亦达到崩溃的境地，以至于出现政权的更迭。这种通货膨胀在经济发展史上是很少见的，通常发生于战争或社会大动乱之后。

目前，公认的恶性通货膨胀在世界范围内出现过几次。第一次发生在1923年的德国，当时第一次世界大战刚结束，德国的物价在一个月内上涨了2 500%，一个马克的价值下降到仅及第一次世界大战前价值的1/1 012。1922年初拥有一张3亿元的债券，两年后用这么多钱连一块糖也买不到。第二次发生在1946年的匈牙利，第二次世界大战结束后，匈牙利的一个彭格价值只相当于战前的1/(828×1 027)。第三次发生在中国，从1937年6月至1949年5月，伪法币退出流通，伪法币的发行量和同期的物价指数均上涨到了天文数字。还有一次是在巴西，1987年的巴西，通胀率为365%，1988年为934%，1989年竟然高达1 765%。难怪巴西的经济学家卡洛斯·兰戈尼说："你发现最好在午饭第一道菜上来之前付款，而不是等到甜点之后。"他的话逼真地刻画了当时通货膨胀的严重程度。

4. 受抑制的通货膨胀

受抑制的通货膨胀亦称为隐蔽的通货膨胀。这种通货膨胀是指社会经济中存在通货膨胀的压力或潜在的价格上升危机，但由于政府实施了严格的价格管制政策，使通货膨胀并没有真正发生。但是，一旦政府解除或放松价格管制措施，就会发生较严重的通货膨胀。原先的一些计划经济体制国家在经济改革过程中出现的通货膨胀就属于这种情况。

苏联解体后的俄罗斯人民，过去几十年都习惯了稳定价格，当1992年物价突然放开时，五年内价格上升1 000倍。那种以传统方式保存财富的人是最不幸的，他们眼睁睁地看着自己的财富无论是现金还是银行储蓄，一夜间化为乌有，民众苦不堪言。

 阅读资料

> 通货膨胀也可以解释为因纸币发行量超过商品流通中实际需要的货币量而引起的纸币贬值、物价上涨现象。同时它也可以定义为总供给小于总需求，物价持续上涨6个月以上，或者货币持续贬值6个月以上，物价上涨幅度大于等于3%。一般来说，物价增长率介于3%~5%的为温和通货膨胀，介于5%~10%的为严重通货膨胀，而物价增长率大于10%的则是奔腾的通货膨胀（也就是严重的通货膨胀）。

想一想

> 能否这样认为，只要物价指数持续上涨就意味着通货膨胀的发生？为什么？

11.2.3 通货膨胀的原因

对于通货膨胀的成因，西方经济学家给出了很多不同的解释，总体上可以分为两方面：一方面是用总需求与总供给来解释；另一方面是从经济结构因素变动的角度来说明通货膨胀的成因。

1. 需求拉动通货膨胀

需求拉动通货膨胀，是指总需求超过总供给所引起的一般价格水平的持续显著的上涨。它侧重从总需求的变化方面来解释通货膨胀的主要原因，即"过多的货币追求过少的商品"。凯恩斯主义者和货币主义者赞同并支持这一解释。

凯恩斯认为，当经济中实现了充分就业时，表明资源已经得到了充分利用。这时如果总需求依然增加，就会拉动价格水平相应上涨，导致通货膨胀。可以用图 11-2 来说明这种需求拉动的通货膨胀。

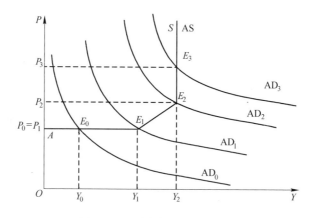

图 11-2 需求拉动的通货膨胀

在图 11-2 中，横轴 Y 表示总产量（国民收入），纵轴 P 表示一般价格水平。AD 为总需求曲线，AS 为总供给曲线。为了便于分析，按照就业情况将总供给曲线 AS 分成 AE_1、E_1E_2、E_2S 三段。总需求最初与总供给交于均衡点 E_0，对应的均衡价格为 P_0，均衡产出为 Y_0。

当总供给曲线位于 AE_1 段时，由于未实现充分就业，社会上存在闲置资源和劳动力，随着需求增加，总供给仍有增加空间。因此，当需求增加时，总需求从 AD_0 线右移到 AD_1 线，总供给线 AS 水平延伸，产出水平从 Y_0 增加到 Y_1，但这时总需求的增加并未引起物价水平的上涨，价格水平仍保持在 P_0。

当总需求继续增加，总需求曲线由 AD_1 线右移到 AD_2，此时总供给线位于 E_1E_2 段，由于越来越接近充分就业，社会上的闲置资源和失业越来越少，总供给的增加能力逐渐减小,最终总供求在 E_2 点达到平衡,此时总产出由 Y_1 增加到 Y_2,物价水平也由 P_0 上涨至 P_2,进入凯恩斯所称的"半通货膨胀或爬行式通货膨胀"状态。

当总需求继续增加,总需求曲线位移至 AD_3 时,产出水平为 Y_2,Y_2 为潜在产出水平。此时,意味着资源已经被充分利用即社会实现了充分就业,总供给曲线 AS 线将呈现垂直状态。这时,如果总需求继续增加,总供给将不会随之增加,产出水平将不再增长,但价格水平将被拉升到 P_3,这时的价格上涨就是完全的通货膨胀。可见,当总需求的增加超过资源的供给能力时,就会引起需求拉动的通货膨胀。

【经典案例】

1987—1988 年是一个经济扩张的阶段,政府为了满足社会固定资产的投资增长要求和解决企业的资金短缺问题,从 1986 年开始加大政府财政支出,不断扩大政府财政赤字,特别是 1988 年实行财政的"包干"体制以后,社会的需求进一步猛增。与此同时,为了解决政府赤字问题,货币连年超量发行,到 1988 年第四季度,市场中的货币流通量为 2 134 亿元,比上年同期上涨 46.7%。由于货币的超量发行,市场货币的流通量剧增,引发了物价的猛烈上涨,货币贬值。同年 5 月政府宣布物价补贴由暗补转为明补,6 月政府一再表示要下决心克服价格改革的障碍,7 月政府尝试着放开了名牌烟酒的价格。这一系列措施加剧了居民的不确定性心理预期,引发了 1988 年 8 月中旬的抢购风潮和挤兑银行存款的现象。1988 年第四季度末的零售总额比上年同期上涨 20.3%,8 月银行存款减少了 26 亿元,官方宣布的通货膨胀率达到 18.5%。

【问题思考】

(1) 如何分析这次通货膨胀的成因?
(2) 这次通货膨胀造成的不良影响有哪些?
(3) 我们在今后的经济调控中应如何引以为鉴?

2. 成本推动通货膨胀

成本推动通货膨胀又称供给通货膨胀,是指在没有超额需求的情况下,由于供给方面的提高所引起的一般价格水平持续和显著的上涨。它侧重的是从总供给的变化方面来解释通货膨胀的主要原因。可以用图 11-3 来说明这种供给推动的通货膨胀。

在图 11-3 中,横轴 Y 表示总产量(国民收入),纵轴 P 表示一般价格水平。AD 为总需求曲线,AS 为总供给曲线。假设总供给曲线的初始水平位于 AS_0,总需求最初与总供给交于均衡点 E_0,对应的均衡价格为 P_0,均衡产出为 Y_0。

现在总需求是既定的,不发生变动,变动只出现在供给方面。当总供给曲线为 AS_0 时,这一供给曲线和总需求曲线 AD 的交点 E_0 决定的总产量为 Y_0,价格水平为 P_0。当总供给曲线由于成本提高由 AS_0 而移到 AS_1 时,总供给曲线与总需求曲线的交点由 E_0 移动到 E_1,

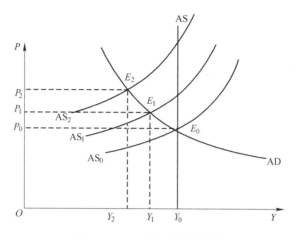

图 11-3 成本推动通货膨胀

此时的总产量为 Y_1，价格水平为 P_1。此时，总产量比以前下降，而价格水平比以前上涨。当总供给曲线由于成本进一步提高而移到 AS_2 时，总供给曲线和总需求曲线的交点为 E_2，这时的总产量进一步下降为 Y_2，而价格水平进一步上涨为 P_2。

根据引起成本增加的具体原因，供给推动通货膨胀还可以细分为工资成本推动通货膨胀、利润成本推动通货膨胀及进出口成本推动通货膨胀。

(1) 工资成本推动通货膨胀。这种理论认为，在不完全竞争的劳动市场中，强大的工会组织、工资刚性等原因，工资增长率超过生产增长率，造成工资过高，引起成本增加，从而导致物价上涨；物价上涨后，工人又要求提高工资，从而再度引起物价上涨。如此循环往复，形成所谓工资—物价的螺旋上升。

(2) 利润成本推动通货膨胀。这种理论认为，正如工会垄断了劳动市场而能迫使资本家提高工资一样，垄断企业也会为了不断谋求高额利润而操纵商品价格，导致一般商品价格不断上涨。由于在西方经济学中，利润也是成本的一个组成部分，因此，这种因追求更大利润而造成的物价上升，也属于成本推动型的通货膨胀论。

(3) 进出口成本推动通货膨胀。这种理论认为，一国经济中一些主要依靠进口的原材料、燃料等的商品价格上升会引起以此为原料的本国产品的制造成本上升，从而导致物价水平上涨，进而推进通货膨胀的发生，这种通货膨胀通常被称为进口推动通货膨胀。与此相对应，如果出口迅速扩张，导致出口制造部门的边际成本上升，国内市场原材料及商品供不应求，也会导致国内物价水平上升，这种通货膨胀通常被称为出口推动通货膨胀。在开放经济的条件下，物价上涨会通过贸易、投资和资本流动等渠道在全球范围内迅速蔓延。

3. 供求混合推进通货膨胀

供求混合推进的通货膨胀是将总需求与总供给结合起来分析通货膨胀的原因。许多西方经济学家认为，通货膨胀既不是单纯由"需求"方面引起的，也不是单纯由"供给"方面引起的,而是双方共同起作用的结果。

假设通货膨胀是由需求拉动开始的,那么过度的需求增加必将导致价格总水平的上涨,而价格总水平的上涨又会成为工资上涨的理由,工资上涨最终又导致了成本推动的通货膨胀。显然,如果没有需求和货币收入的增加,成本推动的通货膨胀也很难维持下去。

4. 结构性通货膨胀

1959 年,美国经济学家舒尔茨认为,通货膨胀的原因是 AD 与 AS 同时发生作用,通货膨胀与经济结构有关,所以又有"结构性通货膨胀"理论。结构性通货膨胀是指:在没有需求拉动和成本推动的情况下,只是由于经济结构因素的变动,也会出现一般价格水平的持续上涨。这种价格水平的持续上涨称为结构性通货膨胀。

这一理论认为,在整体经济中不同的部门有不同的劳动生产率增长率,却有相同的货币工资增长率。因此,当劳动生产率增长率较高的部门的货币工资增长时,就给劳动生产率增长率较低的部门形成了一种增加工资成本的压力,因为尽管这些部门劳动生产率的增长率较低,各部门的货币工资增长率却是一致的,在成本加成的定价规则下,这一现象必然使整个经济产生一种由工资成本推动的通货膨胀。具体来说,有以下 3 种情况:

① 一个国家中一些经济部门的劳动生产率比另一些经济部门的劳动生产率提高得快;

② 一个国家中,与世界市场联系紧密的开放经济部门的劳动生产率比与世界市场没有直接联系的封闭经济部门的劳动生产率提高得快;

③ 一个国家中各部门的产品供求关系不同,也会造成通货膨胀的发生。

11.2.4 通货膨胀的影响

通货膨胀的影响曾被凯恩斯精确地表述为:当通货膨胀来临时,货币的实际价值每月都产生巨大的波动,所有构成资本主义坚实基础的、存在于债权人和债务人之间的永恒关系,都变得混乱不堪甚至几乎完全失去意义,获得财富的途径退化到依靠赌博和运气的境地。

经典阅读

美国南北战争时期的恶性通货膨胀

我们常说的"通货膨胀"一词,虽然事实上早已存在,却是在美国南北战争时期才被创造出来的。当时美国联邦政府为筹集战争经费,大量发行一种不能兑现的绿背纸币,使物价如空气入袋一样膨胀起来,因而通货膨胀被人形象地用 inflation 来表示。下面一段话描述的就是美国南北战争时期南方联邦所发生的恶性通货膨胀的情况。在这种情况下,更能看清通货膨胀的影响。

> "过去我们一般都是在兜里装着钱去购物,将买到的食物装在篮子里带回来。而现在,我们要用篮子装着钱,再用衣兜装回所买的食品。除了纸票子以外,一切都十分缺乏!以前一顿饭的价钱和一张歌剧票差不多,现在却几乎是原来的 20 倍。每个人都在囤积"东西",并尽力抛掉不值钱的"纸币",这就将值钱的金属货币赶出了流通领域。结果,人们的生活部分地退回到极不方便的物物交换时代。"
> 资料来源:萨缪尔森,诺德豪斯. 宏观经济学. 肖琛,译. 17 版. 北京:人民邮电出版社, 2004:550.

1. 通货膨胀的经济影响

由于发生通货膨胀时,所有的价格和工资并不按同样的比率变动,也就是说相对价格会发生变化。由于相对价格的不断游移,通货膨胀会带来以下两种影响。

1) 通货膨胀对收入和财富分配的影响

西方经济学家认为,如果社会的通货膨胀率是稳定的,且人们可以完全预期,那么通货膨胀率对收入和分配的影响很小。因为在这种可预期的通货膨胀之下,各种名义变量(如名义工资、名义利息率等)都可以根据通货膨胀率进行调整,从而使实际变量(如实际工资、实际利息率等)保持不变。这时通货膨胀对社会经济生活的唯一影响,是人们将减少他们所持有的现金量。

但是,在通货膨胀率不能完全预期的情况下,通货膨胀将会影响财富和收入在不同阶层之间的再分配。这是因为此时人们无法准确地根据通货膨胀率来调整各种名义变量,以及他们应采取的经济行为。一般地说,通货膨胀不利于靠固定货币收入生活的人,这些人主要包括领取救济金者、退休者、一些雇工等。通货膨胀会使货币收入和财富从固定收入者手中转移到非固定收入者手中,从消费者手中转移到生产者手中,从债权人手中转移到债务人手中,从社会公众手中转移到政府手中。

想一想

> 假设某人为购买住宅贷款 10 万元,按固定利率每年偿还银行的抵押贷款额为 1 万元。当通货膨胀使工资和收入都翻了一番以后,此人的实际债务负担会发生什么变化?

课堂讨论

> 凯恩斯曾写道:"据说列宁曾声称,摧毁资本主义的最好方法是摧毁其通货。通过一个持续的通货膨胀过程,政府可以秘密而隐蔽地把其公民的大部分财富收归国有。"你能用所学的经济学理论予以解释吗?

2) 通货膨胀对产出与就业的影响

一般认为，如果发生比较温和的、爬行的、不被人们预期的通货膨胀，对产出和就业具有刺激作用；如果发生成本推动的通货膨胀，则原来总需求所能购买的实际产品的数量将减少，就会使产出和就业下降；如果发生了猛烈的、奔腾的、被人们预期的通货膨胀，就会导致生产萎缩，经济增长率下降，经济崩溃。

除此之外，通货膨胀对宏观经济也有影响，对此西方经济学家有不同的观点。一些西方经济学家认为通货膨胀有利于经济增长和提高就业水平。例如，美国在20世纪70年代以前，较高的通货膨胀率一直伴随着较高的就业水平和产出水平；另一些经济学家则认为通货膨胀会使人们增加消费，减少投资，不利于经济增长。也有西方经济学家认为通货膨胀与经济增长的关系不大。从20世纪70年代的联邦德国来看，它的经济是高增长、低通胀的；而英国却是低增长、高通胀的；同时期的日本呈现的却是高增长、高通胀的情况。所以说，通货膨胀与经济增长之间的关系很难绝对地用一个"是"或"否"来回答。

2. 通货膨胀的社会影响

通货膨胀除了严重影响经济活动外，对社会的政治、文化、思想等方面也会带来严重影响。

首先，通货膨胀会严重危害与污染社会心理，生活在通货膨胀里的公众在心理上容易滋生恐惧感。相当一部分人实际生活水平下降，不安心工作，对社会和政府蕴藏着不满的情绪；在通货膨胀中得到好处的人也埋怨价格太高。虽然收入多了，但总觉得物价太贵了，从而引起各阶层都对社会现实不满。

其次，由于通货膨胀对经济中各行业、各部门的影响程度不同，一些部门生产下降，失业增加。而失业的增加除了会造成千千万万的个人悲剧外，也会给社会带来巨大的浪费。还会造成犯罪增加，引起社会的不安定。通货膨胀甚至对教育、文化、科学、艺术等都有很大的冲击和伤害。

最后，西方经济学家认为，通货膨胀给经济造成的影响本身并不严重，真正的严重性在于财富和收入再分配所导致的政治后果。特别是在恶性通货膨胀条件下，利益再分配可以引起社会各阶层的冲突和对立，生产和就业会出现停滞和混乱局面，造成社会不安和动乱，甚至会带来灾难性的后果。

11.2.5 通货膨胀的治理

通货膨胀是市场经济运行过程中难以避免的一个客观经济现象，严重的通货膨胀对经济发展和社会稳定是有害的，因此，各国政府纷纷把通货膨胀当作"头号公敌"来加以反对。

治理通货膨胀必须"对症下药"，对于不同原因引致的通货膨胀，采取的反通货膨胀政策也不完全一致。通常各国政府主要采用财政政策、货币政策、收入政策和供给政策，从以下几个方面入手治理通货膨胀。

1. 控制货币供应量

由于通货膨胀作为纸币流通条件下的一种货币现象，其最直接的原因就是流通中的货币量过多，所以各国在治理通货膨胀时所采取的一个重要对策就是控制货币供应量，使之与流通中的货币需求量相适应，减轻货币贬值和通货膨胀的压力。具体做法通常采取紧缩的货币政策，提高存款准备金率和再贴现率；中央银行在公开市场上出售有价证券等，从而达到抽紧银根、减少投资、减少货币供给量的目的。

2. 调节和控制社会总需求

对于需求拉动的通货膨胀，调节和控制社会总需求是一个关键，这主要通过实施紧缩的财政和货币政策来实现。在财政政策方面，就是通过紧缩财政支出，增加税收，谋求预算平衡、减少财政赤字来实现。在货币政策方面，主要是紧缩信贷，控制货币投放，减少货币供应量，控制固定资产投资规模和控制消费基金过快增长来实现控制社会总需求的目的。

3. 增加商品有效供给，调整经济结构

治理通货膨胀的另一个重要方面就是增加有效商品供给。从长期来看，发展经济、增加有效供给，是抑制物价上涨、控制通货膨胀的根本措施。具体的办法包括：改善产业结构和投资结构，支持短缺商品的生产；鼓励技术创新，提高单位资源利用率，较快地增加有效供给，减缓市场需求压力；供给政策是治理结构性通货膨胀和需求拉动性通货膨胀的有效措施。

4. 其他政策

对于通货膨胀，尤其是成本推进的通货膨胀，还可以通过采取适当的收入政策，控制工资与物价的过快增长，以此达到治理通货膨胀的目的。目前，各国采取的收入政策主要包括：①规定工资和物价增长率的标准，如规定工资增长率与劳动生产增长率应保持一定的关系；②工资—价格指导，通过各种形式的政府说服工作，使企业和工会自愿执行政府公布的"工资—价格指导线"；③工资—物价管理，即冻结工资、冻结物价，若有违规，即予以处罚。

收入政策在早期曾被广泛采用，主要采取语言劝告、法律控制或其他激励措施来进行。但是，由于人们的规避行为，价格管制措施往往无效，而且除非伴随着严格的财政和货币政策，否则价格管制措施不可能放慢价格和工资的增长速度。因此，现在很少用管制价格和工资的办法来抑制通货膨胀。

【经典案例】 **改革开放以来我国通货膨胀的治理**

1980 年的通货膨胀发生在我国开始实行改革开放政策，党的工作重心刚转移到社会主义现代化建设上这段时期，宏观上经济增长速度迅猛、投资规模猛增、财政支出加大，导致出现较严重的财政赤字；盲目扩大进口导致外贸赤字，外汇储备迅速接近于零。1979 年、1980 年物价出现了明显上涨，其中 1980 年通货膨胀达到 6%。后来我国经过压缩基本建设投资、收缩银根、控制物价等一系列措施，通货膨胀得到抑制，表现为国务院在 1980 年 12 月发出了《关于严格控制物价、整顿议价的通知》，对通货膨胀进行治理。

1984—1985年的通货膨胀体现为固定资产投资规模过大引起社会总需求过旺,工资性收入增长超过劳动生产率的提高,引起成本上升导致成本推动,伴随着基建规模、社会消费需求、货币信贷投放急剧扩张,经济出现过热现象,通货膨胀加剧。为了抑制高通货膨胀,当时采取了控制固定资产投资规模,加强物价管理和监督检查,全面进行信贷检查等一系列措施。表现为从1984年11月至1985年10月国务院发布的一系列宏观调控措施。

1987—1989年的通货膨胀是由于1984—1985年中央采取的紧缩政策在尚未完全见到成效的情况下,1986年又开始全面松动,导致需求的严重膨胀。此期间,1988年的零售物价指数创造了新中国成立40年以来上涨的最高纪录。物价的上涨和抢购风潮引发了一系列的社会问题。在突如其来的冲击面前,中央迅即作出反应,召开会议整顿经济秩序。于是1989年11月党的十三届五中全会通过《中共中央关于进一步治理整顿和深化改革的决定》,提出用3年或更长一些时间基本完成治理整顿任务,使用大力度的调整措施。

1993—1995年的通货膨胀表现为邓小平"南方谈话"后,中国经济进入高速增长的快车道,起因主要是固定资产投资规模扩张过猛与金融秩序的混乱。有人形象地总结为"四热"(房地产热、开发区热、集资热、股票热)、"四高"(高投资膨胀、高工业增长、高货币发行和信贷投放、高物价上涨)、"四紧"(交通运输紧张、能源紧张、重要原材料紧张、资金紧张)和"一乱"(经济秩序特别是金融秩序混乱)。此次通货膨胀的治理以1993年6月《中共中央、国务院关于当前经济情况和加强宏观调控的意见》提出16条措施为起点,经过3年的治理,到1996年我国实现经济的"软着陆"。

2007年的物价上涨、通胀压力加大是多方面原因导致的,是一种非典型性的通货膨胀。具体原因有:

(1) 供需失衡,如食品行业,这是需求拉动型的通货膨胀;
(2) 成本拉动,如原油、铁矿等国际价格上升,新劳动法的执行,国内某些行业的价格上涨;
(3) 国内投资过热,大量流动性投资流向楼市、股市,流动性过剩导致通货膨胀压力加大;
(4) 国内突发事故灾难,如雪灾、地震等造成短期物价反弹压力;
(5) 国际贸易失衡,巨额顺差的长期存在,外汇占款严重,人民币投放过多;
(6) 人民币币值预期使得大量国际资本流入国内。

治理措施是适度从紧的货币政策转变为从紧货币政策和稳健的财政政策,后来又转为"一保一控"。2007年数次调整了利率、存款准备金率等,财政政策方面又调整出口退税、财政补贴支出等。

11.3 失业与通货膨胀的关系——菲利普斯曲线

失业与通货膨胀是本章讨论的两个主要问题。那么,这两者之间究竟是什么关系呢?这是许多经济学家所关心的问题。关于这个问题,不同的经济学家有不同的回答,比较典型的观点有以下几种。

1. 凯恩斯的观点:失业与通货膨胀不会并存

凯恩斯认为,在未实现充分就业,即资源闲置的情况下,总需求的增加只会使国民收入增加,而不会引起价格水平上升。也就是说,在未实现充分就业的情况下,不会发生通货膨胀。在充分就业实现,即资源得到充分利用之后,总需求的增加无法使国民收入增加,而只会引起价格上升。这也就是说,在发生了通货膨胀时,一定已经实现了充分就业。

2. 菲利普斯曲线:失业与通货膨胀之间的交替关系

通货膨胀与失业之间的关系研究起始于在伦敦经济学院工作的新西兰经济学家菲利普斯。1958年菲利普斯通过整理英国1861—1957年的资料,发表了使他成名的论文《1861—1957年英国失业和货币工资变动率之间的关系》,发现了失业率与通货膨胀率之间存在的负相关或交替关系,提出了这条用以表示失业率和货币工资变动率之间交替关系的曲线。这条曲线表明:当失业率较低时,货币工资增长率较高;反之,当失业率较高时,货币工资增长率较低,甚至是负数。这条曲线就是经济学中著名的菲利普斯曲线,如图11-4所示。

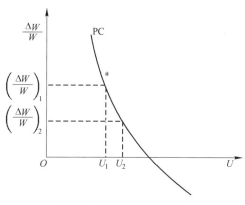

图11-4 菲利普斯曲线

在图11-4中,横轴U为失业率,纵轴$\Delta W/W$为工资增长率,PC是菲利普斯曲线。从该图可以看出:U低,则$\Delta W/W$高;U高,则$\Delta W/W$低。

菲利普斯曲线为政策选择提供了理论依据。这就是可以运用扩张性宏观经济政策,以较高的通货膨胀率来换取较低的失业率;也可以运用紧缩性宏观经济政策,以较高的失业率来换取较低的通货膨胀率。这也是菲利普斯曲线的政策含义。

【经典案例】 **沃尔克反通货膨胀的代价**

20世纪70年代末80年代初美联储主席为反通货膨胀所付出的代价说明了菲利普斯曲线的存在。

20世纪70年代,滞胀一直困扰着美国。1979年夏,通货膨胀率高达14%,失业率高达6%,经济增长率不到1.5%。在这种形势下,沃尔克被卡特任命为美联储主席。沃尔克上台后把自己的中心任务定为反通货膨胀。他把贴现率提高到12%,货币量减少,但到1980年2月通货膨胀率仍高达14.9%。与此同时,失业率高达10%。沃尔克顶住各方面压力,继续实施这种紧缩政策,终于在1984年使通货膨胀率降至4%,开始了20世纪80年代的繁荣。

沃尔克反通货膨胀的最终胜利是以高失业率为代价的。经济学家把通货膨胀率减少1%的过程中每年国内生产总值减少的百分比称为牺牲率。国内生产总值减少必然引起失业加剧,这充分说明通货膨胀与失业之间在短期内存在交替关系,实现低通货膨胀在一定时期内以高失业为代价。

经济学家把牺牲率确定为5%,即通货膨胀每年降1%,每年的国内生产总值减少5%,沃尔克把1980年10%的通货膨胀率降低至1984年的4%,按此推理,每年减少的国内生产总值应为30%。实际上,国内生产总值的降低并没有这么严重。其原因在于沃尔克坚定不移的反通货膨胀决心使人们对通货膨胀的预期降低,从而菲利普斯曲线向下移动。这样,反通货膨胀的代价就小了。但代价仍然是有的,美国这一时期经历了自20世纪30年代以来最严重的衰退,失业率达到10%。

反通货膨胀付出的代价证明了短期菲利普斯曲线的存在,也说明了维持物价稳定的重要性。

 小常识

痛苦指数(misery index)

通货膨胀率和失业率是宏观经济中的两个主要问题。痛苦指数于20世纪70年代发表,代表令人不快的经济状况。其公式为:痛苦指数 = 通货膨胀百分比 + 失业率百分比,表示一般大众对相同升幅的通货膨胀率与失业率感受到相同程度的不愉快。现代经济学家不同意以完全负面的"痛苦"一词来形容上述通货膨胀的负面冲击。实际上,经济学家中有许多认为公众对温和通货膨胀的成见是来自其相互影响,群众只记得在高通货膨胀时期相关的经济困难状况。以现代经济学家的观点来说,温和的通货膨胀是较不重要的经济问题,可由对抗滞胀来做部分中止。

有实证研究表明,公众对于通货膨胀的忍受力是失业的1.6倍,因此有人提出痛苦指数的公式应该为:痛苦指数=(通货膨胀百分比/1.6)+失业率百分比。

菲利普斯曲线所反映的失业与通货膨胀之间的交替关系基本符合20世纪50—60年代西方国家的实际情况。20世纪70年代末期,由于滞胀的出现,失业与通货膨胀之间又不存在这种关系了。于是对失业与通货膨胀之间的关系,货币主义和理性预期学派又有了新的解释。

3. 货币主义的观点:在长期内通货膨胀率和失业率不存在交替关系

货币主义引进适应性预期来说明菲利普斯曲线。所谓适应性预期,即人们根据以往经验形成并调整对未来的预期。据此,货币主义把菲利普斯曲线区分为短期和长期菲利普斯曲线。

在短期内，工人来不及调整通货膨胀预期。由于工资是按预期通货膨胀率制定的，因而在实际通货膨胀率高于预期通货膨胀率时，工人的实际工资会降低，从而使厂商利润增加，于是刺激投资，增加就业，失业率下降，失业率和通货膨胀率之间存在交替关系。这样在短期内，政府运用宏观经济政策，提高通货膨胀率，减少失业会是有效的。

但在长期中，工人会根据实际情况不断调整自己的预期。预期的通货膨胀率迟早要与实际通货膨胀率一致。这时工人会要求增加名义工资，而实际工资不变，从而通胀就不会起到减少失业的作用。这时，菲利普斯曲线变成一条垂线，表明失业率和通货膨胀率之间不存在交替关系。即不论通货膨胀率怎么变动，失业率总是固定在自然失业率水平。货币主义的菲利普斯曲线如图11-5所示。

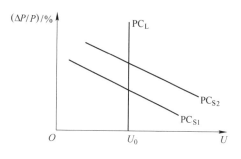

图11-5 货币主义的菲利普斯曲线

在图11-5中，PC_{S1}和PC_{S2}为不同的短期菲利普斯曲线，短期菲利普斯曲线向右下方倾斜，表明失业率和通货膨胀率之间存在交替关系；PC_L为长期菲利普斯曲线，它是一条从自然失业率U_0出发的垂线，说明长期失业率是自然失业率，失业率和通货膨胀率之间不存在交替关系。

货币主义者不主张用扩张性的货币政策来降低失业率，也不主张用收入政策来对付通货膨胀问题，他们强调中央银行在控制货币供给量的增长率从而保持物价稳定方面的重要性。

4. 理性预期学派的观点

该学派在凯恩斯主义无法解释"滞胀"的背景下兴起。理性预期学派认为，失业和通胀即使在短期也不存在交替关系，因为人们会根据理性预期行事，因此，调节总需求的政策是无效的。

理性预期学派不仅否认宏观经济政策在长期中的有效性，而且也不承认通货膨胀率和失业率在短期中的交替关系的存在。他们认为，当货币供给量发生变化时，公众会很快预期到这种变化并反映到自己的经济决策行为当中，所以价格水平和货币工资率的变化对就业量和产出不会有任何影响。因为人们的预期是合乎理性的预期，通货膨胀的预期值始终与通货膨胀的实际值相一致。即使在短期内，预期的通货膨胀率也不可能低于实际的通货膨胀率，所以政府无法以提高通货膨胀率为代价来降低失业率。另外，当政策发生意外变化或出现某种意想不到的冲击时，宏观经济中的经济变量也会发生相应的变化，但人们会很快了解到这种变化，并作出相应的反应。理性预期学派也主张中央银行应保持货币供给量的稳定增长率，以保持物价的稳定。

复习与思考题

一、名词解释

失业　充分就业　摩擦性失业　周期性失业　通货膨胀　奥肯定律　菲利普斯曲线

二、单项选择题

1. 失业率是指（　　）。
   A. 失业人口与全部人口之比
   B. 失业人口与全部劳动人口之比
   C. 失业人口与全部就业人口之比
   D. 失业人口与就业人口和失业人口之和的比

2. 由于经济衰退而形成的失业属于（　　）。
   A. 摩擦性失业
   B. 周期性失业
   C. 结构性失业
   D. 自然失业

3. 充分就业的含义是（　　）。
   A. 人人都有工作，没有失业
   B. 消灭了自然失业时的就业状态
   C. 消灭了周期性失业时的就业状态

4. 在通胀不能完全预期的情况下，以下选项中最有可能从通货膨胀中获益的是（　　）。
   A. 债权人
   B. 固定收入者
   C. 货币持有者
   D. 政府

5. 抑制需求拉升的通货膨胀，应该（　　）。
   A. 控制货币供应量
   B. 解除托拉斯组织
   C. 降低工资
   D. 减税

6. 菲利普斯曲线说明（　　）。
   A. 通货膨胀导致失业
   B. 通货膨胀与失业率之间呈负相关
   C. 通货膨胀是由行业工会引起的
   D. 通货膨胀率与失业率之间呈正相关

7. "滞胀"理论不符合（　　）的观点。
   A. 货币主义
   B. 理性预期学派
   C. 凯恩斯主义
   D. 供应期学派

三、问答题

1. 下列每个人的就业状态是什么？
   （1）一位在寻找自己第一份工作的大学毕业生。
   （2）一位被解聘的汽车司机，他愿意工作，但对能寻找到工作已经不抱希望。
   （3）一位退休者迁往海南岛，他阅读招聘广告，希望能寻找到一份非全日制工作。

(4) 一位非全日制工作的家长，他想寻找一份全日制工作，但没有时间去寻找。

(5) 一位教师有工作，但病情太重，不能去上班。

2. 简述失业的种类及原因。

3. 简述失业的不良影响及其治理手段有哪些。

4. 简述通货膨胀的主要成因及其对经济与社会的影响。

5. 治理需求拉动的通货膨胀有哪些政策和措施？

四、实训题

通过互联网或其他媒体搜索我国当前的 CPI 指数，并判断是否出现了通货膨胀或紧缩，说明理由。

第 12 章

宏观经济政策

【教学目标】

通过本章的学习，掌握两类基本宏观经济政策——财政政策和货币政策的基本内容，了解财政政策和货币政策如何对经济产生影响，以及在不同的情况下如何合理地运用财政政策、货币政策来解决经济中存在的问题，能利用所学知识对当前国家的宏观经济政策进行分析。

关键词

宏观经济政策（macro-economic policy）
财政政策（fiscal policy）
货币政策（monetary policy）
内在稳定器（the built in stabilizers）
法定准备金率（legal preparing rate）
贴现率（discount rate）
公开市场业务（business of open market）

【案例导入】

我国当前的财政和货币政策

中央经济工作会议 2018 年 19—21 日在北京举行。会议提出"继续实施积极的财政政策和稳健的货币政策"。这一基调已经连续九年维持不变，但表述出现了新的变化：积极的财政政策要加力提效，稳健的货币政策要松紧适度。会议还强调，"适时预调微调，稳定总需求"。

会议在肯定今年成绩的同时，提到"经济运行稳中有变、变中有忧，外部环境复杂严峻，经济面临下行压力"。

2018 年，中国经济下行压力有所加大，给民营企业的发展造成了一定的影响，一些中小企业出现生产收缩、利润下降、甚至停产等情况。

为此，今年的中央经济工作会议提出了"宏观政策要强化逆周期调节"。而去年的会议要求，宏观政策"要统筹各项政策，加强政策协同"。

面对这一经济形势，该怎么做？李克强总理给出了一个方向，要以习近平新时代中国特色社会主义思想为指导，坚持稳中求进工作总基调，持续深化供给侧结构性改革，紧扣重要战略机遇新内涵，统筹做好稳增长、促改革、调结构、惠民生、防风险工作，创新和完善宏观调控，坚持不搞"大水漫灌"，通过实施区间调控、定向调控精准发力，依靠改革开放激发市场活力，依靠市场活力顶住下行压力，保持经济运行在合理区间。

货币政策方面，央行行长易纲表示，要精准把握流动性的总量，既避免信用过快收缩冲击实体经济，也要避免"大水漫灌"影响结构性去杠杆；财政政策方面，财政部部长刘昆称，积极财政政策加力提效，绝不是要搞"大水漫灌"式的强刺激，而是要实施逆周期调节，主动预调微调，稳定总需求，熨平经济周期波动。

【启发思考】
（1）什么是财政政策和货币政策？
（2）我国为什么要实行积极的财政政策和稳健的货币政策？
（3）2019年我国财政政策和货币政策微调的原因是什么？

当今世界任何一个国家的经济都需要政府的宏观调控。所谓宏观经济调控，就是指国家（通过其政府）运用一定的政策与手段，来对社会经济总量的变动进行调节与控制，以使之符合一定的社会和经济发展目标的要求。在导入案例中，正是由于受日趋严峻的世界金融危机的影响，中国宏观调控政策及时作出了重大调整，以达到促进经济稳定增长的目标。但无论何种宏观经济政策，其提出与制定都是以一定的宏观经济理论作为依据的。当代西方经济学便是当今西方市场经济国家政府制定宏观经济政策的理论依据。

12.1 宏观经济政策

12.1.1 宏观经济政策目标

宏观经济政策（macro-economic policy）是指国家或政府为了增进社会经济福利而制定的解决经济问题的指导原则和措施。它是政府为了达到一定的经济目的而对经济活动有意识的干预，因此任何一项经济政策的制定都是根据一定的经济目标而进行的。

1. 宏观经济政策目标

按照西方经济学的解释，宏观经济政策的目标有4种，即充分就业、物价稳定、经济持续增长和国际收支平衡。宏观经济政策就是为了达到这些目标而制定的手段和措施。

（1）充分就业。充分就业是宏观经济政策的第一目标。充分就业是指包含劳动在内的一切生产要素都以愿意接受的价格参与生产活动的状态。充分就业包含两种含义：一是指除了摩擦性失业和自愿失业之外，所有愿意接受各种现行工资的人都能找到工作的一种经济状态，并非是人人就业，即消除了非自愿失业就是充分就业。二是指包括劳动在内的各种生产要素，都按其愿意接受的价格，全部用于生产的一种经济状态，即所有资源都得到充分利用。失业意味着稀缺资源的浪费或闲置，从而使经济总产出下降，社会总福利受损。因此，失业的成本是巨大的，降低失业率、实现充分就业就常常成为西方宏观经济政策的首要目标。

(2) 物价稳定。物价稳定是指物价总水平的稳定，一般用价格指数来衡量一般价格水平的变化。价格稳定不是指每种商品价格的固定不变，也不是指价格总水平的固定不变，而是指价格指数的相对稳定。价格指数又分为消费价格指数（CPI）、批发物价指数（PPI）和国民生产总值折算指数（GNP deflator）3 种。物价稳定并不是通货膨胀率为零，而是允许保持一个低而稳定的通货膨胀率。所谓低，就是指通货膨胀率在 $1\%\sim3\%$；所谓稳定，就是指在相当时期内能使通货膨胀率维持在大致相等的水平上。这种通货膨胀率能为社会所接受，对经济也不会产生不利的影响。

(3) 经济增长。经济增长是指在一个特定时期内经济社会所生产的人均产量和人均收入的持续增长。它包括：一是维持一个高经济增长率；二是培育一个经济持续增长的能力。一般认为，经济增长与就业目标是一致的。经济增长通常用一定时期内实际国民生产总值年均增长率来衡量。经济增长会增加社会福利，但并不是增长率越高越好。这是因为经济增长一方面要受到各种资源条件的限制，不可能无限地增长，尤其是对于经济已相当发达的国家来说更是如此。另一方面经济增长也要付出代价，如造成环境污染、引起各种社会问题等。因此，经济增长就是实现与本国具体情况相符的适度增长率。

(4) 国际收支平衡。国际收支平衡具体分为静态平衡与动态平衡、自主平衡与被动平衡。静态平衡，是指一国在一年的年末国际收支不存在顺差也不存在逆差；动态平衡，不强调一年的国际收支平衡，而是以经济实际运行可能实现的计划期为平衡周期，保持计划期内的国际收支均衡。自主平衡，是指由自主性交易即基于商业动机，为追求利润或其他利益而独立发生的交易实现的收支平衡；被动平衡，是指通过补偿性交易即一国货币当局为弥补自主性交易的不平衡采取调节性交易而达到的收支平衡。国际收支平衡的目标要求做到汇率稳定，外汇储备有所增加，进出口平衡。国际收支平衡不是消极地使一国在国际收支账户上经常收支和资本收支相抵，也不是消极地防止汇率变动、外汇储备变动，而是使一国外汇储备有所增加。适度增加外汇储备可以看作改善国际收支的基本标志，同时一国国际收支状况不仅反映了这个国家的对外经济交往情况，还反映出该国经济的稳定程度。

2. 宏观经济目标之间的关系

以上四大目标相互之间既存在互补关系，也存在交替关系。互补关系是指一个目标的实现对另一个的实现有促进作用。如为了实现充分就业水平，就要维护必要的经济增长。交替关系是指一个目标的实现对另一个目标有排斥作用。主要表现为：物价稳定与充分就业之间就存在两难选择。为了实现充分就业，必须刺激总需求，扩大就业量，这一般要实施扩张性的财政和货币政策，由此就会引起物价水平的上升。而为了抑制通货膨胀，就必须紧缩财政和货币,由此又会引起失业率的上升。又如,经济增长与物价稳定之间也存在着相互排斥的关系。因为在经济增长过程中,通货膨胀已难以避免。再如,国内均衡与国际均衡之间存在着交替关系。这里的国内均衡是指充分就业和物价稳定,而国际均衡是指国际收支平衡。为了实现国内均衡,就可能降低本国产品在国际市场上的竞争力,从而不利于国际收支平衡;为了实现国际收支平衡,又可能不利于实现充分就业和稳定物价的目标。

由此,在制定经济政策时,必须对经济政策目标进行价值判断,权衡轻重缓急和利弊得失,确定目标的实现顺序和目标指数高低,同时使各个目标能有最佳的匹配组合,使所选择和确定的目标体系成为一个和谐的有机整体。

由于在现实的经济中,一国政府常常不是将一个而是将几个目标同时作为经济政策实施的目标,而这些政策目标之间常常存在着矛盾,因而就要求政策的制定者要么是先确定重点政策目标,依主次顺序决定先采用什么政策,再采用什么政策。政府就必须根据具体情况和具体要求不断地协调政策。

课外阅读

供给侧结构性改革

2018年12月21日闭幕的中央经济工作会议认为,我国经济运行主要矛盾仍然是供给侧结构性的,必须坚持以供给侧结构性改革为主线不动摇,更多采取改革的办法,更多运用市场化、法治化手段,在"巩固、增强、提升、畅通"八个字上下功夫。那么什么是供给侧结构性改革呢?

供给侧结构性改革从理论上可以归结到前面我们学过的供给和需求这一对经济学的基本矛盾。需求侧改革主要有投资、消费、出口三驾马车,供给侧则有劳动力、土地、资本、制度创造、创新等要素。

强调以供需有效衔接、高水平平衡为目标来推进改革,顺应了我国经济发展的阶段性特征和客观规律。近年来,城乡居民的需求水平明显提升,但供给体系明显不适应需求结构的变化,我国供需关系正面临不可忽视的结构性失衡。"供需错位"已成为阻挡中国经济持续增长的最大路障:一方面,过剩产能已成为制约中国经济转型的一大包袱。另一方面,中国的供给体系与需求侧严重不配套,总体上表现为无效和低端产品过剩,高端产品供给不足。此外,中国的供给侧低效率,无法供给出合意的需求。因此,强调供给侧改革,就是要从生产、供给端入手,调整供给结构,为真正启动内需,打造经济发展新动力寻求路径。

供给侧结构性改革正是从供给侧开展的以提高供给体系质量为主攻方向的结构性改革,通过有效的要素供给、产品供给和制度供给,最终有效提升供给水平和质量,从而在更高水平上实现供需的有机衔接。提高全要素生产率,更好满足广大人民群众的需要,促进经济社会持续健康发展。

对此，党中央高度重视，2016年1月26日中央财经领导小组第十二次会议，研究了供给侧结构性改革方案。习近平总书记强调，供给侧结构性改革的根本目的是提高社会生产力水平，落实好以人民为中心的发展思想。2017年10月18日，习近平同志在十九大报告中指出，深化供给侧结构性改革。建设现代化经济体系，必须把发展经济的着力点放在实体经济上，把提高供给体系质量作为主攻方向，显著增强我国经济质量优势。2018年12月闭幕的中央经济工作会议要求必须坚持以供给侧结构性改革为主线不动摇。

【启发思考】
(1) 我国为什么要进行供给侧结构性改革？
(2) 结合生活中的实际情况谈谈我国产品供给存在的问题。

12.1.2 宏观经济政策工具

宏观经济政策工具是用来达到政策的手段。当代西方经济学认为，政府对宏观经济的管理既应包括对总需求的管理，也应包括对总供给的管理。

1. 需求管理

需求管理是通过调节总需求来达到一定政策目标的宏观经济政策工具。最先是由凯恩斯提出的，包括财政政策与货币政策。

凯恩斯主义者认为，决定就业与物价水平的关键是总需求，因此，宏观经济政策应该是对总需求进行调节与控制。需求管理是要通过对总需求的调节，实现总需求等于总供给，达到既无失业又无通货膨胀的目标。它的基本政策有实现充分就业政策和保证物价稳定政策两个方面。在有效需求不足的情况下，也就是总需求小于总供给时，政府应采取扩张性的政策措施，刺激总需求增长，克服经济萧条，实现充分就业；在有效需求过度增长的情况下，也就是总需求大于总供给时，政府应采取紧缩性的政策措施，抑制总需求，以克服因需求过度扩张而造成的通货膨胀。

2. 供给管理

供给学派理论的核心是把注意力从需求转向供给。供给管理是通过对总供给的调节，来达到一定的政策目标。在短期内影响供给的主要因素是生产成本，特别是生产成本中的工资成本。在长期内影响供给的主要因素是生产能力，即经济潜力的增长。供给管理政策具体包括控制工资与物价的收入政策、指数化政策、人力政策和经济增长政策。

(1) 收入政策。收入政策是指通过限制工资收入增长率从而限制物价上涨率的政策，因此，也称为工资和物价管理政策。之所以对收入进行管理，是因为通货膨胀有时由成本（工资）推进所造成的（参见成本推进的通货膨胀）。收入政策的目的就是制止通货膨胀。它有以下3种形式：一是工资一物价指导线。根据劳动生产率和其他因素的变动，规定工资和物价上涨的限度，其中主要是规定工资增长率。企业和工会都要根据这一指导线来确定工资增长率，企业也必须据此确定产品的价格变动幅度，如果违反，则以税收形式予以惩戒。二是工资物价的冻结。即政府采用法律和行政手段禁止在一定时期内提高工资与物价，这些措施一般是在特殊时期采用，在严重通货膨胀时也被采用。三是税收刺激政策，即以税收来控制增长。

（2）指数化政策。指数化政策是指定期地根据通货膨胀率来调整各种收入的名义价值，以使其实际价值保持不变。主要有：一是工资指数化；二是税收指数化，即根据物价指数自动调整个人收入调节税等。

（3）人力政策，又称就业政策，是一种旨在改善劳动力市场结构，以减少失业的政策。主要有：一是人力资本投资。由政府或有关机构向劳动者投资，以提高劳动者的文化技术水平与身体素质，适应劳动力市场的需要。二是完善劳动市场。政府应该不断完善和增加各类就业介绍机构，为劳动的供求双方提供迅速、准确而完全的信息，使劳动者找到满意的工作，企业也能得到其所需的员工。三是协助工人进行流动。劳动者在地区、行业和部门之间的流动，有利于劳动的合理配置与劳动者人尽其才，也能减少由于劳动力的地区结构和劳动力的流动困难等原因而造成的失业。对工人流动的协助包括提供充分的信息、必要的物质帮助与鼓励。

（4）经济增长政策。主要有：一是增加劳动力的数量和质量。增加劳动力数量的方法包括提高人口出生率、鼓励移民入境等；提高劳动力质量的方法有增加人力资本投资。二是资本积累。资本的积累主要来源于储蓄，可以通过减少税收、提高利率等途径来鼓励人们储蓄。三是技术进步。技术进步在现代经济增长中起着越来越重要的作用。因此，促进技术进步成为各国经济政策的重点。四是计划化和平衡增长。现代经济中各部门之间协调的增长是经济本身所要求的，国家的计划与协调要通过间接的方式来实现。

一般认为，只有把需求管理与供给管理结合起来才能达到稳定经济的目的。

3. 国际经济政策

国际经济政策是对国际经济关系的调节。现实中每一个国家的经济都是开放的，各国经济之间存在着日益密切的往来与相互影响。一国的宏观经济政策目标中有国际经济关系的内容（国际收支平衡），其他目标的实现不仅有赖于国内经济政策，而且也有赖于国际经济政策。因此，在宏观经济政策中也应该包括国际经济政策。

📖 经典阅读

需求学派政策和供应学派政策

需求学派政策是一些影响国内需求和吸收量的总增长水平或总增长率的措施。这些政策包括与传统的宏观经济政策相联系的整套财政、货币和国内信贷措施。虽然这些政策也影响生产和供应，但是这些影响比较抽象，所以对这些主要影响总吸收量的政策最好称为"注重需求"的政策。

> 供应学派政策的目的，是要在保持国内需求的一定水平上增加国内经济所供应的货物和劳务的数量。这种注重供应的政策从广义上可分成两类：第一类是这样一些政策，它们的目的是提高如资本和劳动力这样的生产要素在相互竞争的用途之间使用和分配效益，以增加当前的产值。这类政策包括那些减少由于价格僵硬不变、垄断、税收、补贴和贸易限制造成的经济失调现象的措施。第二类包括那些目的在于提高生产能力的长期增长率的政策。在这个类里包括一些刺激国内储蓄和投资的措施。同样重要的还有一些目的在于增加外国储蓄流入量的政策，不管这种外国储蓄是以私人贷款、外国直接投资，还是以增加开发援助的形式流入的。这两类供应学派政策显然是相互关联的，因为那些增加当前产值的政策本身可能导致储蓄和投资的流量增加，并且提高生产能力的增长率。
>
> 资料来源：汗，奈特．国际货币基金组织支持的调整规划是否延迟经济增长．国际货币基金组织和世界银行，1986．

【启发思考】需求管理政策是以什么理论为基础制定的？

12.2 财政政策

财政政策（fiscal policy）是国家干预经济的主要政策之一。财政政策的一般定义是：为促进就业水平提高，减轻经济波动，防止通货膨胀，实现稳定增长而对政府支出、税收和借债水平所进行的选择，或者对政府收入和支出水平所作的决策。

12.2.1 财政政策的内容及运用

1. 财政政策的内容

西方国家财政由政府收入和支出两个方面构成，其中政府支出包括政府购买和转移支付，而政府收入则包含税收和公债两个部分。

1）政府支出

（1）政府支出主要包括社会福利支出；退伍军人的福利支出；国家防务和安全支出；债务利息支出；教育和职业训练支出；公共卫生和保健支出；科学技术研究费用；交通、公路、机场、港口和住宅的支出；自然资源和环境保护的支出；国际交往与国际事务的支出。

（2）政府支出方式。主要包括政府购买和政府转移支付。政府购买是指政府对商品和劳务的购买，如购买军需品、机关办公用品、政府雇员报酬、公共项目工程所需的支出等。其特点是以取得商品和劳务作为有偿支出。它是一种实质性的支出，它可以使经济资源的利用从私人部门转移到公共部门。由于政府购买有着商品和劳务的实际交易，因而直接形成社会需求和社会购买力，是国民收入的一个组成部分，作为计入 GNP 的四大需求项目（消费、投资、政府购买和出口余额）之一。

政府转移支付是指政府单方面的、无偿的资金支付。包括社会保障、社会福利支出、政府对农业的补贴及债务利息支出、捐赠支出等。其特点是不以取得商品和劳务作为报偿的支付。它是货币性支出，是通过政府把一部分人的收入转给另一部分人，整个社会的收入总量并没有变化，变化的仅是收入总量在社会成员之间的分配比例。正是由于政府转移支付只是资金使用权的转移，并没有相应的商品和劳务的交换发生的这个特点，因此它不能计入GNP，不能算作国民收入的组成部分。

2）政府收入

政府的收入主体上来源于税收和公债两个部分。税收是政府收入中最主要的部分，它是国家为了实现其职能按照法律预先规定的标准，强制地、无偿地取得财政收入的一种手段。各国的税收通常由许多具体的税种所组成，且依据不同的标准可以对税收进行不同的分类。

（1）按照课税对象的性质，可将税收分为财产税、所得税和流转税3大类。财产税是对不动产或房地产即土地和土地上的建筑物等所征收的税。主要包括财产税、遗产税、赠予税等。所得税是指对个人或公司的收入征收的税，如个人的工薪收入和股票、债券、存款等资产的收入，公司的利润税。所得税是大多数西方国家的主体税种。因此，所得税税率或税收的变动对经济活动会产生重大影响。流转税则是对流通中的商品和劳务买卖的总额征税，它包括增值税、消费税、营业税、关税等，流转税是目前我国最大的税类。

（2）按税负能否转嫁，税收又可分为直接税和间接税两种。直接税是直接征收的，不能再转嫁给别人的税，如财产税、所得税和人头税。间接税是间接地向最终消费者征收的作为生产商和销售商的原来纳税人能转嫁给最终消费者的税，如消费税、营业税和进口税。

（3）按照收入中被扣除的比例，税收可以分为累退税、累进税和比例税3种。累退税是指税率随征税对象数量增加而递减的一种税，即收入越多，税率越低。累进税是税率随征税对象数量的增加而递增的一种税，即课税对象数额越大，税率也越高，上述的财产税和所得税一般是累进税。比例税是税率不随征税对象数量的变动而变动的一种税，即按固定比率从收入中征税。多适用于流转税，如财产税、营业税和大部分关税，一般属于比例税。

政府支出的主要来源是税收。政府当年的税收和支出之间的差额称为预算余额（budget balance）。预算余额为零称为预算平衡（balanced budget），为正数称为预算盈余，为负数称为预算赤字。如果政府增加支出而没有相应地增加税收，或者减少税收而没有相应地减少支出，这种做法称为赤字财政（deficit financed）。当政府发生预算赤字时，就可以通过发行公债向公众借钱或增发货币来弥补。

公债是政府财政收入的又一部分，包括中央政府的债务和地方政府的债务，其中中央政府的债务称为国债，政府借债一般有短期债、中期债和长期债3种形式。短期债一般通过出售国库券取得，主要进入短期资金市场，利息率较低，期限一般为3个月、6个月和1年3

种。中长期一般通过发行中长期债券取得，期限在1年以上5年以下的为中期债券，5年以上的为长期债券。美国长期债券最长的为40年。中长期债券是西方国家资本市场（长期资金市场）上最主要的交易手段之一。政府公债的发行，不仅关系到政府的财政收入，而且对包括货币市场（短期资金市场）和资本市场（长期资金市场）在内的金融市场的扩张与紧缩，都起着重要的作用。

2. 财政政策的运用

财政政策就是要运用政府开支与税收来调节经济。

在经济萧条时期，总需求小于总供给，经济中存在失业，政府就要运用扩张性财政政策来刺激总需求，以实现充分就业。具体有以下两种措施。

（1）减税。通过减税，使居民户将留下较多的可支配收入，从而促使消费增加；减税和居民户增加消费的结果使企业增加投资。所以，减税能刺激私人消费与投资需求上升，有助于克服萧条。

（2）扩大政府财政支出。如增加公共工程开支、增加政府购买和政府转移支付等，以增加居民户的消费和促使企业投资，提高总需求水平。所以，扩大政府财政支出也能刺激私人消费与投资需求上升，亦有助于克服萧条。

在经济繁荣时期，总需求大于总供给，经济中存在通货膨胀，政府则要运用紧缩性财政政策（restrictive fiscal policy）来抑制总需求，以达到控制通货膨胀的目的。具体有以下两种措施。

（1）增税。如增加个人税收，使居民户留下的可支配收入减少，从而消费减少；增加公司税收，可以减少私人投资。这两项都使得总需求水平下降，有助于抑制通货膨胀。

（2）减少政府财政支出。如减少公共工程投资、减少政府购买，都可以使政府直接投资和私人间接投资减少；而减少转移支付，可以使个人消费减少。这两项都使总需求水平下降，亦有助于抑制通货膨胀。

西方经济学家将财政政策的特点称为"逆经济风向"行事（inverted economic），即在经济膨胀时期对之进行抑制，使经济不会过度膨胀；在经济萧条时期对之进行刺激，使经济不会严重萧条而引起失业，这样就可以实现既无失业又无通货膨胀的稳定增长。

扩张性财政政策和紧缩性财政政策的政策目标和特点可通过表12-1来反映。

表12-1 财政政策的目标和特点

财政政策	政策目标	特点
扩张性财政政策	实现充分就业	增加政府支出
紧缩性财政政策	抑制通货膨胀	减少政府支出

12.2.2 内在稳定器

当代西方经济学认为，某些财政政策具有自动调节经济，使经济稳定的机制。因此，被称为内在稳定器。内在稳定器（the built-in stabilizers），也称自动稳定器，是指经济系统本身存在的一种会减少各种干扰对国民收入冲击的机制，能够在经济繁荣时期自动抑制通货膨胀，在经济衰退时期自动减轻萧条，无须政府采取任何行动。

内在稳定器的作用和特点表现为：当国民收入下降时，它会自动地引起政府支出的增加和税收的减少，从而阻止国民收入进一步下降；当国民收入增加时，它又会自动地引起政府支出的减少和税收的增加，从而避免经济的过度膨胀。

财政政策的这种内在稳定经济的功能主要通过以下3项制度得到发挥。

1. 政府税收的自动变化

自动改变的税收主要是个人所得税和公司所得税。这两项税收的征收都有一定的起征点与固定的税率，所以，具有内在稳定器作用。在经济萧条时期，由于经济衰退，国民产出水平下降，个人收入和公司利润都减少了，符合纳税规定的个人和公司也都减少了，纳税人和公司应交的税额也就相应减少，这样税收总额就会自动减少，留给人们的可支配收入也会自动地减少一些，从而使消费和总需求也自动地少下降一些，从而起到缓解经济衰退的作用；在经济繁荣时期，由于经济高涨，随着生产扩大、就业增加，人们收入随之增加，而通过累进的所得税所征收的税额也自动地以更快的速度增加，税收以更快的速度增加意味着人们的可支配收入的增幅相对较小，从而使消费和总需求增幅也相对较小，最终遏制总需求扩张和经济过热的作用。

因此，在税率既定不变的条件下，税收随经济周期自动地同方向变化，税收的这种自动变化与政府在经济繁荣时期应当增税、在经济衰退时期应当减税的意图正相吻合，因而它是经济体系内有助于稳定经济的自动稳定因素。

2. 政府支出的自动变化

这里主要是指政府的转移支付，它包括政府的失业救济和其他社会福利支出。当经济萧条时，失业增加，符合救济条件的人数增多，失业救济和其他社会福利开支就会相应增加，这样就可以抑制人们收入特别是可支配收入的下降，进而抑制消费需求的下降；当经济繁荣时，失业人数减少，失业救济和其他福利费用支出也会自然减少，从而抑制可支配收入和消费的增长。

3. 农产品价格维持制度

在经济萧条时，国民收入水平下降，农产品价格下降，政府依照农产品价格维持制度，按支持价格收购农产品，可使农民收入和消费维持在一定水平上；在经济繁荣时，国民收入水平上升，农产品价格上升，这时政府减少对农产品的收购并抛售农产品，限制农产品价格上升，也就抑制了农民收入的增长，从而也就减少了总需求的增加量。农产品价格维持制度有助于减轻经济波动，故认为是稳定器之一。

总之，政府税收、转移支付的自动变化和农产品价格维持制度对宏观经济活动都能起到稳定作用。它们都是财政政策制度的内在稳定器和对经济波动的第一道防线，在轻微的经济萧条和通货膨胀中往往起着良好的稳定作用。但是，当经济发生严重的萧条和通货膨胀时，它们不但不能使经济恢复到没有通货膨胀、充分就业状态，而且还会起到阻碍作用。例如，当经济陷入严重萧条时，政府采取措施促使经济回升，但是当国民收入增加时，税收趋于增加，转移支付却减少，使经济回升的速度减缓，这时内在稳定器的变化都与政府的需要背道而驰。所以，在关键时期还是要靠财政货币政策的干预，内在稳定器只能起到配套作用。

12.2.3 财政政策的局限性

西方经济学家认为在运用财政政策时，往往会遇到许多困难。

（1）不同的政策会遇到不同阶层与集团的反对。例如，增税会遇到普遍的反对，甚至引起政治动乱；减少政府购买（尤其是减少政府军事支出）会遇到强有力的垄断资本家的反对；削减转移支付则会受到一般平民及其同情者的反对；增加公共工程会被认为是与民争利而受到某些集团的反对。

（2）有些政策执行起来比较容易，但又不一定能收到预期的效果。例如，减少税收不会引起反对，但在萧条时期人们不一定会把减税所增加的收入用于增加支出，转移支付的增加也是同样的情况。

（3）任何财政政策都有一个"时滞"问题，因为任何一项措施，从方案的提出、议会的讨论、总统的批准到最后执行都有一个过程，在短期内很难见效，然而在这一段时期内，经济形势也许会发生意想不到的变化。

（4）整个财政政策的实施要受到政治因素的影响。例如，在大选之前，无论经济形势如何，也不会执行增税、减少政府转移支付之类易于引起选民不满的财政政策；在国际形势比较紧张时，无论经济形势如何，也不会减少政府的军事开支。所有这些当然都会减小财政政策应有的作用。

关于财政政策的挤出效应（又叫与民争利）。挤出效应是指增加等数量的公共投资就会减少同等数量的民间投资，从而总投资不变。有两种情况：一种是在一定时期内，社会资源是既定的，政府支出的扩大，往往会与私人企业争夺资源，所以，政府扩大开支的同时，抑制了私人企业的投资需求，使政府财政支出的扩张作用被部分或全部取消；另一种是在有效需求不足的情况下，不存在公共投资对私人投资的挤出效应，因为这时有效需求不足，商业银行的贷款贷不出去，如果这时政府增加开支，就可以弥补私人投资的不足，最后达到总需求的增加。这就是凯恩斯主义的财政支出政策。

【政策解读】
我国积极财政政策的基本含义

2009年起我国开始实施新一轮积极的财政政策，及至2018年已为期十年。在2018年12月召开的中央经济工作会议，深入分析了当前经济形势，全面部署了2019年经济工作。要求财政部门要贯彻好中央经济工作会议精神，积极的财政政策要加力提效，实施更大规模的减税降费，优化财政支出结构，提高财政资金使用效益，促进经济持续健康发展和社会大局稳定。2019年积极的财政政策最显著特征是持续高强度减税增支。

积极的财政政策，就是通过扩大财政支出，使财政政策在启动经济增长、优化经济结构中发挥更直接、更有效的作用。这一政策曾在1998年后应对亚洲金融危机、国内遭遇特大洪灾等冲击时，发挥了重要的作用，有效拉动了经济增长。2005年，鉴于国内社会投资明显加快，经济活力充沛，积极的财政政策实施7年后正式退场，转为稳健的财政政策。2009年，我国为应对国际金融危机，开始实施积极的财政政策。

积极财政政策的及时出台，为中国经济平稳较快增长注入强劲动力。相对货币政策，财政政策的关键优势在于它能更迅速地提振经济活动，这一点在宏观经济遭遇较大冲击的时候尤其重要。

12.3 货币政策

12.3.1 货币政策的基本知识

1. 货币的基本知识

货币是充当商品交换的媒介物。现代货币包括以下5种。

（1）纸币。纸币（paper money）是由中央银行发行的、由法律规定了其地位的法定货币。纸币的价值取决于它的购买力。

（2）铸币。铸币（coin）是币值微小的辅币（也称为硬币），一般用金属铸造。

纸币与铸币统称为通货（currency）或现金（cash）。

（3）存款货币，又称为银行货币（bank money）或信用货币（credit money），是在商业银行的活期存款。活期存款可以用支票在市场上流通，所以是一种可以作为交换媒介的货币。

（4）近似货币，又称为准货币（near money），是商业银行中的定期存款和其他储蓄机构的储蓄存款。近似货币本身并不是货币，但在一定条件下可以起到货币的作用。

（5）货币替代物。货币替代物（money substitution）是指在一定条件下可以暂时代替货币起到交换媒介作用，但并不具有标准货币其他职能的东西，如信用卡等。

在经济学中，一般把货币分为M1、M2与M3，即：

M1＝通货＋商业银行活期存款；

M2＝M1＋商业银行定期存款；

M3＝M2＋其他金融机构的存款。

其中，M1称为狭义的货币，M2和M3称为广义的货币。在货币政策中，不同地方所指的货币的含义是不同的。

2. 银行的基本知识

货币政策是由中央银行代表国家或政府通过银行体系来实施的。银行是经营管理货币的企业。银行主要分为两类：商业银行（commercial bank）和中央银行（central bank）。

商业银行与其他企业一样，经营的目的是获得利润。不同的是，商业银行经营的是与货币有关的业务，其主要业务是负债业务、资产业务和中间业务。负债业务主要是吸收存款，包括活期存款、定期存款和储蓄存款。资产业务主要包括放款和投资两类业务。放款业务是为企业提供短期贷款，包括票据贴现、抵押贷款等。投资业务就是购买有价证券以取得利息收入。中间业务是指代为顾客办理支付事项和其他委托事项，从中收取手续费的业务。

中央银行是一国最高金融当局，它统筹管理全国的金融活动，实施货币政策以影响经济。当今世界除了少数地区和国家，几乎所有已独立的国家和地区都设立了中央银行。美国的中央银行是联邦储备局，英国的中央银行是英格兰银行，法国的中央银行是法兰西银行，日本的中央银行是日本银行，中国的中央银行是中国人民银行。一般认为，中央银行具有3个职能。

（1）作为发行的银行，代表国家发行货币。

（2）作为银行的银行，既为商业银行提供贷款，又为商业银行集中保管存款准备金，还为商业银行集中办理全国的结算业务。

（3）作为国家的银行。第一，它代理国库，一方面根据国库委托代收各种税款和公债价款等收入作为国库的活期存款；另一方面代理国库拨付各项经费，代办各种付款与转账。第二，提供政府所需资金，既用贴现短期国库券等形式为政府提供短期资金，也用帮助政府发行公债或直接购买公债方式为政府提供长期资金。第三，代表政府与外国发生金融业务关系。第四，执行货币政策。第五，监督、管理全国金融市场活动。

12.3.2 货币政策的内容与运用

1. 货币政策的含义

货币政策（monetary policy）就是中央银行通过控制货币供应量及通过货币供应量来调节利率进而影响投资和使整个经济达到一定经济目标的行为。凯恩斯主义货币政策的直接目标是利息率，最终目标是总需求变动。凯恩斯主义之所以认为货币量可以调节利率，是以人们的财富只有货币与债券这两种形式的假设为前提的。它与财政政策的不同之处在于：财政政策是直接影响社会总需求的规模，中间不需要任何变量；而货币政策则是通过货币当局货币供给量的变化来调节利率进而间接地调节总需求，因而货币政策是间接地发挥作用的。

货币政策一般也分为扩张性的货币政策和紧缩性的货币政策。前者通过增加货币供给来带动总需求的增长。货币供给增加时，利息率会降低，取得信贷更为容易，因此，经济萧条时多采用扩张性货币政策。反之，紧缩性货币政策是通过削减货币供给的增长来降低总需求水平，在这种情况下，取得信贷比较困难，利率也随之提高，因此，在通货膨胀严重时，多采用紧缩性货币政策。

2. 货币政策的工具

1）调整再贴现率

贴现和再贴现是商业银行和中央银行的业务活动之一。一般商业银行的贴现是指客户将所持有的未到期票据，因急需使用资金，而将这些票据出售给商业银行，兑现现款以获得短期融资的行为。商业银行在用现金购进未到期票据时，可按该票据到期值的一定百分比作为利息预先扣除，这个百分比就称为贴现率。商业银行在将贴现后的票据保持到票据规定的时间向票据原发行单位自然兑现。但商业银行若因储备金临时不足等原因急需现金时，则商业银行可以将这些已贴现的但仍未到期的票据售给中央银行，请求再贴现。中央银行作为银行的银行，有义务帮助解决银行的流动性的职责，这样，中央银行从商业银行手中买进已贴现了的但仍未到期的银行票据的活动就称为再贴现。并且在再贴现时，同样要预先扣除一定百分比的利息作为代价，这种利息就称为中央银行对商业银行的贴现率，即再贴现率。这就是再贴现率的本意。但在当前美国，商业银行主要不再用商业票据而是用政府债券作为担保向中央银行借款。所以，现在都把中央银行给商业银行及其他金融机构的借款称为"贴现"，相应的放款利率都称为"贴现率"。

中央银行通过变动再贴现率可以调节货币供给量。若中央银行感到市场上银根紧缩，货币供给量不足时，便可以降低再贴现率，商业银行向中央银行的"贴现"就会增加，从而使商业银行的准备金增加，可贷出去的现金增加，通过货币乘数的作用使整个社会货币供给量倍数增加。反之，若市场上银根松弛，货币供给量过多，中央银行可以提高再贴现率，商业银行就会减少向中央银行的"贴现"，于是商业银行的准备金减少，可贷出去的现金也减少，通过货币乘数的作用，社会上的货币供给量将成倍减少。

在经济萧条时期，社会总需求不足，中央银行就降低再贴现率，刺激商业银行向中央银行增加再贴现金额，以增加资金，从而增加向企业的放款规模；同时，商业银行的放款利率会随着中央银行再贴现率的降低而降低，这就刺激企业增加借款，扩大投资，最后达到增加总需求的目的。在通货膨胀时期，中央银行会提高再贴现率，并最终达到减少总需求的目的。

运用调整中央银行的贴现率来调节货币供应量，是宏观货币政策中常用的一种方法。但由于金融市场情况复杂，瞬息万变，因此使得贴现率的调整具有复杂性。

2）公开市场业务

公开市场业务（business of open market），又称公开市场活动，是指中央银行在金融市场上买进或卖出政府债券（其中主要有国库券、联邦政府债券、联邦机构债券和银行承兑汇票），以控制货币供给量和利息率的政府行为。中央银行在金融市场上公开买进或卖出政府债券，通过扩大或缩减商业银行存款准备金，从而导致货币供给量的增减和利率的变化，最终决定物价和就业水平。由于公开市场业务在调节基础货币时具有主动性、微调性和前瞻性等特点，公开市场业务是中央银行稳定经济的最常用、最重要、最灵活的政策手段。

公开市场业务过程大致如下：当经济过热时，即中央银行认为市场上货币供给量过多，出现通货膨胀，便在公开市场上出售政府债券，承购政府债券的既可能是各商业银行，也可能是个人或公司。当商业银行购买政府债券后，准备金会减少，可以贷款的数量也减少。通过货币乘数的作用，整个社会的货币供给量将会成倍数减少。反之，如果经济萧条时，市场上出现银根紧缩，这时中央银行可在公开市场上买进政府债券，商业银行通过政府的购买增加了准备金，个人或公司出售债券所得现金也会存入银行。这样，各商业银行的准备金即可增加，银行的贷款能力也可以扩大，再通过货币乘数的作用，整个市场的货币供给量成倍数增加。

同时中央银行买卖政府债券的行为，也会引起债券市场上需求和供给的变化，进而会影响债券价格和市场利率。有价证券市场是一个竞争性市场，其证券价格由供求双方决定。当中央银行购买证券时，证券的需求就增加，证券的价格也随之上升，从而利率下降，利率的下降又会使投资和消费需求上升，从而刺激经济，增加国民收入。反之亦然。因此，中央银行可以通过公开市场业务增加或减少货币供给量，以实现宏观经济调控的目的。

但是，公开市场业务的实行需要一定的条件：一是必须有足够数量的有价证券，而且种类应该多样，以便有选择地操作；二是要有发达的金融市场，以保证各种金融工具的流通。

 时事链接

我国货币政策的变革

我国在1985年的宏观调控开始尝试运用财政政策和货币政策。针对当时的经济形势采取了紧缩的货币政策。主要是控制信贷投放和货币供给量，1985年中央银行加强了贷款额度的控制，两次上调存贷款利率。

在1989—1990年的宏观调控中，国家为"治理经济环境，整顿经济秩序"主动运用了财政政策和货币政策。财政计划、财政货币政策和货币政策配合使用，形成计委、财政部门和中央银行共同调控宏观经济体系。在本轮宏观调控中，实施了紧缩的货币政策，主要的货币政策为控制信贷和货币投放，中央银行严控信贷规模，一度停止对乡镇企业贷款，并提高存款准备金率和利率。

从1993年开始我国采取"适度从紧"的货币政策和财政政策，货币政策发挥了主要作用。中央银行运用利率、存款准备金率、公开市场业务等市场性货币政策工具进行调控，提高存贷款利率，控制信贷规模，连续三次下调金融机构存贷款利率，严格地控制货币供应量。本轮调控使我国经济成功地实现了"软着陆"，既降低了通货膨胀，又保持了经济持续快速和稳定增长；过快增长的投资需求和消费需求得到了有效遏制，价格涨幅显著回落。

1997年东南亚金融危机对我国经济造成国内有效需求不足的不利影响。宏观调控政策及时地由适度从紧、稳中求进，转向了主要采取积极的财政政策和稳健的货币政策，确保了国民经济持续快速健康发展。2004—2007年，我国的货币政策主要是稳健，适度从紧。

> 2008年，为应对国际金融危机，在宏观调控中实施了适度宽松的货币政策，之后根据经济形势需要改为稳健的货币政策。2011年至今，经济进入新常态，我国一直实施稳健的货币政策。
>
> 2018年12月召开的中央经济工作会议指出，宏观政策要强化逆周期调节，继续实施积极的财政政策和稳健的货币政策，适时预调微调，稳定总需求；稳健的货币政策要松紧适度，保持流动性合理充裕，改善货币政策传导机制，提高直接融资比重，解决好民营企业和小微企业融资难融资贵问题。

3）改变法定准备金率

法定准备金率（legal preparing rate）是由法律规定的商业银行准备金对存款的比例，准备金包括库存现金和在中央银行的存款。调整法定准备金率是一种强有力的手段，不经常使用。调整法定准备金率会影响货币供给与利息率。

在经济萧条时期，由于总需求不足，中央银行会降低法定准备金率，使商业银行持有的现金增加，可以对外扩大放贷规模，增加货币供应量，使市场利率下降，从而达到刺激投资、增加总需求的目的；在经济繁荣时期，由于总需求过度，中央银行会提高法定准备金率，从而达到抑制总需求、避免经济出现过度膨胀的目的。

在以上三大主要货币政策工具中，从理论上说，调整法定准备金率是中央银行调整货币供给最简单的办法。但由于法定准备金率的变动，在短期内会导致较大幅度的货币扩张或收缩，引起宏观经济活动的震动，其作用十分猛烈，所以这一政策手段在实践中很少使用。调整再贴现率政策除了上述所讲的期限短等限制外，还有它在实行过程中比较被动的缺点。这是因为中央银行可以通过降低贴现率使商业银行来借款，但它不能强迫商业银行来借款。若商业银行不向中央银行借款，或者借款数量很小，则贴现率政策执行效果就不明显。尽管再贴现率政策对银行的影响较小，实施再贴现率政策的意义却很重大，这是因为实施再贴现率政策是利率变化和信贷松紧的信号。一般来说，在贴现率变化以后，银行的利率也随之改变。

公开市场业务与上述两项政策工具相比有下述优点。第一，公开市场业务可以按任何规模进行，中央银行既可以大量也可以少量买卖政府债券，使货币供给量发生较大的或迅速的变化。第二，公开市场业务比较主动和灵活，且可以连续进行。在公开市场业务中，中央银行根据经济情况的需要可自由决定有价证券的数量、时间和方向，即使中央银行有时会出现某些政策失误，也可以及时纠正。第三，公开市场业务还可以比较准确地预测出其对货币供给的影响。一旦买进或卖出一定数量金额的证券，就可以根据货币乘数估计出货币供给量增加或减少了多少。基于上述原因，公开市场业务就成为中央银行控制货币供给量最重要、最常用的工具。

除了上述3项调节货币供应量的主要措施外，中央银行的货币政策在实际运行过程中还有其他辅助性措施。例如，道义上的劝告（moral suasion），俗称"打招呼"，即中央银行对商业银行在放款、投资等方面采取的措施经常给予指导或告诫，以取得商业银行的配合。这种劝告没有法律上的约束力，但也能起到作用；局部控制，亦称"垫头规定"（margin requirements），即规定购买有价证券必须付出的现金比例；利息率上限（interest-rate ceilings），又称Q号条例，即规定商业银行和其他储蓄机构对定期存款和储蓄存款的利息率上限；控制分期付款条件和抵押贷款条件。

12.3.3 货币政策的局限性

西方国家实行货币政策，常常是为了稳定经济，减少经济波动，但在实践中也存在一些局限性。

1. 货币政策的制定与执行的时机

货币政策与财政政策一样，实施的基本原则也是"逆经济风向行事"，因此，要取得良好的调节效果，就必须对经济运行的状况及总体发展趋势作出正确的判断。由于在现实经济生活中，宏观经济指标错综复杂，这样一方面加大了政府判断经济形势的难度，另一方面也使人们很难选择在最合适的时机执行特定的货币政策，从而就使货币政策的调节效果往往不够理想。

2. 货币政策的作用有限

虽然货币政策在各国被普遍使用，但在现实中，由于各种因素的干扰，政策实施的效果往往难以达到预期目标。例如，人们对未来经济形势的预期有可能使货币政策难以获得理想的效果。在经济繁荣时，即使货币当局通过紧缩信用的方式提高了市场利率，但出于对未来经济形势乐观的估计，厂商很有可能认为投资仍将取得可观的收益率，足以弥补提高了的投资成本。因此，即使利息率提高，也不一定能在短期内将社会总需求降到合理的水平。而在萧条时期，即使中央银行扩大货币供给量，降低了利息率，但如果厂商认为经济前景不明朗，投资风险过大，或者是商业银行认为企业经营环境恶劣，经营失败的危险极大，则对外贷款的规模也不会有明显的扩大。

【政策解读】

适当宽松的货币政策

适当宽松的货币政策意在增加货币供给，在继续稳定价格总水平的同时，要在促进经济增长方面发挥更加积极的作用。1998年在我国实行积极的财政政策的同时，实行稳健的货币政策。2007年下半年，针对经济中呈现的物价上涨过快、投资信贷高增长等现象，货币政策由"稳健"转为"从紧"。如今，货币政策转为"适当宽松"，意味着在货币供给取向上发生重大转变。

自2007年7月27日央行网站公布的央行货币政策委员会第二季度例会声明中首度讳言"从紧"以来，我国货币政策已经历4个月"灵活审慎"过渡期。此次决策层的明确表态，可谓最终宣告了货币政策的全面转身。

📖 **课外阅读**

主要国家和地区中央银行货币政策委员会制度

英格兰银行的中央银行研究中心曾做过一项调查，发现在调查的 88 个国家和地区的中央银行中，有 79 个中央银行是由货币政策委员会或类似的机构来制定货币政策。比较有代表性的是美国联邦储备公开市场委员会、欧洲中央银行管理委员会、英格兰银行货币政策委员会和日本银行政策委员会等。

美国联邦储备公开市场委员会。美国联邦储备体系通过三种方式制定货币政策：公开市场操作、制定贴现率、制定法定准备金率。公开市场业务操作是美国日常货币政策工具，在经济和金融运行中最常用、作用最大。美国联邦储备公开市场委员会作为货币政策的决策机构，实际上担负着制定货币政策、指导和监督公开市场操作的重要职责。

欧洲中央银行管理委员会。管理委员会是欧洲中央银行的最高决策机构，负责制定欧元区的货币政策，并且就涉及货币政策的中介目标、指导利率及法定准备金等作出决策，同时确定其实施的行动指南。

英格兰银行货币政策委员会。根据《1998 年英格兰银行法》，英国成立英格兰银行货币政策委员会，负责制定货币政策。货币政策委员会是个相对独立的机构，它根据英格兰银行各部门提供的信息作出决策，再由相关部门执行它。

日本银行政策委员会。1949 年，为进一步提高日本银行的自主性，设立日本银行政策委员会，作为日本银行货币政策的决策机构。

来源：摘自中国人民银行网站研究报告.

12.4 相机抉择

相机抉择是指政府在运用宏观经济政策调节经济时，可以根据市场情况或各项调节措施的特点，机动地决定和选择当前究竟应采取哪一种或哪几种政策措施。相机抉择的实质是灵活地运用各种政策措施。

为了提高宏观经济政策的调节效果，就要对财政政策和货币政策的特点有所了解。

12.4.1 财政政策与货币政策的不同

1. 财政政策与货币政策调节的范围不同

财政政策和货币政策都是以调节社会总需求为基点来实现社会总供求平衡的政策，但两者的调节范围不尽相同。财政政策主要在分配领域实施调节；货币政策对社会总需求的影响则主要是通过影响流通中的货币量来实现的，其调节行为主要发生在流通领域。这种调节范围的不同，使得不论财政政策还是货币政策，对社会总供求的调节都有局限性。

2. 财政政策与货币政策目标的侧重点不同

财政政策与货币政策都对总量和结构进行调节，但在资源配置和经济结构上，财政政策比货币政策更强调资源配置的优化和经济结构的调整，有结构特征；而货币政策的重点是调节社会需求总量，具有总量特征。

3. 财政政策与货币政策时滞性不同

在政策制定上，财政政策的变动需要通过立法机构、经过立法程序，而货币政策的变动通常由中央银行决定；在政策执行上，财政政策措施通过立法之后，还要交给有关执行单位具体实施，而货币政策在中央银行决策之后，可以立即付诸实施。因此，财政政策的决策时滞一般比货币政策要长。但是，从效果时滞来看，财政政策则可能优于货币政策。由于财政政策直接影响消费总量和投资总量，从而直接影响社会的有效需求，而货币政策主要是影响利率水平的变化，通过利率水平变化引导经济活动的改变，对社会总需求的影响是间接的。从这一点分析，货币政策比财政政策对经济运行产生影响所需的时间要长。

4. 财政政策与货币政策在促进经济复苏与抑制经济过热时的效果不同

在经济严重萧条的情况下，货币政策对经济复苏的作用很小，而财政政策则能对经济的复苏产生有效的影响；在经济过热时，财政政策对抑制经济过热的效果较差，而货币政策对抑制经济过热的效果则较好。当严重的萧条状态出现时，人们对经济前景的信心异常低下。这时，即使采用非常宽松的货币政策，即使以低微的利息率提供大量的贷款，资本家仍然不愿投资，而消费者仍然不愿增加消费。

12.4.2 财政政策与货币政策的配合

根据前面的分析可知，如果某一时期经济处于萧条状态，政府既可以采用膨胀性财政政策，也可采用膨胀性货币政策，还可以将两种政策结合起来使用。同样，当经济过热时，政府可以采用紧缩性财政政策或紧缩性货币政策，也可以两者结合起来使用。

（1）当经济萧条时可以把膨胀性财政政策与膨胀性货币政策混合使用，这样能更有力地刺激经济。膨胀性财政政策使总需求增加但提高了利率水平，采用膨胀性货币政策就可以抑制利率的上升，以消除或减少膨胀性财政政策的挤出效应，使总需求增加。

（2）当经济出现严重通货膨胀时，可实行"双紧"组合，即采用紧缩性财政政策与紧缩性货币政策来降低需求，控制通货膨胀。一方面采用紧缩性的财政政策，从需求方面抑制了通货膨胀；另一方面采用紧缩性货币政策，从货币供给量方面控制通货膨胀。由于紧缩性财政政策在抑制总需求的同时会使利率下降，而紧缩性货币政策使利率上升，从而不会使利率的下降起到刺激需求的作用。

（3）当经济萧条但又不太严重时，可采用膨胀性财政政策与紧缩性货币政策相配合。这样是为了刺激总需求的同时又能抑制通货膨胀，这种混合的结果往往是对增加总需求作用不确定，却使利率上升。

（4）当经济中出现通货膨胀又不太严重时，可采用紧缩财政政策与膨胀性货币政策相配合。一方面用紧缩性财政政策压缩总需求；另一方面用膨胀性货币政策降低利率，刺激投资，以免财政过度紧缩而引起衰退。

财政政策和货币政策可有多种混合，这种混合的政策效应，有的是事先可预计的，有的则必须根据财政政策和货币政策何者更强有力而定，因而是不确定的。表 12-2 给出了各种政策混合使用的效应。政府和中央银行可以根据具体情况和不同目标，选择不同的政策组合。

表 12-2 财政政策和货币政策混合使用的政策效应

政策混合	产 出	利 率
膨胀性财政政策和紧缩性货币政策	不确定	上升
紧缩性财政政策和紧缩性货币政策	减少	不确定
紧缩性财政政策和膨胀性货币政策	不确定	下降
膨胀性财政政策和膨胀性货币政策	增加	不确定

例如，20 世纪 60 年代初美国经济萧条，为克服衰退，政府一方面减税，同时采用"适应性的"货币政策，使产量增加时利率基本上保持不变。到 20 世纪 60 年代末 70 年代初，美国经济生活中通货膨胀率过高而失业率较低，为控制通货膨胀，实行了紧缩财政和紧缩货币相结合的政策。20 世纪 70 年代末 80 年代初，美国里根政府为克服通货膨胀和经济萧条并存的"滞胀"局面，采用了减税和紧缩通货相结合的政策。另一方面刺激需求，增加供给，同时又克服通货膨胀。

在考虑如何混合使用两种政策时，不仅要看当时的经济形势，还要考虑政治上的需要。这是因为虽然膨胀性财政政策和货币政策都可以增加总需求，但不同政策的后果可以对不同的人群产生不同的影响，也使 GDP 的组成比例发生变化。例如，实行膨胀性货币政策会使利率下降，投资增加，因而对投资部门尤其是住宅建设部门十分有利。可是，实行减税的膨胀性财政政策，如果是增加政府支出，如兴办教育、防止污染、培训职工等，则人们收益的情况又不相同。正因为不同政策措施会对 GDP 的组成比例产生不同的影响，进而影响不同人群的利益，因此，政府在做出混合使用各种政策的决策时，必须考虑各行各业、各个阶层的人群的利益如何协调的问题。

复习与思考题

一、名词解释

财政政策 货币政策 自动稳定器 法定准备金率

二、单项选择题

1. 政府的财政收入政策通过（　　）对国民收入产生影响。
   A. 政府转移支付　　　　　　B. 政府购买
   C. 消费支出　　　　　　　　D. 出口
2. 为抑制经济过热，政府可以采取的政策有（　　）。
   A. 降低再贴现率　　　　　　B. 赎回政府债券
   C. 提高法定准备金率　　　　D. 降低法定准备金率
3. 通常认为紧缩货币的政策是（　　）。
   A. 增加货币供给　　　　　　B. 提高贴现率
   C. 降低法定准备金率　　　　D. 央行增加购买政府债券
4. 法定准备金率越高（　　）。
   A. 银行越愿意贷款　　　　　B. 货币供给量越大
   C. 越可能引发通货膨胀　　　D. 商业银行存款创造越困难
5. 如果目前存在通胀压力，应采取的财政政策是（　　）。
   A. 增加税收　　　　　　　　B. 减少税收
   C. 增加政府支出　　　　　　D. 增加转移支出

三、分析讨论

1. 中央银行的货币政策工具主要有哪些？
2. 什么是公开市场业务？这一货币政策工具有哪些优点？
3. 如果经济处在衰退时期，政府特别关心富人在近年蒙受的损失，那么，政府更喜欢用什么政策工具来刺激经济？

四、案例分析

人民网北京 2019 年 1 月 15 日电：国务院新闻办公室举行新闻发布会，多部门介绍落实中央经济工作会议精神的具体举措。针对减税降费情况，财政部部长助理许宏才指出，减税降费是积极财政政策加力增效的重要内容，也是深化供给侧结构性改革的重要举措。财政部将在全面落实已出台的减税降费政策的同时，抓紧研究更大规模的减税、更为明显的降费，更好地促进实体经济健康发展。

许宏才介绍，2019 年在 2018 年减税降费的基础上还要有更大规模的减税和更为明显的降费，主要包括四个方面：

一是对小微企业实施普惠性税收减免。此项政策已在 1 月 9 日的国务院常务会议审议后对外发布，其主要内容有以下几个方面：

第一，提高增值税小规模纳税人起征点，月销售额 3 万元调整到 10 万元，即月销售额 10 万元以下的，不用再交纳增值税。

第二，放宽小型微利企业标准并加大优惠力度，放宽小型微利企业标准就是放宽认定条件，放宽后的条件为：企业资产总额 5 000 万元以下、从业人数 300 人以下、应纳税所得额

300万元以下。这都比原来认定的标准有大幅度的提升,也就是说有更多的企业会被认定为小型微利企业。我们根据有关的数据进行了测算,认定为小型微利企业户数1798万户,占全部纳税企业的比重超过95%,其中,民营企业占98%。在税率优惠方面,按应纳税所得额不同,分别采用所得税优惠税率。其中,应纳税所得额100万元以下,税负是5%,低于标准税率20个百分点。应纳税所得额100万~300万元,税负是10%,低于标准税率15个百分点。

第三,对小规模纳税人交纳的部分地方税种,可以实行减半征收。即允许各地按程序在50%幅度内减征资源税、城市维护建设税、印花税、城镇土地使用税、耕地占用税等地方税种及教育费附加和地方教育附加。

第四,扩展初创科技型企业优惠政策适用范围,对创投企业和天使投资个人投向初创科技型企业可按投资额70%抵扣应纳税所得额的政策,也就是说如果创投企业和天使投资个人向初创科技型企业投资,投资额的70%可以拿来抵免应纳税所得额。把投资的初创科技型企业的范围或标准进一步扩大,扩展到从业人数不超过300人、资产总额和年销售收入不超过5 000万元的初创科技型企业。

二是深化增值税改革,继续推进实质性减税。

三是全面实施修改后的个人所得税法及其实施条例,落实好6项专项附加扣除政策,减轻居民税负。

四是配合相关部门,积极研究制定降低社会保险费率综合方案,进一步减轻企业的社会保险缴费负担。同时,清理规范收费,加大对乱收费查处力度。

【分析讨论】

(1) 国家为企业和个人减税降费的目的是什么?

(2) 了解修改后的个人所得税法及其实施条例,讨论这项政策对经济发展会起到什么作用?

五、实训题

通过互联网或其他媒体搜索我国当前的宏观财政政策和货币政策是什么,并加以评述。

参 考 文 献

[1] 高鸿业. 西方经济学 [M]. 北京：中国经济出版社，1996.
[2] 梁小民. 西方经济学教程 [M]. 北京：中国统计出版社，1998.
[3] 王珏. 现代西方经济学导论 [M]. 北京：中国对外翻译出版公司，2001.
[4] 牛国良. 西方经济学 [M]. 北京：高等教育出版社，2002.
[5] 何璋. 西方经济学 [M]. 北京：中国财政经济出版社，2000.
[6] 许纯祯，吴宇晖，张东辉. 西方经济学 [M]. 3版. 北京：高等教育出版社，2008.
[7] 胡希宁. 当代西方经济学简明教程 [M]. 北京：当代世界出版社，2000.
[8] PETERSEN, LEWIS W C. Managerial economics [M]. 4版. 北京：中国人民大学出版社，2003.
[9] 林浩祥. 西方经济学 [M]. 北京：学苑出版社，2003.
[10] 吴德庆，马月才，王保林. 管理经济学 [M]. 5版. 北京：中国人民大学出版社，2010.
[11] 梁小民. 微观经济学纵横谈 [M]. 北京：生活·读书·新知三联书店，2000.
[12] 梁小民. 宏观经济学 [M]. 北京：中国社会科学出版社，1996.
[13] 盛洪. 经济学精神 [M]. 广州：广东经济出版社，1999.
[14] 刘厚俊. 现代西方经济学原理 [M]. 南京：南京大学出版社，1988.
[15] 刘凤良. 西方经济学 [M]. 北京：中国财政经济出版社，2002.
[16] 萨缪尔森，诺德豪斯. 经济学 [M]. 肖琛，译. 17版. 北京：人民邮电出版社，2004.
[17] 斯蒂格利茨. 经济学 [M]. 姚开建，刘凤良，吴汉洪，译. 北京：中国人民大学出版社，1997.
[18] 史锋. 西方经济学 [M]. 3版. 武汉：武汉理工大学出版社，2014.
[19] 陈通. 微观经济学 [M]. 修订版. 天津：天津大学出版社，1999.
[20] 黎诣远，李明志. 微观经济分析 [M]. 2版. 北京：清华大学出版社，2003.